ケース別

負動産をめぐる法律実務
― 難易度・コストを見据えた対応のポイント

共編　大畑　敦子（弁護士）
　　　横山　宗祐（弁護士）
　　　小松　達成（弁護士）
　　　山崎　岳人（弁護士）

新日本法規

は　し　が　き

　令和4年に刊行された『令和3年改正民法対応　負動産をめぐる法律相談　実務処理マニュアル』（大畑敦子・横山宗祐・山崎岳人編著／井崎淳二・鯲竹呂利・小瓜達成・角田智美著　新日本法規出版株式会社刊）（以下、「前書」と略記します。）は幸いにして ご好評をいただき、当初の予想より多くの方の手に取っていただくことができました。

　さて、令和6年に相続登記の義務化等が施行されたこともあり、これまで相続登記等をしないまま放置されていた「負動産」等についてもクローズアップされ、これまで以上に新聞・テレビ等のマスメディアでもとりあげられるようになりました。

　本書は、前書を受けての出版ということもあり、前書同様、学術書ではありません。また、「負動産問題」に困る人を救うための処方箋を提供するべく、実務家向けに書かれたものになります。例えば、負動産に該当するマンション一つをとってみても、所有者にとって重荷となる理由は、様々です。そこで、本書では、いろいろな種類の負動産にかかわる事例をあげ、当該負動産を健全化することがどれくらい難しいのか、また健全化が可能な場合における経済的な負担はどの程度なのかを、一目見てイメージできることを心がけました。なお、本書では、負動産という用語を「資産価値が乏しく、それを有するだけで経済的な負担が生じる不動産、動産又は債権」と定義しています（前書での定義と同一です。）。そこで、土地、建物、区分所有建物などの不動産に限定することなく、本来資産であるはずの動産、有価証券や債権が経済的な負担となるケースについても言及しています。

　前書では、負動産に関する相談・受任の際の留意点、及び既に所有している負動産、相続によりこれから負動産を取得する場合についての流れを、フローチャートなどを利用して解説しています。そこで、負動産に関する相談・受任をする際には、前書で留意点を把握し、本書で負動産の経済的な負担を軽減する方法の有無、難易度（経済的な負担についてのイメージも含みます。）を確認していただき、また、前書に戻って解決に向けての具体的な流れをおさえていただくという形で、両書をセットでご利用いただくことでより事案への対応に資するよう工夫しています。

　本書は、この国がこれから本格的に直面するであろう「負動産問題」の解決の糸口になればと考え、前書編著者を中心に作成しました。前書執筆時に想定した以上に「負動産問題」が深刻化した今、本書・前書が「負動産問題」解決の一助となり、この問題に苦しむ多くの人にとって出口の方向を指し示す一筋の光となることを、編集者・執筆者一同切に願っています。

末筆になりますが、前書・本書を担当いただいた新日本法規出版株式会社の増田雄介さんと長谷川舜一さんには、企画段階から出版に至るまで、多くのご配慮をいただきました。ここに、編集者・執筆者一同、改めて深く感謝いたします。

　令和7年2月

編集者・執筆者一同

編著者・執筆者紹介

《編 著 者》

大 畑 敦 子

平成13年　弁護士登録（東京弁護士会）

＜主要著書等＞

『死後事務委任契約　実務マニュアル－Q&Aとケース・スタディー』（共編、新日本法規出版、令和3年）、『令和3年改正民法対応　負動産をめぐる法律相談　実務処理マニュアル』（共編、新日本法規出版、令和4年）、『相続トラブルにみる　遺産分割後にもめないポイント－予防・回避・対応の実務－』（共編、新日本法規出版、令和5年）、『政省令・施行通達対応　相続土地国庫帰属制度　承認申請の手引』（共著、新日本法規出版、令和5年）　他多数

横 山 宗 祐

平成16年　弁護士登録（横浜弁護士会（現：神奈川県弁護士会））、平成20年に東京弁護士会に登録換え）

＜主要著書等＞

『令和3年改正民法対応　負動産をめぐる法律相談　実務処理マニュアル』（共編、新日本法規出版、令和4年）、『相続トラブルにみる　遺産分割後にもめないポイント－予防・回避・対応の実務－』（共編、新日本法規出版、令和5年）、『政省令・施行通達対応　相続土地国庫帰属制度　承認申請の手引』（編著、新日本法規出版、令和5年）、『非典型財産の相続実務－金融商品、デジタル財産、知的財産、地位・権利、特殊な不動産・動産等－』（共編、新日本法規出版、令和6年）　他多数

小 松 達 成

平成21年　弁護士登録（東京弁護士会）

＜主要著書等＞

『判例にみる　詐害行為取消権・否認権』（共著、新日本法規出版、平成27年）、『債権法改正　事例にみる　契約ルールの改正ポイント』（共著、新日本法規出版、平成29年）、『令和3年改正民法対応　負動産をめぐる法律相談　実務処理マニュアル』（共著、新日本法規出版、令和4年）、『ケースでわかる　改正民法・不動産登記法の勘どころ－令和5年4月施行対応－』（共著、新日本法規出版、令和5年）、『政省令・施行通達対応　相続土地国庫帰属制度　承認申請の手引』（共著、新日本法規出版、令和5年）　他多数

山 崎 岳 人

平成23年　弁護士登録（東京弁護士会）

＜主要著書等＞

『死後事務委任契約　実務マニュアル－Q&Aとケース・スタディ－』（共編、新日本法規出版、令和3年）、『令和3年改正民法対応　負動産をめぐる法律相談　実務処理マニュアル』（共編、新日本法規出版、令和4年）、『相続トラブルにみる　遺産分割後にもめないポイント－予防・回避・対応の実務－』（共編、新日本法規出版、令和5年）、『政省令・施行通達対応　相続土地国庫帰属制度　承認申請の手引』（共著、新日本法規出版、令和5年）、『非典型財産の相続実務－金融商品、デジタル財産、知的財産、地位・権利、特殊な不動産・動産等－』（共著、新日本法規出版、令和6年）　他多数

《執　筆　者》

井 﨑 淳 二

平成14年　弁護士登録（東京弁護士会）

＜主要著書等＞

『令和3年改正民法対応　負動産をめぐる法律相談　実務処理マニュアル』（共著、新日本法規出版、令和4年）、『非典型財産の相続実務－金融商品、デジタル財産、知的財産、地位・権利、特殊な不動産・動産等－』（共編、新日本法規出版、令和6年）　他多数

鍬 竹 昌 利

平成16年　弁護士登録（東京弁護士会）

＜主要著書等＞

『死後事務委任契約　実務マニュアル－Q&Aとケース・スタディ－』（共編、新日本法規出版、令和3年）、『新生活様式対応　就業規則等整備・運用のポイント』（共編、新日本法規出版、令和4年）、『令和3年改正民法対応　負動産をめぐる法律相談　実務処理マニュアル』（共著、新日本法規出版、令和4年）、『政省令・施行通達対応　相続土地国庫帰属制度　承認申請の手引』（共著、新日本法規出版、令和5年）　他多数

角 田 智 美

平成23年　弁護士登録（東京弁護士会）

＜主要著書等＞

『令和３年改正民法対応　負動産をめぐる法律相談　実務処理マニュアル』（共著、新日本法規出版、令和４年）、『相続トラブルにみる　遺産分割後にもめないポイント－予防・回避・対応の実務－』（共編、新日本法規出版、令和５年）、『政省令・施行通達対応　相続土地国庫帰属制度　承認申請の手引』（共著、新日本法規出版、令和５年）　他多数

濵 島 幸 子

平成23年　弁護士登録（東京弁護士会）

＜主要著書等＞

『近隣トラブル　解決のポイントと和解条項』（共著、新日本法規出版、令和４年）、『どの段階で何をする？業務の流れでわかる！遺言執行業務（相続法改正対応版）』（共著、第一法規、令和２年）、『賃貸住居の法律Q&A　６訂版』（共著、住宅新報出版、令和元年）、『遺言書・遺産分割協議書等　条項例集』（執筆、新日本法規出版、加除式）、『相続トラブルにみる　遺産分割後にもめないポイント－予防・回避・対応の実務－』（共著、新日本法規出版、令和５年）　他多数

吉 岡 早 月

平成23年　弁護士登録（東京弁護士会）

＜主要著書等＞

『相続トラブルにみる　遺産分割後にもめないポイント－予防・回避・対応の実務－』（共著、新日本法規出版、令和５年）

荒 木 耕太郎

平成25年　弁護士登録（東京弁護士会）

＜主要著書等＞

『事例式　寺院・墓地トラブル解決の手引』（執筆、新日本法規出版、加除式）、『新生活様式対応　就業規則等整備・運用のポイント』（共著、新日本法規出版、令和４年）、『相続トラブルにみる　遺産分割後にもめないポイント－予防・回避・対応の実務－』（共著、新日本法規出版、令和５年）　他多数

近　藤　　　亮

平成28年　弁護士登録（東京弁護士会）

＜主要著書等＞

『新生活様式対応　就業規則等整備・運用のポイント』（共編、新日本法規出版、令和4年）、『政省令・施行通達対応　相続土地国庫帰属制度　承認申請の手引』（共著、新日本法規出版、令和5年）　他多数

佐　竹　　　雅

平成28年　弁護士登録（東京弁護士会）

＜主要著書等＞

『相続トラブルにみる　遺産分割後にもめないポイント－予防・回避・対応の実務－』（共著、新日本法規出版、令和5年）、『非典型財産の相続実務－金融商品、デジタル財産、知的財産、地位・権利、特殊な不動産・動産等－』（共著、新日本法規出版、令和6年）　他多数

凡　　例

＜本書の内容＞

　本書は、「負動産」と評価される資産について、健全化の難易度及びかかるコストを明示した上で、負動産の管理・処分方法を解説するものです。

＜本書の構成＞

　各項目の構成は、次のとおりです。

Check	負動産の内容を端的に示しています。	
CASE	負動産の置かれている状況を具体的に説明しています。	
評　価	本書中の全38ケースを通して、3段階のレベル（高難度・高コストの順にA＞B＞C）で評価し、概説しています。	
	難易度	健全化を実現するための法的な難易度を示しています。
	コスト	健全化のためにかかるコストを示しています。
検討事項	本Checkへの対応において検討すべき事項を箇条書きで示しています。	
解　説	前掲「検討事項」の番号に対応させて、法的事項や管理・処分上の留意事項を解説しています。	
コラム	適宜、関連する有用な情報を掲げています。	

＜法令等の表記＞

　根拠となる法令等の略記例及び略語は次のとおりです。〔　〕は本文中の略語を示します。

　　不動産登記法第74条第1項第2号＝不登74①二

　　令和5年3月28日法務省民二第533号＝令5・3・28民二533

悪臭	悪臭防止法	石綿予防	石綿障害予防規則
悪臭規	悪臭防止法施行規則		
遺失	遺失物法	温泉	温泉法

会社	会社法
家事	家事事件手続法
漁船	漁船法
区分所有	建物の区分所有等に関する法律〔区分所有法〕
刑	刑法
経営承継	中小企業における経営の承継の円滑化に関する法律〔経営承継円滑化法〕
経営承継令	中小企業における経営の承継の円滑化に関する法律施行令
経営承継則	中小企業における経営の承継の円滑化に関する法律施行規則
建基	建築基準法
建基令	建築基準法施行令
建基則	建築基準法施行規則
小型船舶登録	小型船舶の登録等に関する法律
自治	地方自治法
自動車リサイクル	使用済自動車の再資源化等に関する法律〔自動車リサイクル法〕
商	商法
所税	所得税法
水質汚濁	水質汚濁防止法
生産緑地	生産緑地法
整備	会社法の施行に伴う関係法律の整備等に関する法律〔整備法〕
船員	船員法
船登令	船舶登記令
船舶	船舶法
船舶安全	船舶安全法
船舶安全則	船舶安全法施行規則
船舶トン数	船舶のトン数の測度に関する法律
相続国庫帰属	相続等により取得した土地所有権の国庫への帰属に関する法律〔相続土地国庫帰属法〕
相続国庫帰属規	相続等により取得した土地所有権の国庫への帰属に関する法律施行規則

大気汚染	大気汚染防止法
宅建業	宅地建物取引業法
都計	都市計画法
〔都市農地貸借円滑化法〕	都市農地の貸借の円滑化に関する法律
土壌汚染	土壌汚染対策法
農地	農地法
農地則	農地法施行規則
農動産	農業動産信用法
農動産令	農業動産信用法施行令
非訟	非訟事件手続法
不登	不動産登記法
不登則	不動産登記規則
振替	社債、株式等の振替に関する法律
弁護士	弁護士法
法適用	法の適用に関する通則法
墓地	墓地、埋葬等に関する法律〔墓地埋葬法〕
墓地規	墓地、埋葬等に関する法律施行規則
民	民法
民執	民事執行法
民執規	民事執行規則
民訴	民事訴訟法
民訴費	民事訴訟費用等に関する法律
〔労安令〕	労働安全衛生法施行令
評基通	財産評価基本通達
標準管理規約	マンション標準管理規約（単棟型）

＜判例・裁決例の表記＞

根拠となる判例・裁決例の略記例及び出典の略称は次のとおりです。

東京高等裁判所令和元年10月30日判決、判例時報2485号12頁
　＝東京高判令元・10・30判時2485・12

国税不服審判所平成21年5月12日裁決、裁決事例集No.77　444頁
　＝平21・5・12裁決　裁事77・444

判時	判例時報		東高時報	東京高等裁判所判決時報
判タ	判例タイムズ		判自	判例地方自治
家月	家庭裁判月報		民集	最高裁判所（大審院）民事判例集
下民	下級裁判所民事裁判例集			
金法	金融法務事情		民録	大審院民事判決録
刑集	最高裁判所刑事判例集		裁事	裁決事例集
新聞	法律新聞			

＜参考文献の表記＞

参考文献の略称は次のとおりです。

負動産マニュアル　『令和3年改正民法対応　負動産をめぐる法律相談　実務処理マニュアル』（新日本法規出版、2022年）

目　　次

はじめに

ページ

第1　負動産問題とは何か……………………………………3

第2　負動産問題の原因分析と障害解消のメリット……………8

第1章　土　地

Check 1　実体がない法人名義建物がある土地………………………11

Check 2　所有者不明・管理不全土地・建物…………………………17

Check 3　遺産分割協議書に基づく分筆ができない土地……………24

Check 4　斜面の上側に位置する山林…………………………………28

Check 5　墓のある山林…………………………………………………33

Check 6　農業振興地域の整備に関する法律の農用地区域内にある農地………37

Check 7　記名共有地の共有者から取得する土地……………………42

Check 8　土壌汚染の可能性がある土地………………………………49

Check 9　通行に支障が生じた土地……………………………………53

Check10　墓地用地として無償で貸している土地……………………58

Check11　未登記建物がある土地………………………………………62

Check12　接道義務を満たしていない土地……………………………66

Check13　原野商法の対象となった土地………………………………71

Check14　生産緑地…………………………………………………………76

第2章　建　物

Check15　温泉が不要な温泉権付不動産………………………………83

Check16　自殺・孤独死のあった物件…………………………………87

Check17　遺骨・位牌が発見された貸室………………………………92

Check18　アスベストが使用されていた建物…………………………99

Check19　管理されていないマンション………………………………105

Check20　行方不明の渉外相続人がいる建物……………………………112

Check21　権利者不明の抵当権付建物…………………………………119

Check22　迷惑行為を繰り返す賃借人のいるマンションの一室…………125

Check23　エレベーターホールで強烈な悪臭がするマンション…………130

Check24　賃料滞納者がいる賃貸建物……………………………………136

Check25　近隣にあるゴミ屋敷……………………………………………142

第3章　動　産

Check26　被相続人の生活動産の廃棄・形見分け………………………149

Check27　放置自動車………………………………………………………154

Check28　先祖代々の墓……………………………………………………160

Check29　船　舶……………………………………………………………165

第4章　債権債務

Check30　実態不明な会社の債権債務……………………………………173

Check31　親族への貸付金…………………………………………………177

Check32　支払先不明の債務………………………………………………182

第5章　有価証券

Check33　株券発行会社の株式……………………………………………189

Check34　株価の高い非上場株式…………………………………………193

Check35　行方不明の株主がいる場合の事業承継………………………199

Check36　遺産分割後に発見された株券…………………………………205

Check37　遺産共有された株式と事業承継………………………………211

Check38　株式買取りと株式集約…………………………………………218

はじめに

2

第1 負動産問題とは何か

1 負動産問題とは

「バブルの頃、スキー場隣接のリゾートマンションを購入した者です。当時は、毎年冬になると車でスキー場に行き、ウィンタースポーツを楽しんでいたのですが、もう15年以上行っていません。管理費・維持費もバカにならないので売却したいと考えているのですが、10円でも買手がつきません。どうにか手放す方法はないのでしょうか。」

「先日、遠い親戚から連絡があり、なにやら、祖母の代から相続手続が未了の山林の所有権があるとのことでした。祖母は11人兄弟の末っ子で、自分の代になると権利者が50人を超える状況になっているとのことでした。いとこから『相続登記が義務化されたので、少なくとも相続登記をしよう。できたらこの山は売却するなどして面倒ごとは終わらせよう』という提案がありました。いとこも私には連絡がつきましたが、相続人の調査などに難航していて、戸籍を入手して相続関係を明らかにする費用だけでも結構掛かっているとのことでした。息子に負担はかけたくないのですが、何かやりようはあるのでしょうか。」

このような困った不動産を指す言葉として、「負動産」という言葉を目にするようになってきています。このような状況を受け、令和4年に『令和3年改正民法対応 負動産をめぐる法律相談 実務処理マニュアル』（以下、「負動産マニュアル」と略記します。）を新日本法規出版株式会社より発刊させていただきました。同書と同様、本書でも「負動産」という用語を「資産価値が乏しく、それを有するだけで経済的な負担が生じる不動産、動産又は債権（有価証券等を含む）」と定義します。

2 負動産を所有している者から相談・依頼を受ける際の留意点について

負動産マニュアルは、法律相談・実務処理のマニュアルとして発刊しています。そのため、相談時・受任時から、具体的な解決方法に至るまで、具体例を示しながら解説を行っています。そこで、これらの法律相談・実務処理の具体的方法についての詳しい解説は同書に譲るとして、留意点等を概説いたします。

弁護士等の法律の専門家が、負動産に関する相談を受ける場面は、大きく分けて2つのケースが考えられます。一つ目は、現在、負動産を保有していて、そのことにより経済的負担が発生しているため、これを解消したいとの相談です。前記のリゾートマンションを所有している人が処分したいというケースが、この類型に該当します。

もう一つが、相続が発生する前に、負動産を有している者の子どもなどの推定相続人らから相談を受けるケースです。例えば、1970～1980年代に働き盛りだった人がい

わゆる原野商法に騙され値上がりの見込みのない原野を購入し、そのまま塩漬けになっているようなケースで、将来の相続を見越して、当該土地の処分を親世代のうちに実施してトラブルを事前に回避したいという相談などが、この類型に該当します。

　負動産問題が発生する場合において、前述のように単独所有であるケースも相当数存在しますが、相続が関連するケースが多いです。そこで、相続が関係しそうなケースにおいては、負動産の所有者の相続関係を確認する必要があります。相続人の調査に当たっては、対象負動産の謄本類の記載の確認や依頼者からのヒアリングだけではなく、必要に応じて対象負動産の所有名義人を手掛かりに戸籍を取得・確認して、対象負動産に関連する相続関係を把握することが必要なケースもあります。なお、依頼者が負動産所有者の推定相続人のケースでは、将来、負動産を相続する可能性のある者を特定するために相続関係を確認する場合もあります。

【相続関係の調査資料】

・住民票（本籍地の確認のため）

・戸籍、除籍、原戸籍（相続人の特定のため）

・不動産登記記録の全部事項証明書（改正不動産登記法施行後（相続人申告登記（令和6年4月1日施行）の運用開始後））

　次に、負動産問題についての法律相談等で多くあるケースとして、依頼者自身が保有している負動産（相続等で名義を取得する可能性があると危惧しているケースも含みます。）の全容を把握していないというものがあります。このような相談においては、依頼者が保有している財産の全容を正確に確認することが必要となるケースもあります。そこで、以下、負動産問題でよく問題となる不動産と、その余の財産に分けて、財産調査の方法について概説いたします。

　まず、不動産の調査ですが、依頼者へのヒアリングや固定資産税納税通知書で確認することが一般的です。しかし、固定資産税納税通知書には、共有持分を有している不動産や固定資産税が課税されていない不動産（例えば、私道や山林など）が記載されていないことも散見されます（そして、そのような不動産こそ、負動産の対象となっていることが多いです。）。そこで、負動産となる可能性のある不動産を探索するという見地からは、固定資産税納税通知書だけでなく、名寄帳を取得することが望ましいといえるでしょう。

　名寄帳は、市区町村が作成している固定資産課税台帳を所有者ごとにまとめたものです。そのため、固定資産税納税通知書には記載されていない不動産も記載されることがあります。ただし、この名寄帳も、2点、難点があります。一つ目が、1月1日時点において所有名義人となっていた不動産のみが記載されることになります。その

ため、１月２日以降に相続等を原因として所有名義人となった不動産は記載されませんので、その点についてご注意ください。二つ目は、名寄帳はあくまでも市区町村ごとに発行されるものであることから、ほかの市区町村に存在する不動産までは掲載されません。例えば、埼玉県川越市の名寄帳を取得しても、静岡県伊東市にある不動産の情報は載っていません。とはいえ、全ての市区町村から名寄帳を取得するというのは現実的ではありません。そのため、依頼者へのヒアリングを実施したり、過去の固定資産税納税通知書を確認したり、住民票の除票や戸籍の附票に記載されている依頼者が過去に居住していた市区町村にある不動産を所有しているかを確認したり、先の相続調査の結果を報告しながら依頼者の尊属から過去に相続等で不動産を取得したことがないかを確認し、相続等している可能性がある場合には、本家のあった場所などの尊属の所在地と所縁のある市区町村から名寄帳を取り寄せるという方法もあります。

　また、令和３年４月28日に公布された「民法等の一部を改正する法律」（令和３年法律24号）にて、所有不動産記録証明制度が創設されました（不登119の２）。同制度は、令和８年２月２日に施行されます。同制度は、上記の法律改正により、相続登記の申請が義務化されたことを受けて、相続人が被相続人名義の不動産を把握しやすくすることで、相続人による相続登記の負担を軽減し、もって登記漏れを防ぐという観点から創設されたものです。同制度による所有不動産記録証明書は、登記官が、被相続人が所有権の登記名義人となっている不動産（そのような不動産が存在していない場合には、その旨）をリスト化して、証明する制度です。同制度の詳しい説明は負動産マニュアルに譲りますが、同制度が始動すれば、被相続人名義の全国の不動産情報を一括で取得することが可能となります。

　依頼者が所有する不動産（若しくは、依頼者が相続する可能性のある者が所有している不動産）を把握できたとしても、それだけで負動産の分析・把握が足りていないケースもあります。例えば、先に挙げた多数にわたる共有者が存在している土地（法制審議会民法・不動産部会では「メガ共有」などと呼ばれていました。）などは、負動産の可能性を不動産登記記録の全部事項証明書の記載等から推測することができるでしょう。しかしながら、負動産の原因となっている事情として、土地や建物の形状、土地の接道状況や建物の状況、土地に残置されている動産類の状態などが問題となるケースもあります。また、不動産の利用関係が負動産の原因となるケースもあります。そして、公図や地積測量図などの公的資料のほか、建物の検査済証や耐震診断報告書、現況を撮影した写真などの物理的状況が分かる資料、賃貸借契約書や地役権図面などの権利関係についての資料なども、取得して分析する方が好ましいケースもあります。

【不動産の有無を調査する際の資料】

・固定資産税納税通知書

・名寄帳

・所有不動産記録証明書（改正不動産登記法施行後（令和8年2月2日））

・不動産登記記録の全部事項証明書（改正不動産登記法施行後（相続人申告登記（令和6年4月1日施行）の運用開始後））

・住民票除票、戸籍の附票

【不動産の物理的状況を調査する際の資料】

・公図、旧公図

・地籍測量図、確定測量図

・建物図面、各階平面図

・建築確認済証

・検査済証

・境界確定図

・隣地との権利関係に関する書類（ライフライン設置に関する覚書など）

・耐震診断結果（耐震診断報告書など）

・アスベスト事前調査結果

・現況の写真

【不動産の利用状況を調査する際の資料】

・地役権図面

・賃貸借契約書

・使用貸借契約書

・施設利用契約書

　次に、不動産以外の財産についての調査ですが、依頼者が将来の相続に備えて相談に訪れたようなケースでは、依頼者を通じた資料収集、資産調査が可能です。例えば、依頼者が会社経営者で会社への多額の貸付けがあるようなケースなどでは、当該会社に関する資料を依頼者を通じて、会社経理担当者や顧問税理士などから取得することが考えられます。そのような者がいないようなケースでも、会社の帳簿や決算書類などを依頼者から直接提出していただくことも可能でしょう。しかし、これが相続発生後に法定相続人から依頼があったようなケースでは、財産調査の難易度が上がります。そもそも、誰に声をかけたら（どこを探索したら）資料を入手できるかを、依頼者自身が承知していないケースもあります。また、相続放棄も視野に入れているようなケースでは、（申述期間の伸長の申立てが可能とはいえ）期間的な制約もあります。この

ような場合には、被相続人がこれまで作成していた確定申告書や、被相続人が過去に相続を行った際の遺産分割協議書や被相続人を受遺者とする遺言書などが、資産調査のヒントとなるケースがあります。また、被相続人が会社を経営していた場合には先に挙げた関係者へのヒアリング・資料提出の依頼や、会社の決算書類の確認などが有用な場合もあります。

【資産状況を調査する際の資料】

・確定申告書

・贈与税申告書

・過去の相続に関する遺産分割協議書、遺言書

・法人の決算書類

3 負動産への対応について

　依頼者からのヒアリング、資産調査を実施したところ、負動産の存在が発見されるケースがあります。依頼者が、既に負動産を所有しているようなケースでは、①負動産を処分する、若しくは、②負動産の管理不全状態を解消するというのが、対応方法として考えられます。

　まず、①負動産の処分ですが、そのままで換価することが困難なケースが大半です。この後「第2　負動産問題の原因分析と障害解消のメリット」でも紹介しますが、負動産と評価されるようになる原因は様々です。その状況を解消することができれば、負動産との評価は解消でき、処分も可能となるケースもあります。先の例の、相続登記が未了であるため、相当数の共有となっている可能性が高いが、共有者の特定が未了の山林というケースでいえば、処分する前提として、共有者の特定（各共有者の持分の特定も含まれます。）が必要となるでしょう。共有者の特定をしていく中で、連絡の取れない共有者の存在などが判明する場合もあります。そこで、このような場合には、所在等不明共有者の持分を取得する手続を実施したり、共有物分割請求訴訟を提起したりするなどの方法が考えられます（詳しくは、負動産マニュアル25頁以下をご参照ください。）。また、共有者の特定などは実現できたが、処分先が見つけられないなどの場合には、相続土地国庫帰属制度の活用なども考えられます（詳しくは、同30頁以下をご参照ください。）。次に、②負動産の管理不全状態の解消ですが、処分できないにしても、せめて、適切な管理ができる状況にしたいというケースも見受けられます。例えば、共有者の一部が所在不明のため、共有物である建物の管理・修繕ができない等の例があります。そこで、このような場合には、所在等不明共有者の持分を取得（同書25頁以下をご参照ください。）したり、所有者不明建物管理制度を活用（同

書41頁以下をご参照ください。）したりすることが考えられます。

　他方、現時点では負動産を取得しているわけではないが、将来、相続が発生した場合には、当該負動産を相続する可能性がある推定相続人から法律相談等を受けるケースもあります。このようなケースでは、相続発生前に何らかの対応ができるように、なるべく早い段階から対策についての相談を進めることが望ましいといえます。負動産マニュアルでは、非上場株式の負動産化を避けるには（53頁以下）、会社に対する貸付金がある場合の対応（56頁以下）等の具体例を示しています。また、事前に準備を進めようとしていたが、間に合わず、相続が発生したようなケースでは、相続に関する制度を利用して、負動産を取得せずに済む方法がないかを模索していくことになります。そこで、負動産マニュアルでは、「負動産の相続とその対処」（79頁以下）と題して、相続発生後の検討事項等をまとめてあります。

第2　負動産問題の原因分析と障害解消のメリット

　このように、負動産マニュアルでは、負動産を所有している（ないし、承継する可能性が高い）者から法律相談を受けた場合の対応方法や、負動産を所有しているかどうかの調査方法等を検討・解説してきました。翻って、どうして負動産問題が生じたのでしょうか。また、負動産を元の資産に戻すことはできないのでしょうか。負動産には、いろいろな財産の種類もあり、また経済的な負担が生じる理由も様々です。負動産マニュアルでは、この負動産問題発生の原因として、地価下落、人口減少、少子高齢化等を挙げました。これらの社会問題そのものを在野の法律専門家が抜本的に解消することは困難といえます。しかし、目の前の相談者が直面している負動産問題について、一律「負動産」と評価するのではなく、今一度、相談者・依頼者の資産保全のため、問題解消の方法分析とコスト感を説明することで、目の前の依頼者の負動産問題を解消することが可能なケースはあります。はしがきにも書きましたが、本書は「実務書」です。概念を解説するものでも、政策を提言する書籍でもありません。

　そこで、本書では、この負動産問題の根底である「負動産の原因」にスポットライトを当てて、この解消の困難さと、想定されるコストを、レベル分けしてみました。負動産自体の資産価値が高く、その負動産となっている障害の解決困難度もさほど高くなく、障害解消にかかるコストも多額ではないとなるなら、障害を解消の上資産としての利活用を検討するよう促すことも可能でしょう。前述の資料収集等の中で、負動産の懸念がありましたら、是非、本書に類似の事案がないか検索し、負動産を解消できる可能性・難易度を確認・検討してみてください。

第 1 章

土 地

10

第1章 土 地　　11

Check 1　実体がない法人名義建物がある土地

CASE

　Xが相続した土地上には、Y社名義の建物があるが、Y社の代表取締役は既に死亡し、Y社は長年にわたり企業活動を行っていなかった。Y社名義の建物は、老朽化してきており、適切な管理が行われなかったために、建物から剥がれたトタンが一部落下しそうになるなど、このままの状態を続けると危険な状態にある。

　建物所有者であるY社の実体がないことから、土地の所有者であるXが周囲から強く対応を迫られているが、XがY社に対応を求めるにはどうしたらよいか。また、それがうまくいかない場合にXがY社名義の建物を解体することは可能か。

評 価

難易度	B	・機関設計及び残存役員の有無・状況等により、取り得る選択肢や必要な手続、かかる時間は異なるが、手続は用意されているため、最終的には執行可能なことが多い。
コスト	A	・建物収去土地明渡請求訴訟提起、強制執行申立てのための弁護士費用、特別代理人選任のための予納金、建物解体のための手続・執行費用（建物の規模、構造により異なる）など。 ・ただし、場所によっては建物収去後高額で売却できる可能性がある。

検討事項

1 　会社の機関設計、登記簿上の役員の現状確認
2 　建物収去土地明渡請求訴訟提起等の方法検討
3 　執行までに要する手続や時間と応急措置の必要性

解　説

1　会社の機関設計、登記簿上の役員の現状確認

1　Y社の機関設計の確認

　代表取締役が不在であっても、新たに代表取締役を選定してもらうことができれば、新代表取締役に対応を求めることも、新代表取締役を被告として訴訟を提起することも可能になりますので、Xとしては、まずは、会社の登記簿謄本でY社の機関設計等を確認することになります。

2　取締役会設置会社の場合

　取締役会設置会社では、取締役会の決議により、後任の代表取締役を選定することができます（会社362③）。他の取締役が3名以上いて、連絡を取ることが可能な場合は、新代表取締役を速やかに選定してもらうよう依頼することになります。その上で、XとしてはY社の新代表取締役に対して、建物を取り壊す等の対応を求めることになります。しかし、代表取締役不在のまま長年放置され、企業活動を行っていない会社の場合、他の取締役がいても名目的であるなど実働していないケースがほとんどなので、対応を求めることは困難な場合が多いのが実情です。

　取締役会設置会社では、取締役の数が3名以上必要とされていますので（会社331⑤）、代表取締役やその他の取締役の死亡によって、取締役が2名以下となっている場合には、取締役会を開くために、まず株主総会で最低3名の取締役を選任しなければなりません。実体がない会社の場合、現在の株主が誰であるのかを把握することも困難な場合が多く（相続が発生している場合、その把握は更に困難になります。）、更に対応が難しくなります。

3　取締役会非設置会社の場合

　取締役会非設置会社では、定款、定款に基づく取締役の互選又は株主総会の決議により、取締役の中から代表取締役を定めることができます（会社349③）。

　しかし、そもそも登記簿上の取締役が死亡している場合、取締役が健在であっても名目的であって対応が期待できない場合、株主が不明な場合の対応が困難であることは、2の場合と同様です。

　また、取締役が死亡した代表取締役のみであった場合は、株主総会で新たな代表取締役を選定する必要がありますが、招集手続を行う者が不在のため、株主全員の同意を得て、招集手続の省略等を行う必要があり、株主が不明な場合はいずれにしても対応が困難になります。

第1章　土　地

2　建物収去土地明渡請求訴訟提起等の方法検討

新たな代表取締役の選定が困難、又は選定に著しく時間を要することが見込まれるとき、土地所有者Xは建物を収去するためにどうすればよいでしょうか。

1　特別代理人の選任申立て

被告となる会社の代表者が不在の場合であって、遅滞のため損害を受けるおそれがあるときは、原告は裁判所に対し、特別代理人の選任を申し立てることができます（民訴37・35）。

申立てに際しては、代表者が不在であること（なぜ次の代表取締役が選任できないのか）及び実体法上の選任手続を待っていたのでは、遅滞のため損害を受けるおそれがあることを疎明する必要がありますが、会社の内情は申立人からは分からないことも多いので、疎明については概要記載で足りる場合もあります。

特別代理人に誰を選ぶかは裁判所の裁量に委ねられていますが、多くの場合、弁護士が選任されています。特別代理人は報酬請求権を持っており、当該費用は敗訴者負担と考えるべきですが、特別代理人を選任しなければならない状況では回収が見込めないため、実際の扱いとしては、申立人が予納金を納めて、特別代理人の報酬に充てることになります。

2　一時取締役等の選任申立て

取締役が不在で新代表取締役の選定が困難な場合、利害関係人は、裁判所に対して、一時役員の職務を行うべき者（会社346②）や一時代表取締役の職務を行うべき者（会社351②）の選任を求めることができますので、当該方法も検討の余地はあります。

しかし、選任までに時間がかかること、次期役員が選任されるまでの報酬等の支払等を担保し得る金額の予納が必要であり、申立人の負担が特別代理人の選任申立てに比べて高額になることから、訴訟手続のためだけであれば、特別代理人の選任申立てが選択されることが多いでしょう。

3　所有者不明建物管理人選任の申立て

所有者不明建物管理人選任の申立て（民264の8④）を行って、選任された所有者不明建物管理人を被告として訴訟提起をすること（民264の8⑤・264の4）、場合によっては当該管理人に取壊しを求めることも考えられます。

しかし、2同様、選任自体にそれなりに時間を要すること、管理人の報酬を担保し得る金額の予納が必要であり、申立人の負担が特別代理人の選任申立てに比べて高額になる可能性が高いと考えられますので、やはり、一度の訴訟のためであれば、特別代理人の選任申立ての方が有用な場合が多いといえるでしょう。

管理人に取壊しを求めることができれば簡便ですが、所有者不明建物管理人は、所有者不明建物を適切に管理することを職務とするものであり、自ら建物を取り壊して管理対象を滅失させることは、基本的には許されないものと考えられています。取壊しが必要かつ相当と認められる場合に、裁判所の許可を得た上で行うことまで否定されるものではありませんが、所有者の帰来・出現可能性のほか、建物の価値、建物の存立を前提とした場合の管理に要する費用と取壊しに要する費用の多寡、建物が周囲に与えている損害又はそのおそれの程度などが総合的に考慮されることになります（村松秀樹＝大谷太編『Q&A令和3年改正民法・改正不登法・相続土地国庫帰属法』195頁（金融財政事情研究会、2022））。隣地への倒壊可能性がある場合などは認められることがあり得ますが、取壊しが認められるかは慎重な判断が必要になると考えられます。

所有者不明建物管理制度の詳細については、Check 2 もご参照ください。

3 執行までに要する手続や時間と応急措置の必要性

1 建物収去土地明渡請求訴訟の提起

建物を収去するために、土地所有者としては、建物所有者である会社を被告として、所有権に基づく建物収去土地明渡請求訴訟を提起することになります。前述の特別代理人を選任して訴訟追行する場合には、通常は、訴訟提起と同時に特別代理人の選任申立てを行いますが、裁判所により特別代理人が選任されるまでには一定の時間がかかりますので、初回の口頭弁論期日が指定されるまでに通常よりは時間を要します。

なお、建物収去土地明渡しを求めるに当たっては、会社の占有権原（賃借権、使用借権）を喪失させておく必要がありますが、現状では代表取締役が不在なので、訴訟提起後、特別代理人が選任された段階で、特別代理人宛てに解除通知を送付する（訴状で解除する）ということがよく行われています。

2 建物収去命令（代替執行）申立て、代替執行費用支払申立て

訴訟によって勝訴判決を得ても、建物を収去する主体である会社の実体がない以上、任意に建物を収去してもらうことは期待できません。このように債務者が債務を履行しない場合には、裁判所の授権決定に基づいて、執行官に建物収去土地明渡しを実施させる必要があります（代替執行）（民執171）。

裁判所が授権決定をする場合には、債務者を審尋しなければなりませんので（民執171③）、債権者は、再度、特別代理人の選任申立てが必要であることに注意が必要で

第1章 土 地　　15

す。ただし、申立て時に記載すれば、通常は、債務名義を取得した訴訟と同様の特別代理人が選任され、予納金も訴訟よりは低額になります。

なお、建物の解体作業等は、裁判所の執行補助者（執行業者）が実際には行うことになりますが、一般に執行費用は相当高額となることが多く、明渡しを求める土地所有者の経済的負担が大きくなります。

この点、執行補助者による解体費用等の見積り等（東京地裁では、業者の費用見積書に、最新の「建築コスト情報」（一般財団法人建設物価調査会発行）等の市場価格を掲載した刊行物の表紙と解体費用の該当頁（各写し）を添付し、見積書の金額の客観性を担保することが求められています（該当箇所にマーカー等で印を付ける)。）を添付して、代替執行費用支払申立てを行い、同決定（民執171④）に基づいて債務者に請求することは可能ですが、実体がない会社の場合、高額な動産が建物内に残置されているような極めて例外的な場合を除き、回収はほぼ見込めません。結果として、債権者が執行費用を負担することになります。

なお、代替執行費用支払申立ては、概算額の前払を求める手続なので、授権決定の発令前でなければ申し立てることができません。執行完了後については、執行費用額確定処分の申立てを行うことになります。

3　強制執行

授権決定を得た土地所有者は、執行官に対して、建物収去土地明渡しの強制執行を申し立てる必要があります。

代替執行費用の支払がされていなければ、併せて動産執行の申立ても検討する必要がありますが、動産執行をする場合は、再度特別代理人の選任が必要ですので、実務では、執行官と現地確認をして執行可能動産がない場合は、動産執行については中止で終了とすることもあります。

代替執行の申立てに際しては、授権決定の送達証明書及び確定証明書の申請（動産執行をする場合は、併せて代替執行費用支払決定の執行文付与の申立て）をする必要があります。債務名義も再度必要になりますので、授権決定正本の受領に併せて債務名義の還付申請をしておくと便利です。強制執行に際しても予納金が必要ですので、ここでも土地所有者の負担が発生します。

執行官が決まると、解体工事の着手時期や工程表、スケジュールの確認等を行い、着手日に執行官・立会人・代理人等が現地立会いの上、順次解体が行われ、解体終了日に、執行官・代理人等が再度現地に行き、引渡しを行って、手続は終了となります。

4　応急措置の必要性

　上記のように、本ケースのような事例では、解体に着手するまでにも様々な手続が必要であり、建物の構造や規模にもよりますが、解体に着手してからも工期が長期間にわたることもあります。最終的に土地の引渡しが行われるまでには、相当な時間と費用がかかることを念頭に置かなければなりません。

　本ケースのように、建物から剥がれたトタンが一部落下しそうになるなどこのままの状態を続けると危険な状態にあるとしても、前述のような手続を経ずに、建物所有者に無断で建物の一部を撤去したり、解体したりすると、財産権の侵害になる可能性が高いため、対応は慎重に行う必要があります。そのため、法的手続が終わるまでは、事務管理（民697）に基づき、周囲にロープを張って人が近づかないようにする、ブルーシートを被せて物が飛散しないようにするなど、業者とも相談しながら、建物自体にはなるべく変更を加えない形での応急措置をまずは検討する方がよいでしょう。

第1章 土　地　　　17

| Check**2** | 所有者不明・管理不全土地・建物 |

CASE

　Xが購入した土地の隣地は、管理がされていないため、土地上の擁壁は人さなひび割れ・破損が生じていて、Xの土地に倒壊するおそれがあり、建物も空き家で老朽化して屋根や外壁が脱落・飛散するおそれがある。隣地の土地・建物はいずれもA名義だが、登記簿上の住所や住民票上の住所に手紙を出しても、「宛所に尋ね当たらず」の理由が付されて戻ってきてしまい、Aの所在が分からない。

　Xが自身の土地への被害を未然に防ぐため、隣地の土地・建物を管理してもらうにはどうすればよいか。

　Aの所在は判明しているものの、Aが一切管理をしてくれない場合はどうか。

評　価

難易度	**C**	・手続は用意されているため、所有者によって管理行為を妨害することが予想されるなど、管理人による実効的管理が期待できないときを除き、要件を満たせば、管理は可能。
コスト	**B**	・官報公告費用、管理のために必要となる費用、管理人の報酬の原資となる予納金が必要。人単位ではなく、財産単位となるため、予納金等は従前の制度よりは低額に抑えられる可能性があるが、修理の程度等によっては予納金が高額になる可能性もある。

検討事項

1　所有者不明土地管理制度・所有者不明建物管理制度の利用
2　管理不全土地管理制度・管理不全建物管理制度の利用

18　　　　　　　　第1章　土　地

解　説

1　所有者不明土地管理制度・所有者不明建物管理制度の利用

1　所有者不明土地・建物管理制度とは

　所有者不明土地・建物管理制度とは、所有者を知ることができず、又はその所在を知ることができない土地又は建物について、裁判所が、利害関係人の請求により、管理人による管理（例えば、草木の剪定、不法投棄物の処分、倒壊の危険がある建物の解体など）を命ずる処分（所有者不明土地・建物管理命令）をすることを可能にした制度です（民264の2・264の8）。概略については、負動産マニュアル41頁以下もご参照ください。

　申立ては、対象となる不動産ごとにする必要があるため、土地とその土地上の建物について管理命令の発令を求める場合は、土地及び建物それぞれについて申立てをする必要があります。

　マンションなどの区分所有建物については、所有者不明建物管理制度が適用されないため（区分所有6④）、所有者不明建物管理命令の申立てをすることはできません。区分所有法改正要綱による所在不明者がいる場合への対応については、Check19 をご参照ください。

2　制度利用の要件

　所有者不明土地・建物管理命令の要件は、①申立人が利害関係人に該当すること、②所有者を知ることができず、又はその所在を知ることができないこと、③管理の必要があると認められることです（民264の2①・264の8①）。

　申立てに際しては、管理のために必要となる費用や管理人報酬のための費用として、予納金を納める必要があります。予納額については、予定される管理事務の内容や管理に要する期間等を勘案した上で、裁判官が判断します。

（1）　申立人の利害関係

　「利害関係人」とは、所有者不明土地・建物管理命令の請求の対象とされている不動産（価値転化物を含みます。）の管理について利害関係を有する者をいいます。

　具体的には、個別事案に応じ、制度趣旨に照らして裁判所が判断することになりますが、例えば、当該不動産が適切に管理されないために不利益を被るおそれがある隣接地所有者や、共有者の一部が不特定又は所在不明となった場合の他の共有者、土地を取得してより適切な管理をしようとする公共事業の実施者、購入計画に具体性があり、不動産の利用に利害が認められる民間の購入希望者、所有権の移転登記を求める

権利を有する者などは利害関係人に当たり得ると考えられます（土地につき、村松秀樹＝大谷太編『Q&A令和3年改正民法・改正不登法・相続土地国庫帰属法』172頁（金融財政事情研究会、2022））。

（2） 所有者不特定・所在不明

「所有者を知ることができず、又はその所在を知ることができない」とは、必要な調査を尽くしても、所有者の特定ができない又は所有者の所在が不明ということを意味します。

最終的には個別の事案に応じて裁判所において判断されることになりますが、例えば、自然人が登記名義人である不動産について、不動産登記簿及び住民票上の住所等を調査してもその自然人の所在が明らかでないケースや、その自然人が死亡しているがその相続人の存否が不明であるケース、法人が登記名義人である不動産について、法人登記簿上の主たる事務所及び代表者の法人登記簿や住民票上の住所等を調査してもその法人の事務所及び代表者の所在等が明らかでないケースが当たり得ると考えられます（土地につき、村松＝大谷・前掲168頁）。

東京地裁がウェブサイトで公表している「所有者不明土地（建物）管理命令申立書」のひな型には、「対象土地（建物）が所有者不明土地（建物）に当たることを基礎づける事情」として、同様に東京地裁が公表している「所有者・共有者の探索等に関する報告書」が参照されています。同報告書には、①『登記名義人に関する探索』として、「登記名義人に対する書面の送付又は訪問の結果」、「不動産登記記録上の住所・事務所以外の住所・居所・事務所の調査」、②『登記名義人以外の所有者に関する探索』として、「登記名義人のほかに、所有者と思料される者」の存否、存在する場合にはその者の「住所」、「氏名」、その者に対する「書面の送付又は訪問の結果」、③『所有者を確知するために必要な情報（以下「所有者確知情報」という。）を保有すると思料される者（登記名義人以外）に対する調査、情報提供の請求の有無等』として、「所有者確知情報を保有すると思料される者」の存否、存在する場合にはその「請求の相手方」、「情報提供の請求の方法・結果」、④『登記名義人の死亡等が判明した場合』として、「相続関係」、「判明した相続人及び相続人に対する土地所有者確知情報の請求結果」、「登記名義人（法人）の解散」といった記載項目がありますので、同報告書に従った調査が有用であるといえます。

（3） 管理命令発令の必要性

「必要があると認めるとき」とは、不動産の管理状況等に照らし、所有者不明土地・建物管理人による管理を命ずることが必要かつ相当であるときとされており、例えば、

所有者不明不動産を誰も管理していない場合などが該当します。家庭裁判所において選任された不在者財産管理人や相続財産管理人等が管理している場合には、基本的には必要性は認められません（村松＝大谷・前掲169頁）。

また、申立人が予納金を納付せず、管理費用等を支出することが困難な場合は、命令が発せられても直ちに取り消されることになるため、本要件を満たさないことになります（村松＝大谷・前掲169頁参照）。

前述のひな型によると、申立てに際しては、「対象土地（建物）の現状の管理状況」及び「対象土地（建物）に必要な管理行為の内容」の記載が求められています。

3　所有者不明土地・建物管理人の権限

所有者不明土地・建物管理命令が発令されると、所有者不明土地・建物管理人が選任され（民264の2④・264の8④）、①管理命令の対象とされた不動産、②管理命令の効力が及ぶ動産（民264の2②・264の8②）、③管理、処分等によって管理人が得た財産については、管理・処分権が管理人に専属します（民264の3①・264の8⑤）。

所有者不明土地・建物管理人は、保存行為及び性質を変えない範囲内の利用・改良行為を行うことができますが、売買等これを超える行為をする場合は、裁判所の許可が必要です（民264の3②・264の8⑤）。

なお、選任された所有者不明土地・建物管理人によって、売却や賃貸等といった所有者不明土地・建物管理命令を発令した目的が達せられたときは、原則として、申立て又は職権により、裁判所が命令を取り消すことになりますので、再び手続をする必要が生じた場合には、命令を取り消した決定の取消し又は再度の所有者不明土地・建物管理命令申立て（予納金の納付）が必要となります。

4　当てはめ

Xは隣地上の擁壁に大きなひび割れ・破損が生じていることによって、擁壁が自身の土地に倒壊するおそれがあり、隣地上の建物も老朽化して屋根や外壁が脱落・飛散するおそれがありますので、申立ての利害関係を有しています。また、登記簿上の住所や住民票上の住所に手紙を出しても、「宛所に尋ね当たらず」の理由が付されて戻ってきてしまって名義人であるAの所在が分からず、Aのほかに所有者と思料される者も、所有者確知情報を保有すると思料される者もいません。本件不動産は誰も管理を行っていないので、所有者不明土地・建物管理命令の要件を満たす可能性が高いといえます。

土地と建物それぞれについて、所有者不明土地・建物管理命令を申し立てて（申立書は1通で足ります。）、所有者不明土地・建物管理人を選任してもらい、必要な修繕・

管理を行ってもらうことで自身の土地の保全を図ることがよいでしょう。ただし、選任された所有者不明土地・建物管理人の管理費用・報酬は、本来所有者負担ですが、本ケースのように所有者が所在不明の場合、結果として予納金を納める申立人の負担となる可能性が高い点には注意が必要です。

2 管理不全土地管理制度・管理不全建物管理制度の利用

1 管理不全土地・建物管理制度とは

管理不全土地・建物管理制度とは、所有者の所在は明らかになっているものの、所有者による土地・建物の管理が不適当であることにより、他人の権利又は法律上保護される利益が侵害され、又は侵害されるおそれがある場合に、裁判所が、利害関係人の請求により、管理人による管理を命ずる処分（管理不全土地・建物管理命令）をすることを可能にした制度です（民264の9・264の14）。概略については、負動産マニュアル42頁以下もご参照ください。

所有者不明土地・建物管理命令と同様、申立ては、対象となる不動産ごとにする必要があり、マンションなどの区分所有建物については、申立てをすることはできません。

2 制度利用の要件

管理不全土地・建物管理命令の要件は、①申立人が利害関係人に該当すること、②所有者による土地・建物の管理が不適当であることによって他人の権利又は法律上保護される利益が侵害され、又は侵害されるおそれがあること、③管理の必要があると認められることです（民264の9①・264の14①）。

所有者不明土地・建物管理命令と同様、申立てに際しては、裁判所が定める予納金を納める必要があります。

（1） 申立人の利害関係

「利害関係人」とは、管理不全土地・建物管理命令の請求の対象とされている不動産の管理について利害関係を有する者をいいます。

具体的には、個別事案に応じ、制度趣旨に照らして裁判所が判断することになりますが、例えば、土地に設置された擁壁にひび割れ・破損が生じているにもかかわらず、土地の所有者がこれを放置し、隣地に倒壊するおそれがある場合における当該隣地の所有者や、ごみが土地に不法投棄されたにもかかわらず、土地の所有者がこれを放置し、臭気や害虫の発生による健康被害を生じさせている場合における当該被害を受けている者などは利害関係人に当たり得ると考えられます（土地につき、村松＝大谷・前掲

201頁）。

（2）　管理不適当による権利・利益の侵害

「所有者による」土地・建物の「管理が不適当であること」には、管理が全くされていない場合のみならず、管理が不適切な場合も含まれます。前述のような状況を発生させているケースは、管理不適当による権利・利益の侵害に当たり得るといえます（土地につき、村松＝大谷・前掲199頁）。

（3）　管理命令発令の必要性

「必要があると認めるとき」とは、不動産の管理状況等に照らし、管理不全土地・建物管理人による管理を命ずることが必要かつ相当であるときとされており、例えば、前述のケースで擁壁の修繕を行うべき場合や、ごみの除去等を行うべき場合などは該当し得るといえます（村松＝大谷・前掲199〜200頁）。

一方、申立人が予納金を納めない場合や、対象となる土地・建物に所有者が居住しており、管理不全土地・建物管理人による管理行為を妨害することが予想されるなど、実効的な管理を期待することができないときは、申立てが却下される場合があります（村松＝大谷・前掲200頁）。

東京地裁がウェブサイトで公表している「管理不全土地（建物）管理命令申立書」のひな型によると、申立てに際しては、「権利侵害等の解消のために必要な管理行為の内容」及び「その他発令の必要性を基礎づける事情」の記載が求められています。

3　管理不全土地・建物管理人の権限

管理不全土地・建物管理命令が発令されると、管理不全土地・建物管理人が選任され（民264の9③・264の14③）、①管理命令の対象とされた不動産、②管理命令の効力が及ぶ動産（民264の9②・264の14②）、③管理、処分等によって管理人が得た財産については、管理人が管理・処分権を有することになりますが、所有者不明の場合と異なり、管理人に専属することとはされていません。

管理不全土地・建物管理人は、保存行為及び性質を変えない範囲内の利用・改良行為を行うことができますが、これを超える行為をする場合は、裁判所の許可を得る必要があります（民264の10②・264の14④）。

なお、選任された管理不全土地・建物管理人によって、ごみの除去や雑草の伐採等といった管理不全土地・建物管理人を選任した目的が達せられたときは、原則として、申立て又は職権により、裁判所が命令を取り消すことになりますので、再びごみの除去等をする必要が生じた場合には、命令を取り消した決定の取消し又は再度の管理不全土地・建物管理命令申立て（予納金の納付）が必要となります。

第1章　土　地　　23

4　当てはめ

　Xは、Aの所在が判明している場合であっても、隣地上の擁壁に大きなひび割れ・破損が生じていることによって、擁壁が自身の土地に倒壊するおそれがあり、隣地上の建物も老朽化して屋根や外壁が脱落・飛散するおそれがありますので、申立ての利害関係を有しています。また、Aが一切修理をしてくれず、当該状態が放置されていることからすれば、管理不全土地・建物管理命令の要件を満たす可能性が高いといえます。

　土地と建物それぞれについて、管理不全土地・建物管理命令を申し立てて（申立書は1通で足ります。）、管理不全土地・建物管理人を選任してもらい、必要な修繕・管理を行ってもらうことで自身の土地の保全を図ることがよいでしょう。ただし、選任された管理不全土地・建物管理人の管理費用・報酬は、本来所有者負担ですが、本ケースのように所有者が判明していても無資力の場合などは、結果として予納金を納める申立人の負担となる可能性が高い点には注意が必要です。

第1章　土　地

| Check**3** | 遺産分割協議書に基づく分筆ができない土地 |

CASE

　Xの父は、令和6年4月に死亡し、相続人はXとその兄のYの2名である。

　XとYは、父が所有していた一筆の土地（甲土地）に、各自が自宅を建てて暮らしていたため、父の死を契機に、甲土地を2分の1ずつ分筆し、分筆後の土地を、XとYそれぞれが取得する旨の遺産分割を成立させた。

　ところが、甲土地の分筆手続をしないうちに、Yが亡くなったため、Xは、Yの相続人の妻Y_1と子Y_2に対して、遺産分割協議書に基づく分筆手続への協力を依頼したが、二人とも協力してくれない。

　Xが、甲土地を遺産分割協議書どおりに分筆の上取得するためには、どのような手段があるか。

評　　価

難易度	A	・遺産分割協議前に分筆登記を行っておくことがより安心。 ・遺産分割協議書に分筆の範囲が特定できる地積測量図が添付されていない場合、協議書どおりの分筆が困難。再度の遺産分割協議を要することになりかねない。
コスト	B	・土地家屋調査士への依頼（測量及び分筆登記手続）費用の発生。

検討事項

1　一筆の土地の一部の相続
2　分筆登記と相続登記の申請
3　登記の単独申請の可否

解　　説

1　一筆の土地の一部の相続

　本ケースのように、遺産分割協議において、相続人が一筆の土地の一部を単独で取得する内容で、遺産分割の合意を成立させることも可能です。

第1章　土　地　　25

　この場合、遺産分割協議書作成時には土地は一筆のままなので、遺産分割成立後に、相続人が自己が取得する土地部分を自己名義にするためには、その前提として、分筆登記を申請する必要があります。

　遺産分割協議の成立後に被相続人名義の土地を分筆するに当たっては、被相続人名義のまま分筆登記をしてから、分筆後の土地について、それぞれ遺産分割に基づく所有権移転登記（相続登記）をすることが可能なので、以下ではこの方法を前提に検討します。

　なお、遺産分割成立前に、被相続人名義の土地の分筆だけを行っておくことも可能です。その場合、分筆登記時点の土地の所有者名義は、被相続人ということになりますので、既に亡くなっている人の名義で、相続登記に先行して分筆登記を行うことができるのかと疑問が生じるかもしれません。この点について、以前は、相続が発生したら、一旦相続人に移転登記をしなければ分筆登記ができませんでしたが、平成17年の不動産登記法の改正によって、被相続人名義で相続人が分筆登記申請をすることが可能になりました（不登30・39①）。

2 分筆登記と相続登記の申請

1 分筆登記の手順

　分筆登記を行う際は、分筆登記を申請する土地全体についての測量、及び地積測量図の作成が義務付けられています（不登則75②・78）

　土地家屋調査士に依頼すると、おおむね下記のような流れで調査・測量・登記申請を行ってくれます。

① 法務局や役所で、地図、登記記録、地積測量図、隣地関係等を調査・資料収集
② 現地調査
③ 現地立会い（隣接する土地の所有者と現地の境界について立会確認書作成）
④ 分筆案作成
⑤ 測量（必要に応じ、境界標を設置）
⑥ 図面作成、申請情報等作成
⑦ 登記申請

　分筆登記が完了すると、分筆後の土地に新たな地番（注：分筆後の土地のうち一筆に、従前の地番が残る場合もあります。）が割り振られます。

　なお、分筆登記は、表題部所有者又は所有権の登記名義人以外の者は、申請することができないとされています（不登39①）。この点、共有土地について分筆登記を申請する場合、従前は、共有者全員が申請人とならなければなりませんでしたが、令和5年4月施行の改正民法により、持分の過半数の共有者のみで申請できるようになりま

した。すなわち、共有者が共有物に変更を加える行為であっても、その形状又は効用の著しい変更を伴わないもの（以下「軽微変更」といいます。）については、各共有者の持分の価格に従い、その過半数で決することとされ（民251①・252①）、これに伴い、「民法等の一部を改正する法律の施行に伴う不動産登記事務の取扱いについて（民法改正関係）（通達）」（令5・3・28民二533）が出されました。同通達によると、分筆登記は「軽微変更」に該当し、分筆登記を申請しようとする土地の表題部所有者又は所有権の登記名義人の持分の価格に従い、その合計が過半数となる場合には、これらの者が登記申請人となって分筆登記を申請することができ、それ以外の共有者らが登記申請人となる必要はないとされました。

2　被相続人名義の土地の分筆登記

（1）　分筆登記の申請人

　前述のとおり、遺産に含まれる土地を、被相続人名義のまま分筆登記申請をすることはできますが、その場合、被相続人を申請人にすることはできないため、相続人が分筆登記申請をすることになります。相続人が複数いる場合は、土地を遺産共有していることになるので、相続人全員の合意又は共有持分の過半数を有する相続人が、分筆登記の申請をできることになります。

　ただし、本ケースのように、相続人がXとYのみで、法定相続割合は各自1／2という場合は、いずれも共有持分の過半数を有していないため、両名が合意しなければ分筆登記申請ができません。また、Yに相続が発生した場合は、XとY$_1$・Y$_2$の全員が合意しなければ、分筆登記の申請ができないことになります。

（2）　遺産分割後の分筆登記

　被相続人が有していた一筆の土地を遺産分割後に分筆し、分筆後の土地を相続人の一部がそれぞれ単独で取得するという内容の遺産分割の合意が成立している場合は、相続人全員ではなく、当該土地を取得する相続人が分筆登記を申請することができます（昭19・11・10民事甲730）。

　ただし、本ケースでは、甲土地を分割後に取得するのかXとYのみなので、いずれにしても、XとYが分割登記申請をすることになり、Yの相続発生後は、Xは、Y$_1$・Y$_2$と共に分筆登記申請をする必要があります。

③　登記の単独申請の可否

　前述のとおり、本ケースでは、Xは、Yと共に分筆登記の申請をする必要がありますが、Yの相続人であるY$_1$・Y$_2$がこれに協力しない場合、Xは、Y$_1$・Y$_2$に代位して、分筆登記を単独で申請することができるかが問題となります。

1 遺産分割協議書に地積測量図が添付されている場合

遺産分割協議書に、分筆の範囲、及び、各相続人が取得する土地の範囲を明記した地積測量図（確定）が添付されている場合には、登記実務上、X又はYのいずれか一人からでも分筆登記の申請ができるとされています（登記研究299号71頁）。

このような場合、分筆後の土地を相続する予定の相続人は、地積測量図付きの遺産分割協議書を代位原因証明情報とし、分筆登記に協力してくれない相続人に代位して、分筆登記申請をすることができます（民423①、不登59七）。その理由は、地積測量図付きの遺産分割協議書によって具体的な分割の方法が明らかになっていれば、共同相続人のいずれから申請しても地積測量図どおりの分筆しかできないためとされています（登記研究299号71頁）。

したがって、Xは、地積測量図付きの遺産分割協議書を代位原因証書とし、分筆登記に協力してくれないY₁・Y₂を代位して、単独で分筆登記申請をすることができます。

2 遺産分割協議書に地積測量図が添付されていない場合

遺産分割協議書に地積測量図が添付されていないと、一筆の土地全体の境界の範囲や、一筆の土地をどの区分で分筆するのかが、具体的に明らかになりませんので、分筆登記を単独で申請することはできません。

このような事態においては、分筆登記に非協力的な相続人を説得して、測量及び分筆案の合意を目指すことになります。なお、令和6年4月1日から、不動産を相続で取得したことを知った日から3年以内に相続登記をしなければならないこととなりました（不登76の2①）。早期に分筆案の合意が得られそうにない場合は、一旦、相続人申告登記（不登76の3）又は、法定相続分に基づく相続登記を行っておく必要が生じます。

本ケースでは、Xは、まずはY₁・Y₂を説得して、測量及び分筆案の合意を目指すこととなります。他方、Y₁とY₂から合意を得られない場合は、遺産分割協議書だけでXが取得すべき土地の範囲が一義的に明確であるとか、同時期にXとYが測量図面を作っていたといった事情がない限り、Xが取得すべき土地の範囲が不明確であり、特定できません。そのため、訴訟において権利を確定することも通常は困難となりますので、やむなく、甲土地の遺産分割協議が（明確に）成立していないことを前提として、Y₁・Y₂を相手方として、遺産分割調停を改めて申し立てることになります。

このような事態に陥ることを避けるためにも、とりわけ、遺産分割の当事者の推定相続人が分筆登記に反対することが予想される場合には、遺産分割成立後直ちに分筆を進めるか、少なくとも、分筆の範囲と各相続人の取得範囲を明らかにした地積測量図（確定）を作成し、遺産分割協議書に添付することが安全です。

| Check**4** | 斜面の上側に位置する山林 |

CASE

　Xの父方の祖父が亡くなり、孫のXが唯一の相続人（代襲相続人）である。X
の父は早く亡くなり祖父とは疎遠だったため、Xは祖父の遺産内容をよく知ら
ないまま相続を受けたところ、祖父名義の、斜面上に位置する山林があること
が分かった。長期間手入れがなされておらず、樹木が生い茂っているため、台
風等で、斜面下側の隣地に樹木が倒れるおそれがあるが、どうすればよいか。

評　価

難易度	C	・樹木の危険性判断は、専門家によらなければ困難。 ・一度樹木の倒壊が発生すれば、樹木所有者の責任が発生する可能性が極めて高い。
コスト	A	・実施する調査内容や、樹木の伐採等の措置の程度によるが、一般的に高額となる。 ・万一、倒木により隣地に損害が発生した場合には、予想外に賠償金額が高額になる可能性がある。

検討事項

1　倒木と樹木所有者の責任
2　遺産に含まれる土地の調査方法
3　被害防止措置の検討と実施
4　損害保険による損害補填

解　説

1　倒木と樹木所有者の責任
　1　樹木所有者の責任
　所有地上の竹木が倒れた結果、隣地に損害が生じた場合、誰がその損害賠償の責任
を負うのでしょうか。

まず、樹木は土地に付合しているため、原則として土地所有者が樹木の所有権を有していると考えられています（民242）。

そして、民法717条によると、「竹木の栽植又は支持に瑕疵がある」ことによって、他人に損害を生じたときは、その竹木の占有者は、被害者に対してその損害を賠償する責任を負い、占有者が損害の発生を防止するのに必要な注意をしたときは、所有者がその損害を賠償しなければならないとされています（民717①②）。

よって、本ケースの場合、Xは、相続した山林を第三者に管理・占有させていたという事情はないため、樹木の栽植又は支持に瑕疵がある場合には、樹木所有者として、倒木により発生した被害を賠償する責任（無過失責任）があることになります。

上記の「瑕疵」の判断基準について、「民法717条2項が定める『竹木の栽植又は支持』の『瑕疵』とは、当該竹木が通常有すべき安全性を欠いていることをいう。そして、本件樹木に上記瑕疵が認められるか否かは、本件事故当時における本件樹木の生育状態、場所的環境及び所有者……の管理の状況等諸般の事情を総合考慮して、個別具体的に検討・判断すべきである。」とする高裁判例があります（福岡高判令4・1・28判自505・94）。

これによると、瑕疵があるとは、竹林そのものの瑕疵（幹の腐食、空洞化など）に限らず、竹林の生育状態や環境、樹木所有者の管理状況等が不十分な場合も瑕疵に該当し得ることになります。

2　自然災害による倒木の場合

大型台風などの自然災害のために倒木が発生した場合であっても、樹木所有者は無過失責任を負うのでしょうか。

確かに、理論上は、当該樹木の栽植又は支持に何ら瑕疵がなく、通常有すべき安全性が維持されていたにもかかわらず、巨大台風のために、通常発生するはずのない倒木が発生したという場合であれば、樹木所有者の責任は発生しないことになります。

しかしながら、近年では、予想をはるかに上回る豪雨や台風が頻繁に発生しており、通常有すべき安全性として期待されるレベルが高くなっているといえ、「栽植又は支持に何ら瑕疵がないこと」の証明は難しくなっていると考えられます。

なお、大型台風により杉の木が倒壊して建物に損害が生じたという事案で、裁判所は「上記認定事実によれば、本件杉の木は、本件事故当時、葉を青々と茂らせていて、外見上は正常な樹木との判別がつき難い状況にあったものの、幹内部の腐朽・空洞化はかなり大きく進行していて、葉を多く生い茂らせている分だけ余計に風圧の影響を受けやすく、折損可能性が非常に高い危険な状態に至っていたものであるから、本件杉の木の「支持に瑕疵」（民法717条2項）があったことは明らかである。」、「一方、前

述した本件杉の木の幹内部における腐朽・空洞化の進行状況に照らすと、ひとたび台風並の強風が吹き荒れる気象条件となれば、いつ倒壊してもおかしくはない脆弱性を内包していたものであるから、本件台風の強風を受けて本件杉の木が倒壊に至ったことの原因の一端が幹内部の顕著な腐朽・空洞化現象にあったことは明白である。」と判断しています（宇都宮地判平27・12・17判時2285・79）。外見上は樹木の瑕疵が分からなくても、一度事故が発生し、当該樹木が通常有すべき安全性を欠いていたことが判明すれば、樹木所有者が責任を負うことになります。

2　遺産に含まれる土地の調査方法

1　現時点で可能な調査方法

相続が発生していても山林の名義変更をしていないとか、山林が非課税のため固定資産税納税通知書が送付されず、被相続人やその家族が山林の存在をほとんど忘れているという場合には、当該山林が被相続人の遺産に含まれていることを意識せずに相続を受けてしまうことがあり得ます。

このような山林を予想外に相続してしまわないようにするために、被相続人の遺産に含まれる被相続人名義の不動産をあらかじめ調査しておくことが有効です。不動産の調査方法としては、以下の方法があります。

① 預金通帳（取引履歴）・郵便物からの調査

　　預金通帳（取引履歴）に固定資産税等の引落しや賃料の入金の記録が残っていたり、郵便物の中に市区町村からの税金の通知や不動産に関する通知（修理に関する通知、隣地からの連絡等）から、不動産の存在が判明することがあります。

② 固定資産税課税明細書からの調査

　　被相続人の固定資産税課税明細書が発見できれば、その記載から被相続人名義の不動産を調査することが可能ですが、非課税の不動産は記載されないこと、また、当該不動産が共有となっている場合には、共有者のうちの代表者の元にしか送付されないため、必ずしも全ての不動産が網羅されていない点に注意が必要となります。

③ いわゆる「名寄帳」からの調査

　　「名寄帳」（市区町村によって名称が異なり、「固定資産名寄帳」、「固定資産課税台帳」、「土地家屋課税台帳」等と呼ばれることもあります。）とは、特定の人が同一市区町村内で所有している不動産の一覧であり、これを閲覧することで、当該市区町村に存在する、非課税物件や共有持分を含めた、被相続人名義の全不動産を調査することができるため、網羅的な調査が可能となります。

　　ただし、名寄帳は市区町村ごとに発行されるため、被相続人と所縁のある市区町

村をターゲットに調査をすることはできますが、予想外の市区町村（例えば、被相続人自身が、関係の浅い遠い親戚から相続した不動産等が所在する地域など）に存在する不動産までは調査が網羅できないので注意が必要となります。

2 所有不動産記録証明制度

いわゆる「所有者不明土地」問題に対する解決策として、令和6年4月1日から相続登記が義務化されました。これに伴い、相続登記が必要な不動産を容易に把握できるようにするため、令和3年不動産登記法改正により、登記官が、特定の被相続人が登記簿上の所有者として記録されている不動産をリスト化して証明する「所有不動産記録証明制度」が新設され、令和8年2月2日から施行されます（不登119の2）。

この制度を利用することで、特定の人が所有者として登記されている、非課税物件や共有物件も含めた日本全国の全ての不動産を網羅的に把握できるため、被相続人の不動産の調査が容易になります。

ただし、所有不動産記録証明制度では、名義人の「住所」と「氏名」の両方が一致する不動産の一覧が表示されます。そのため、被相続人の住所や氏名の変更がきちんとなされていない不動産は、表示されない可能性があるので、旧住所や旧姓での検索が必要な場合があります。

また、例えば、被相続人が親から相続不動産を取得していたが、被相続人への相続登記がなされていないといった可能性がある場合には、被相続人の親の氏名、住所で検索をする必要があります。

③ 被害防止措置の検討と実施

1 樹木の管理

一般的に、腐食の進んだ樹木は、台風などの強風で倒壊しやすいため、樹木に腐食を発生させず、風を受ける面積を少なくすることが対策として必要になります。そのため、樹木の所有者には、定期的に、樹木の生育状態を確認し、必要に応じて枝打ちや剪定を行うなど、腐食と倒壊を予防するための対応が必要となります。

樹木が多数生息する山林の場合、山林全体の管理として、樹木の間伐、枝打ち、草刈り、腐食が進んだ危険木の除去等を行う必要がありますが、例えば間伐する場合、まずチェーンソーで伐採し、運搬のために幹を細かく切断したり枝を切り落としたり、車両で運搬したりするといった非常に大きな手間とコストが発生します。

なお、例えば、樹木が傾いている、明らかに古木であり幹内部における腐朽・空洞化が容易に予想される、隣地に大きな幹や枝が越境しているなど、外見上明らかに、通常有すべき安全性が保たれていない状況が発生している場合には、早急に被害防止

措置をとる必要があることはいうまでもありません。

2 危険な樹木の見分け方

倒壊の危険性の高い樹木か否かは、最終的には専門家に調査してもらわなければ確定できませんが、一般的に、外観調査として、歩行者・建物との位置関係、根返り、幹折れ、大枝折れ、中小枝落下、幹の傾斜といった点から危険性の診断がされています。

そこで、所有する樹木について、根の状況（地面からの露出、腐敗の有無等）、枝葉の状況（葉の量や色の変化、枝が折れたり枯れていないか等）、幹の状況（曲がったり傾いていないか、空洞や傷がないか等）を確認し、これらの傾向が見られる場合には、倒木の可能性を疑って、一度きちんとした診断を受けることも必要です。なお、危険木の伐採について補助金を交付している自治体も多くあります。

4 損害保険による損害補填

1 被害者（隣地）の損害保険

樹木が倒れ、隣地の建物を損壊した場合、隣地の建物所有者は、同建物に付保されている火災保険の契約内容によっては、損害が補填されることがあります。

台風や暴風が原因で倒木が発生したような場合には「風災、雹（ひょう）災および雪災補償特約」で、自然に倒壊した場合は、「水濡れ、物体の落下・飛来および騒擾（じょう）等損害補償特約」で補償される可能性がありますが、具体的な保証内容は、火災保険によって異なるため、確認を要します。

2 加害者（所有者）の損害保険

樹木の所有者に法的な損害賠償義務が発生する場合、個人賠償保険によって賠償義務をカバーできる可能性がありますが、支給要件等は保険により異なるため、確認が必要です。また、樹木の所有者が、その樹木や森林を業務の一環として利用しているような場合には、施設賠償責任保険によって、同様に賠償義務をカバーできる可能性があります。

前述のとおり、「竹林の栽植又は支持に瑕疵がない」という条件を満たすことや、それを証明することはハードルが高いと予想されるので、万一に備えて保険の加入を検討することも重要と思われます。

第1章 土 地　　33

| Check**5** | 墓のある山林 |

CASE

　Ｘ及びＸの母は、遠方の地方にある実家から出て生活していた。Ｘの母が死亡し、Ｘは実家とは疎遠になっていた。

　Ｘの母には実家に居住する妹Ａ（Ｘからみて叔母）がいたが、今般、Ａが死亡し、Ａが所有していた地方の山林をＸが代襲相続した。

　山林にはＡの父母や親類の古い墓があり、Ｘは小さい頃に墓参りをした記憶がうっすらとあるが、詳しいことはよく知らない。もしかしたら、墓は、Ａではなく墓の近所に居住する他の親戚が管理している可能性もある。

　Ｘは、山林が不要であるから、誰かに譲渡したいと考えているが、譲受人の候補者から墓を撤去しなければ受け取ることはできないと指摘されることが予想される。

　Ｘとしては、墓の状況や管理者をどのように調査すべきか。また、山林を譲渡するために墓を撤去したいが、どのようなことが必要となるか。

評　価

難易度	A	・現地調査及び祭祀承継者の調査に手間を要する。
コスト	B	・調査費用、墓の撤去費用等を要する。

検討事項

1　墓の現地調査及び祭祀承継者の調査
2　墓に埋葬されている者の遺骨の改葬許可を取得
3　墓の撤去をしてから隣地所有者ないし森林組合等に対する譲渡

（解　説）

1　墓の現地調査及び祭祀承継者の調査

　1　墓を撤去する必要性

　かつて林業が盛んな頃は山林に財産的価値がありましたが、現在は山林の財産的価

値は一般的には低いと考えられます。しかも、山林の所有者は、山林を利用する予定が全くなくても、所有しているだけで固定資産税を負担しなければなりません。そのため、山林は典型的な負動産の一例として紹介されることが多いと思われます。

そこで、Xとしては、隣地所有者やその地方の森林組合に対して本ケースの山林（以下「本件山林」といいます。）を譲渡して手放したいと考えています。しかし、本件山林には古い墓（墳墓）が存在しています。譲受人としては、墓が存在するままの状態で本件山林の譲渡を受けたら、お参りをする人が本件山林に立ち入ったり、墓の管理者と折衝したりする可能性があり、そのような面倒事を避けたいはずです。そのため、Xは、譲受人の候補者から、墓の撤去をしない限り本件山林を受け取ることはできないと指摘されることが予想されます。

2 墓の所有者の調査

それでは、Xがいきなり墓を撤去してよいでしょうか。墓は、Xが代襲相続した本件山林内にありますから、Xの所有物であると思われるかもしれません。

しかし、墓の所有権は、慣習に従って祖先の祭祀を主宰すべき者（祭祀承継者）が承継するので（民897①本文）、XはAから本件山林を相続したからといって、墓の所有権も相続により承継したとは限りません。この墓は、近所の親戚が管理をしている可能性があるので、その人が祭祀承継者かもしれません。仮に、他に祭祀承継者がいる場合、Xが墓を撤去してしまったら、他人の所有権を侵害してしまいます。

そこで、Xとしては、墓を現地調査して、墓が実際にどこにあるかを特定した上で、その墓の状態を調査する必要があると考えられます。例えば、墓にお供えがあったり、掃除をした痕跡があったりすれば、誰かがお参りをしているということですから、その人が祭祀承継者かもしれません。お参りは、頻繁にしているとは考えにくいですから、お盆やお彼岸の頃に合わせて、お墓に「お参りをしている者がいるならXまで連絡してください」と掲示をすることも考えられます。Aのお葬式をしたお寺が近所にあるなら、そのお寺に問い合わせることも一つの方法です。このような調査をするには、現地の親戚に問合せをしてお願いするか、現地の不動産業者などに調査を依頼することになりますが、調査の手間に応じた費用がかかると考えられます。

3 祭祀承継者の有無によって対応

以上のような現地調査をして、他に祭祀承継者がいないのであれば、Xが本件山林の所有者兼祭祀承継者（墓の所有権者）になると考えられますから、Xが墓の撤去をすることになります。

第1章　土　地　　35

　これに対し、祭祀承継者がいるのであれば、その者が墓の所有権を承継しており、祭祀承継者が墓の使用権原があると主張することが考えられますので、Xは祭祀承継者に対して墓を撤去するよう交渉することになります。仮に撤去が難しい場合には、Xは、祭祀承継者に本件山林を引き取ってもらうことを提案してもよいと思われます。

2　墓に埋葬されている者の遺骨の改葬許可を取得

1　遺骨の取扱いについて

　墓を撤去することになった場合、何らの許可なく、遺骨をどこかに埋めたり、遺骨を現在の墓から他の墓に移動させたりしてよいでしょうか。

　遺骨については、墓地以外の区域に埋蔵してはならないと定められています（墓地4①）。

　墓を撤去するに当たっては、Xが墓の所有権を承継している場合でも、祭祀承継者が墓の所有権を承継している場合でも、墓の中に遺骨があるときは、遺骨を勝手にどこかに埋めてしまうことはできません。

2　改葬手続について

　遺骨を現在の墓から他の墓に移す場合には、市町村長に許可を得てから遺骨を別の墳墓又は納骨堂に移す、「改葬」という手続が必要です（墓地5①・2③）。

　Xが墓の撤去（墓じまい）をするのであれば、自分で遺骨を引き受けてくれる寺院を探して、寺院に受入れの了解を得た上で、今の遺骨が埋葬されている市町村長に対して改葬許可の申請をする必要があります。改葬許可の申請書では、遺骨の引受先の寺院が当該遺骨を引き受ける旨の署名と押印を要求される例が多いので、先に引受先の印鑑をもらっておく必要があります。

3　罰則について

　遺骨をどこかに埋めたり、改葬許可を取得せずに遺骨の改葬をしたりすると、墓地埋葬法違反に該当し、1,000円以下（令和7年6月1日以降は2万円）の罰金又は拘留若しくは科料に処せられる可能性がありますので、注意が必要です（墓地21一・4・5①）。

3　墓の撤去をしてから隣地所有者ないし森林組合等に対する譲渡

1　墓の撤去作業について

　上記改葬許可を得た上で、実際に山林内にある墓の撤去作業をすることになります。個人が墓石の撤去作業をすることは困難ですから、現地の石材店などに撤去作業を依頼することになります。

山林内の墓の場合、墓石をそのまま運び出すことができず、墓石や周囲の土台の石等を細かく破壊してから運び出す必要がある場合もありますので、かなりの労力を要します。また、山林内から墓石を運び出すために専用の運搬機械を使用する必要もあります。さらには、古い墓の場合、火葬された焼骨が骨壺に入れられているのではなく、土葬されている可能性もあり、遺骨の掘り出し作業が必要となる場合には、かなりの労力を要することになります。そのため、墓の撤去費用には相当の金額を要する場合があります。

墓の撤去をする場合、石材店からその墓の供養や魂抜きといった法要を求められ、これを僧侶に依頼することもありますから、その費用を要する場合もあります。

2　本件山林の譲渡について

墓の撤去作業を終えることができれば、本件山林を譲渡する上での大きな障害が一つなくなります。Xとしては、本件山林の引取り手を探すことになりますが、通常は、山林を引き取りたいと考える者は少ないので、引取り手を探すことに大きな困難が予想されます。

引取り手の候補者としては、隣地所有者又はその地方の森林組合が考えられます。自分で探せない場合には、地元の不動産業者に引取り手を探してもらうことも考えられます。引取り手が見つかれば、本件山林の譲渡契約書を締結し、所有権移転登記手続を行います。

引取り手が見つからない場合には、相続土地国庫帰属制度の利用も検討することになります（Check13 参照）。

コラム

○土葬がされた可能性

墓地埋葬法においては、埋葬（土葬のこと）（墓地2①）及び火葬（墓地2②）が規定されています。統計によれば、昭和40年代でも地方によっては火葬よりも土葬の件数の方が多くありました（生活衛生法規研究会監『新訂　逐条解説　墓地、埋葬等に関する法律〔第3版〕』300頁～303頁（第一法規、2017）参照）。現在では火葬が圧倒的に多いのですが、平成になる前頃までは相当数の土葬がされていました。墓じまいをする場合には、土葬がされた可能性を考える必要があります。

第1章　土　地　　37

| Check **6** | 農業振興地域の整備に関する法律の農用地区域内にある農地 |

CASE

　生前の被相続人Ａと相続人Ｘは、非常に離れた住所地で生活しており、疎遠であった。

　Ａの死亡により、ＸがＡを相続したところ、遺産の中に不動産登記記録の地目が「田」となっている甲土地があった。

　Ｘは、相続後に初めて甲土地の存在を知り、調査したところ、甲土地は農地であり、農業振興地域の整備に関する法律による農用地区域内にあることが判明した。

　Ｘとしては、甲土地を使う予定もないし、管理することもできないから、第三者に譲渡したいと考えている。

　どのようなことが必要となるか。

評　価

難易度	**A**	・農地法上の様々な規制がある。事実上買主が見つからない場合がある。
コスト	**C**	・手続に時間と費用がかかる場合がある。

検討事項

1　農地を農地として譲渡する場合
2　農地を宅地に転用して譲渡する場合

解　説

1　農地を農地として譲渡する場合
　1　農地の所有権移転には農業委員会の許可が必要であること
　「農地」には農地法が適用されます。農地法は、食料の安定供給の確保という目的

のために、農地を農地以外のものにすることを規制するなど、様々な規制をしています（農地1）。

代表的なものとして、農地を農地のまま売却して所有権の移転をするには、農業委員会の許可を得なければなりません（農地3①本文）（農地法「3条許可」と呼ばれます。）。かかる許可を得なければ、所有権移転の効果を生じませんし、所有権移転登記もできません。

このように、農地には農地法が適用され、所有権の移転に対する規制がされていますので、売買の難易度、売買の価格に大きな影響を与えます。

2　農地とは

それでは、農地法が適用される農地とはどのような土地をいうのでしょうか。例えば、不動産登記記録上の地目に「田」とあることだけで判断してよいのでしょうか。

農地法上、農地とは、「耕作の目的に供される土地」であると規定されており、法律上の定義は非常に簡素です（農地2①）。

これを補足するものとして、「農地法関係事務に係る処理基準について」（平12・6・1　12構改B404）という通知が存在し、同通知では「『農地』とは、耕作の目的に供される土地をいう。この場合、『耕作』とは土地に労費を加え肥培管理を行って作物を栽培することをいい、『耕作の目的に供される土地』には、現に耕作されている土地のほか、現在は耕作されていなくても耕作しようとすればいつでも耕作できるような、すなわち、客観的に見てその現状が耕作の目的に供されるものと認められる土地（休耕地、不耕作地等）も含まれる」とされています（同通知第1（1）①）。

このように、現に耕作されている土地はもちろん、休耕地、不耕作地であっても耕作しようとすればいつでも耕作できるような土地は農地に当たります。つまり、農地に当たるか否かは、現況によって判断されます。

そのため、不動産登記記録上の地目が「田」、「畑」であっても農地法の適用があるとは限りませんし、逆に「宅地」であったとしても現況によっては農地法が適用される可能性があります。

したがって、農地であるか否かは現況で判断され、甲土地の不動産登記記録上の地目が「田」であっても、甲土地が農地であるとは限りません。

3　農地の調査

それでは、Xは、どのような調査をして、甲土地が農地であることを知ったのでしょうか。

実務的には、農業委員会において、農地か非農地かの判断が行われ、農地と認定されると、農地台帳に該当地を登録しています。そのため、農地台帳に登載されている

第1章　土　地　　39

土地こそが、「農地」であると考えられますので、現地確認や農業委員会への問合せをして調査をすることになります（髙橋宏治＝八田賢司編『事例解説　農地の相続、農業の承継　農地・耕作放棄地の権利変動と農家の法人化の実務〔第2版〕』6頁～7頁（日本加除出版　2024））。

　また、平成26年の農地法改正により、農業委員会は、農地台帳及び地図を公表することを義務付けられており（農地52の3）、インターネット上の「eMAFF農地ナビ」というサイトで閲覧することもできます。ただし、「eMAFF農地ナビ」には、全ての情報が掲載されているわけではありません。

　したがって、Xとしては、上記の調査を行って（あるいは、誰かに頼んで調査してもらって）、甲土地が農地であることを知ったものと考えられます。

4　農地を農地として売却するためには

　それでは、Xは、甲土地を第三者に譲渡するに当たり、どのような点に注意すべきでしょうか。

　まず、農地を相続した場合、農業委員会に届け出る必要があります（農地3の3）。届出をしないと10万円以下の過料に処せられることになっているので、注意しましょう（農地69）。

　その上で、農地を農地のまま売却して所有権の移転をするには、農業委員会の許可（3条許可）を得なければなりません。

　この3条許可を得るためには、農地の権利取得者が、これから取得しようとする農地（本ケースでは甲土地）を含む全ての農地を効率良く耕作することができるか（農地3②一）、個人が取得する場合には取得後の農作業に常時従事することができるか（農地3②四）、周辺の農地利用に支障がないか（農地3②六）などについて、問題がないことが必要となります（平12・6・1　12構改B404第3参照）。

　このように、農地法は、農地の確保をするために、3条許可の要件として、買主がこれから取得しようとする農地に加えて、自分の持つ全ての農地を効率良く耕作して、農作業に常時従事できるような買主である必要があること等を定めており、Xはそのような者を探す必要があることになります。

　以上のとおり、Xが甲土地（農地）を農地のまま売却するためには、農地法3条許可を得る必要があり、許可の要件を満たすような買主がいれば、その者に売却すればよいことになります。もっとも、地方では高齢化が進み、耕作放棄がされるような状況があるようですから、Xが甲土地を売却できるか否かは、3条許可の要件を満たす買主を探すことができるかどうかにかかっており、事実上買主を探すことができない場合もあり得ます。

2　農地を宅地に転用して譲渡する場合

1　農地の転用には農地法上の許可を得る必要があること

前述のとおり、農地を農地のまま譲渡するには、3条許可を満たす買主を見つけてくる必要がありますので、Xとしては、農地を農地以外のもの（例えば宅地）に転用して第三者に売却することが考えられます。

この転用については、自己所有のままで転用をする場合（農地4）（4条許可）と、転用するために第三者に所有権移転をする場合（農地5）（5条許可）のいずれの場合も都道府県知事等の許可を得る必要があります。

2　農地法4条許可の要件

以下、農地を農地以外に転用してから第三者に売却する4条許可の場合を想定して記載します（なお、5条許可の場合についても、許可の基準は4条許可と同様の考え方です。）。

4条許可の要件は、かなり入り組んでいますが、概略を説明すると、まず、その農地の立地によって基準が分かれます（立地基準）。

すなわち、優良な農地であり、農地法の保護の要請が強く働く農地は、原則として転用が許可されません。例えば、農業振興地域の整備に関する法律によって、市町村が農業振興地域整備計画において農用地区域とした内部にある農地については、正に農業に力を入れるべき場所に指定されているのですから、転用の許可は原則として不可とされています（農地4⑥一イ）。

これに対し、市街地の区域内又は市街地化の傾向が著しい区域内の農地は、もはや市街地となっている区域内にあるので、農地の保護の要請が弱くなり、原則として許可がされます（農地4⑥一ロ(1)）。

上記は立地基準のうち分かりやすいものの内容を紹介するものであり、実際にはより細かく分類がされています（第1種農地、甲種農地等）。他の分類は、紙幅の関係で省略せざるを得ません。詳細は、整理されている文献等をご参照ください。

さらに、4条許可には、立地基準に加えて、農地を農地以外のものにする行為を行うために必要な資力及び信用があるか（農地4⑥三）、他法令の許可の見込みはあるか（農地則47二）、周辺の営農条件に悪影響を与えないか（農地4⑥四）等の要件を満たす必要があります（一般基準）。

本ケースにおいて、甲土地は、立地基準にいう農業振興地域の整備に関する法律の農業振興地域整備計画が定める農用地区域内に存在するので、転用許可は原則として不可となります（農用地区域であるかどうかは、市町村の農業政策課、農業振興課等で調査できます。）。

3 農用地区域内にある農地の転用

それでは、もう転用の道はないのでしょうか。

農用地区域内にある農地を転用したい場合、当該農地を農用地区域から外してもらうという手続をする必要があります。正確には「農業振興地域整備計画を変更した上で、農地法における転用許可を取得する」ことになります（髙橋・八田　前掲21頁）。

この農業振興地域整備計画の変更を求めることを、「農振除外申請」とか、「農振を外す」などといわれますが、手続が非常に大変であり、時間も費用もかかります。

したがって、Xには、甲土地の農振除外申請をした上で、農地法の転用許可を得るという方法がありますが、負担が大きい手続です。

Xの意図は、農地を農地のままでは売却できないから、宅地等に転用するのだと思われますが、苦労して転用しても、買主が現れないと意味がありません。Xは、甲土地が農振除外申請をして宅地等に転用すれば売却できる土地であるか、それとも農振除外申請をして宅地等に転用しても、そもそも売却困難な土地であるかをよく検討する必要があります。

4 相続土地国庫帰属法、農地バンク

売却困難である場合には、その他の方法を検討することになります。

所有権を国庫に移転する方法としては、相続土地国庫帰属法の利用を検討することになるでしょうが、同法には様々な要件が必要とされていますので、要件を満たすか否かを慎重に検討する必要があります（Check13参照）。

所有権を維持したままの方法としては、「そっか、農地バンク使えばいいのか。」という標語のもと広報活動がされている農地中間管理機構（農地バンク）に相談して、農地を貸し出すという方法があるようです。

42 第1章 土 地

| Check**7** | 記名共有地の共有者から取得する土地 |

CASE

　X社は、関東郊外の広大な土地を購入して物流センターを建設しようとしていたところ、購入予定地の中に、表題部所有者として「A外二十名」とのみ記録され、所有権の保存の登記もなされていない甲土地があった。甲土地は長年Bが占有しており、BもX社に甲土地を譲渡する希望を持っている。

　X社が、甲土地の所有権を確実に取得するためには、どのような手続が必要か。

評　　価

難易度	A	・「A外二十名」のうちA又はその相続人を被告とする判決をBが取得して甲土地の所有権の保存の登記をしてもらい、その後、Bとの間で売買契約に合意し、X社は甲土地を取得する。 ・または、甲土地について所有者不明土地管理命令の発令を受け、所有者不明土地管理人からBが甲土地を時効取得し、その後、X社はBから甲土地を取得する。
コスト	B	・A又はその相続人の所在を捜索するための費用と時間がかかる。 ・所有者不明土地管理命令の発令を受けるためには、申立人が裁判所に予納金を納めなければならない。

検討事項

1 記名共有地の所有権の保存登記の可否
2 所有者不明土地管理制度の利用

解　　説

1 記名共有地の所有権の保存登記の可否
　1 記名共有地の意義
　（1）定　義
　記名共有地とは、昭和35年になされた旧土地台帳と登記簿の一元化作業の中で、旧

第1章　土　地　　　43

土地台帳に「新日本太郎外二十名」と記録されていた土地について、旧土地台帳から移記する際に表題部所有者に「新日本太郎外二十名」という記載のみがされ、「外二十名」の氏名及び住所が明らかでなくなっている土地をいいます。一元化作業の際に共同人名簿が移管されなかったこと等が、記名共有地の発生原因だといわれています。記名共有地の所有関係は、民法249条以下に規定する共有ではなく、共有の性質を有する入会権（民263）が多いといわれており、後者の場合、ほぼ専ら慣習によって規律されると解釈されています（佐久間毅『民法の基礎2　物権〔第3版〕』273頁（有斐閣、2023））。

　（2）　記名共有地に係る第三者対抗要件の具備の方法

　表題登記しかない土地の所有権の取得を第三者に対抗するには、所有権の保存の登記をして、所有権の移転の登記を受けなければなりません（民177）。表題部所有者が登記されている場合、所有権の保存の登記は、表題部所有者又はその相続人その他の一般承継人（不登74①一）、所有権を有することが確定判決によって確認された者（不登74①二）、又は収用によって所有権を取得した者（不登74①三）しか申請することができません。

　記名共有地の場合には、表題部所有者又はその相続人による申請を期待することができないため、不動産登記法74条1項2号が定める確定判決が必要となります。

　（3）　当てはめ

　甲土地を長年占有しているBは所有の意思を持っているようですので、Bは甲土地の所有権を時効により取得することができます（民162①②）。そこで、X社としては、①Bに取得時効を理由として甲土地の所有権を取得してもらい、②Bとの間で甲土地の売買契約に合意することで（なお、便宜上①と②の番号を振りましたが、先後関係は問いません。）、最終的に甲土地の所有権を取得することができます。そして、X社は、甲土地の所有権を「確実に取得する」ことを希望しているようですので、甲土地の所有権を取得した事実につき第三者対抗要件を備える必要があります。

　甲土地は、表題部所有者が「A外二十名」とされ、所有権の保存の登記がされていませんので、記名共有地に該当します。したがって、X社としては、甲土地の所有権の保存の登記をするため、不動産登記法74条1項2号が定める確定判決を取得するようBに求めることが考えられます。

　2　確定判決による記名共有地の保存登記

　（1）　記名共有地の保存登記の方法

　不動産登記法74条1項2号が定める確定判決については、表題部所有者又はその相続人を被告としてなされた判決に限定されるか否かについての争いがあり、登記実務では、表題部所有者等に限定する消極説が採用されています。消極説を採用すると、

表題部所有者の名義人全員を被告としなければなりません。

　表題部所有者が「新日本太郎外二十名」と記録されている記名共有地の場合、消極説を貫徹すると、氏名も住所も分からない「外二十名」についても被告にしなければならなくなり、真実の所有者が保存登記をすることができなくなります。そこで、登記実務では、「新日本太郎外二十名」のうち「新日本太郎」又はその相続人のみを被告とする判決であっても、原告の所有に属することが証拠に基づいて認定されているときに限り、便宜上、かかる判決を不動産登記法74条1項2号が定める確定判決として取り扱うことが認められています（平10・3・20民三552。以下「本通知」といいます。）。

　もっとも、本通知に基づく登記実務に対しては、①民事訴訟法が証拠により認定される事実と自白により認定される事実を区別していないといった理論的な問題に関する指摘や、②表題部所有者又はその相続人に事前に連絡をとり、欠席や自白等をせずに請求原因事実を争うよう依頼する「逆馴れ合い」を発生させることへの批判や、③「逆馴れ合い」により請求原因事実が争われた場合には、証拠をもってそれらの事実を認定することができないケースがあるのではないかとの指摘がなされています（判タ1084号159頁）。また、本通知に基づく便宜的な取扱いは、入会地等いわゆる総有関係にある土地には適用がないとの見解を法務局が主張することもあるようです（なお、名古屋地裁平成14年4月26日判決（判タ1138・83）は、かかる見解を否定し、総有関係にある土地にも適用されると判断しています。）。

　このように、記名共有地の場合には、本通知による登記実務を踏まえても、なお、所有権の保存の登記申請が認められるか否かについて、不明な点があるといわざるを得ません。

　　（2）　当てはめ

　不動産登記法74条1項2号が定める確定判決を得て甲土地の所有権の保存の登記をするため、Bは「A外二十名」のうち氏名が判明している「A」又はその相続人（以下「A等」といいます。）を被告として所有権の確認判決等を取得しなければなりません。もっとも、Aは氏名が分かっているだけで、本籍地、住所、生年月日も分かりません。そのため、実務的にはA等を探すための苦労が多いといえます。また、仮にA等が見つかったとしても、A等が自白や欠席する可能性もありますし、（「逆馴れ合い」の場合を含め）請求原因事実が争われた場合にはBによる取得時効の成立を基礎付ける証拠が必要となります。すなわち、実際には、A等を被告とする判決を取ることも容易ではありません。

　無事にA等を被告とする判決を取得できたとしても、自白によってBの時効取得が認められている場合には、本通知に基づく登記実務に従って保存登記をすることがで

きません。自白によって認定された判決に基づく所有権保存登記の申請を却下した処分を取り消した裁判例もあります（前掲名古屋地判平14・4・26）が、今なお、本通知は撤回されていませんので、法務局では本通知に基づく処理がなされる可能性が高いです。

　したがって、Bが甲土地の所有権の保存の登記をして、X社が所有権の移転の登記をBから受けるには、数多くのハードルがあるといわざるを得ません。そこで、次項では、令和3年法律24号によって民法に新設された所有者不明土地管理制度を利用して、X社が甲土地の所有権を確実に取得できないか検討することにしましょう。

2　所有者不明土地管理制度の利用

1　所有者不明土地管理制度

（1）　所有者不明土地管理制度の意義

　所有者不明土地管理制度とは、所有者を知ることができず、又はその所在を知ることができない土地について、裁判所が、利害関係人の請求により、管理人による管理を命ずる処分（所有者不明土地管理命令）をすることができるようにした制度です（民264の2）。所有者又はその所在を知ることができない土地の有効活用を目的として新設されました。この制度では、所有者不明土地管理命令により、本来の所有者に代わって土地を管理する所有者不明土地管理人が選任されることが予定されています。所有者不明土地管理人は、不在者の財産全体ではなく、個々の土地に特化した管理を行うことが職務とされ（民264の2②参照）、また、複数の所有者が所在等不明の場合には不明共有持分の総体について一人の管理人を選任することが可能とされています。

（2）　所有者不明土地管理人の権限

　所有者不明土地管理人は、保存行為及び性質を変えない範囲内での土地の利用・改良行為ができますが、これに加えて、裁判所の許可により、土地の譲渡をすることも可能です（民264の3②）。土地が譲渡された場合、土地の譲渡代金は所有者不明土地管理人によって所管の法務局に供託され、所有者不明土地管理命令は、原則として、かかる供託をもって取り消されます（非訟90⑧～⑩）。

（3）　所有者不明土地管理命令の申立適格

　所有者不明土地管理命令の申立人は利害関係人とされています（民264の2①）。民間の購入希望者であっても、購入計画が具体的で、土地の利用に利害があるケースでは利用可能だとの解釈が立法担当者から示されています（村松秀樹＝大谷太編『Q&A令和3年改正民法・改正不登法　相続土地国庫帰属法』173頁（金融財政事情研究会、2022））。したがって、民間の事業者であるという理由だけで制度の利用ができないということはありません。

また、土地を時効取得したと主張する者は、所有権の移転登記を求めるために、利害関係人として申立適格を有すると、一般的に理解されています（村松＝大谷・前掲173頁（注1））。

（4）　発令の要件

所有者不明土地管理命令の発令の要件は、①所有者不特定・所在不明と、②発令の必要性の2つです（民264の2①）。

どのような場合に所有者不特定・所在不明だと認められるかについては、自然人が登記名義人の場合には、不動産登記簿及び住民票上の住所等を調査しても所在が明らかでないケースが想定されています。実務的には、東京地方裁判所のウェブサイトで「所有者・共有者の探索等に関する報告書」が公表されていますので、これを利用又は参考にして、所有者不特定・所在不明の立証をすることが考えられます。

管理命令の必要性については、土地の管理状況等を勘案して判断するとされており、例えば、家庭裁判所において選任された不在者財産管理人や相続財産管理人等が選任されている場合には、必要性は基本的にないとの見解が立法担当者から示されています（村松＝大谷・前掲169頁）。

2　所有者不明土地管理命令の対象地が「記名共有地」の場合

（1）　記名共有地の所有者の探索方法

記名共有地についても、所有者不明土地管理命令の発令を受けることは可能です。ただ、発令の要件のうち、所有者不特定・所在不明の点については、他の土地とは違った配慮が必要です。

例えば、所有者不明土地管理制度の新設の際に設置された法制審議会の民法・不動産登記法部会に提出された部会資料43（2頁）では、記名共有地に関して「表題部所有者として登記されている者が誰であるかを把握するために、周辺土地の閉鎖登記簿や旧土地台帳を調査し、同一氏名について住所が記載されている者が存在しないかなどの調査をすることになると考えられる。」との見解が示されています。

上述のように、記名共有地が発生したのは、旧土地台帳との一元化作業のときですので旧土地台帳の調査の必要性が言及されているものと思われます。また、周辺土地の調査については、記名共有地の多くが集落の入会地のようですので、周辺土地を調査することで「新日本太郎外二十名」の「外二十名」の氏名や「新日本太郎」の住所・生年月日等が判明するかもしれません。また、部会資料43には言及がありませんが、記名共有地が所在する集落での聞き込みも必要だと考えます。「新日本太郎外二十名」の「新日本太郎」の相続人が居住しているかもしれないからです。

第1章　土　地　　47

　（2）　職権による所有権の保存の登記

　記名共有地につき所有者不明土地管理人が選任されると、裁判所から法務局に登記の嘱託がなされます（非訟90⑥）。所有者不明土地管理命令の登記の嘱託がされた土地に表題登記があり、かつ、所有権の保存登記がなされている場合には、「権利部（甲区）（所有権に関する事項）」の「登記の目的」欄に「所有者不明土地管理命令」とする登記がなされます。一方、表題登記がない場合又は所有権の保存登記がない場合には、登記官は職権で表題登記及び所有権の保存の登記をしなければなりません（不登76②③）。したがって、所有者不明土地管理人が選任されれば、記名共有地の保存登記の申請の可否を検討する必要がなくなります。

　（3）　当てはめ

　Ｘ社は、関東郊外の広大な土地を購入して物流センターを建設しようとしており、甲土地は敷地予定地に含まれていますので、建設計画が相応に具体化されているようでしたら、Ｘ社が、利害関係人として、甲土地を対象として所有者不明土地管理命令の申立てをすることが考えられます。もっとも、Ｂが甲土地を管理している場合には発令の必要性がないと判断される可能性がありますし、Ｂが甲土地の取得時効を主張しており、Ｘ社による申立てはＢとの関係を悪化させるおそれがありますので、Ｂによる申立てにした方がよいかもしれません。

　また、発令に当たっては、Ａ等の戸籍謄本等を取り寄せる必要がありますが、甲土地の購入希望者であるＸ社や、時効取得を主張するＢが、それらの必要書類を取得できるかどうかは不明です。市区町村に戸籍謄本等の取得を申し入れてもなお取得できなかった場合などは、裁判所に申立てをした後で調査嘱託や文書送付嘱託の申立てをすることが考えられます（村松＝大谷・前掲169頁（注2））。

　甲土地の所有者不明土地管理人が選任されると、裁判所から登記の嘱託が法務局になされ、その結果、甲土地の所有権の保存の登記が職権によりなされるので、上述の記名共有地の所有権の保存登記の問題は回避できます。そこで、Ｘ社としては、①実体的な所有権の得喪に関しては、甲土地の所有者不明土地管理人から譲渡を受けたＢから甲土地の譲渡を受け、②第三者対抗要件に関しては、甲土地の所有者不明土地管理人が選任された時点で保存登記がなされていますので、Ｂ経由で甲土地の所有権移転登記を備えることができます（なお、実務的には、Ｂから確実に取得できるよう、Ｘ社は、申立ての前若しくは所有者不明土地管理人が選任される前には、Ｂとの間で、甲土地の停止条件付売買契約を締結すべきでしょう）。

| コラム |

○法務省による表題部所有者不明土地解消事業

　表題部所有者欄の氏名・住所が正常に記録されていない登記については「表題部所有者不明土地」と名付けられ、表題部所有者不明土地の登記及び管理の適正化に関する法律（令和元年法律15号）に基づき、表題部所有者不明土地解消事業が法務省により進められています。

　この事業の対象とされる土地は地方公共団体等の事業実施主体の要望を聴取した上で選定されます。対象土地に選定されると、職権で登記官による所有者等探索が開始されます。具体的には、登記官による実地調査、立入調査、歴史的な文献等の調査、近隣住民等の聴き取り調査がなされます。また、必要に応じて所有者等探索委員が任命され、同委員による調査がなされることがあります。

　所有者等探索の調査の結果、所有者が特定されると所有者として特定された者が表題部所有者として登記されます。一方、所有者を特定できなかった場合には登記すべき者がいない旨が登記され、その後、利害関係人の申立てがあれば、かかる申立てに基づき、裁判所による管理命令が発令されます。管理者は裁判所の許可を得れば土地を売却することも可能です。

　なお、表題部所有者不明土地の中には、認可地縁団体の不動産登記の申請の特例（自治260の46・260の47）を利用して問題を解決できるものもあるといわれていますが、同制度を利用できるのは、その名称が示すとおり、認可地縁団体（自治260の2以下）に限られます。

第 1 章 土 地   49

Check**8** 土壌汚染の可能性がある土地

CASE

　Aは、自宅兼工場敷地で家業を営んでいた。この春、Aが死亡し、Aの子であるXとYが相続人となり、当該不動産を相続したが、2名とも家業を継続する意思がなかったため、当該不動産の売却を予定している。しかしながら、本件土地はその地歴等から、土壌汚染が疑われ、売却が難航している。

評 価

難易度	**C**	・土地上に構造物が存在する等、調査が困難となる事情がある場合、調査・汚染対策の方法が限定され、難易度が高まる。
コスト	**A**	・実施する調査によって価格が大きく異なる。 ・土壌汚染が発覚し、その除去を実施する場合には、多額の費用が必要となる。

検討事項

1　土壌汚染の調査方法等
2　汚染された土壌の浄化対策
3　汚染された土壌を放置した場合のリスク
4　売買契約等において、土壌汚染リスクを軽減する方法

解 説

1　土壌汚染の調査方法等

　1　調査方法の種類、調査を行うメリット（行わない場合のリスクについて）

　土壌汚染の調査方法としては、大きく分けて2つの方法があります。その土地が、過去、どのように利用されていたのかを調べる地歴調査と、実際のその土地を掘削して、土壌のサンプルを入手して分析する表層土壌調査（表層土壌を採取するためのボーリング調査を含みます。）です。また土壌採取調査の結果、特定有害物質が土壌溶出量基準を超過していた場合は、地下水調査を実施することがあります。

2で述べますが、汚染された土壌の浄化には、莫大な費用がかかる可能性も高く、また、当該土地の汚染物質で自分や家族、近隣の住民への健康被害が生じる可能性もあります。土壌汚染の存在を知らずに、当該土地を取得すると、土地所有者としての責任はもちろんのこと、そこに移住した場合には、自分自身や家族の健康に多大な影響が生じる可能性もあるため、土壌汚染の有無についての調査がなされておらず、リスクの洗い出しが行われていない不動産については敬遠される可能性があります。

2 調査義務の有無

土壌汚染対策法や条例により、土壌汚染の有無について調査義務が課されている場合があります。土壌汚染対策法において、土壌汚染状況調査義務が課せられている代表的なケースは、以下のとおりです。

・使用が廃止された有害物質使用特定施設（水質汚濁2②等）に係る工場又は事業場の敷地であった土地の調査（土壌汚染3）

・土壌汚染のおそれがある土地の形質の変更が行われる場合の調査（土壌汚染4）

・土壌汚染による健康被害が生ずるおそれがある土地の調査（土壌汚染5）

また、条例により、規制の対象範囲を増やしているケースもあります。例えば、横浜市生活環境の保全等に関する条例では、「形質変更の面積要件」が厳しくなったり、「特定有害物質使用等事業所」や「ダイオキシン類管理対象事業所」を廃止するときにも、調査義務を課す等の定めを置いています。

2 汚染された土壌の浄化対策

表層土壌調査や、ボーリング調査等の結果、土壌汚染が発見されると、土壌汚染調査の中で、汚染の範囲を特定していきます。汚染土壌の範囲を把握できたらその範囲を掘削し、問題のない土砂を埋める掘削除去や、当該汚染されている土壌を薬剤等を用いて特定有害物質の濃度を下げる不溶化措置等があります。

なお、舗装や盛土など、リスク管理型といわれる対策を選択する場合もあります。これらの方法は、汚染の除去までは行わず、汚染の拡散等を遮断する対策を行い、汚染を管理する方法といえます。これらの方法を選択した場合、土壌汚染対策法の区域指定の解除を受けることはできませんが、費用が掘削除去等と比較すると安価で済む等のメリットもあります。

3 汚染された土壌を放置した場合のリスク

土壌汚染のリスクは様々あります。これまで解説してきたとおり、土壌汚染対策には多額の費用がかかります。また、購入を敬遠される可能性がある等により当該土地

第1章　土　地　　51

の売却先の選択肢が減少する可能性もあります。さらに、土壌汚染対策法の区域指定等を受けると、原則、土地の形質変更を行う場合には都道府県知事へ工事毎に事前届出を要したり、要措置区域に指定されると原則建物の新築等の土地開発が禁止されたりします。これらは、いずれも経済的なリスクといえるでしょう。

また、当該土地の汚染物質で自分や家族・従業員、近隣の住民への健康被害が生じる可能性もあります。これらは健康面へのリスクと評価できます。近隣住民等に健康被害が生じた場合には、損害賠償等の訴訟リスク・経済的なリスクとして顕在化する可能性もあります。

さらには、このような土壌汚染を放置しておくことは、環境への影響が考えられます。先ほどから述べている近隣の生活環境への影響のみならず、生態系への影響も生じかねないリスクといえます。

そして、これらのリスクは、当該不動産を保有している人の社会的信用に影響を及ぼします。近隣住人からの信用はもちろんのこと、当該不動産を保有する者が会社の場合には、従業員・株主（株式市場）・消費者からの評価に影響が生じかねません。

4　売買契約等において、土壌汚染リスクを軽減する方法

近年、不動産市況におけるタネ地不足等からか、土壌汚染のある土地であっても、売買契約が成立するケースも散見されます。しかしながら、前述のとおり、土壌汚染は様々なリスクをはらんでおり、かつ、実際に土壌汚染対策を講じるとなると多額の費用が必要となることが予想されます。売主・買主、双方にとって、想定外のコストが生じないよう、きちんとリスクの配分を契約条件に落とし込んでおくことが肝要といえます。

本ケースでいえば、XとYが、本件土地に土壌汚染のリスクが相当程度あるとして、近傍の土地と比較して安価で売却する代わりに契約不適合責任（民562）の免責を希望するような場合には、現状有姿での売買であり、契約不適合責任を免責する旨、契約書に明記することが必要です。また、契約書には、XやYが本件土地について知っている事実（容易に知り得たものを含みます。）については、きちんと買主に伝えた上で、本件土地に土壌汚染が存在する可能性があること、及びこれを契約内容に織り込んだ結果、売買代金の減額がなされていることなども、併せて契約書に明示しておくべきでしょう。もちろん、売主・買主の属性次第では、契約不適合責任の免責が無制限で認められない場合等もありますので、個別の事案に即して契約条件を検討する必要がある点にもご注意ください。

さらに、場合によっては、売主・買主間で、どの程度の土壌汚染調査を契約前に実

施するかを協議し、その調査結果を契約内容に盛り込む等の対応も考えられます。売主・買主間で、どこまで契約上のリスクを軽減させるか、言い換えるとどこまでリスクの有無を事前に調査して顕在化させるかについても、売主・買主間で協議の上、その結果も契約書に明示しておくべきでしょう。

コラム

○汚染調査を実施するかの視点、評価の変動要因

　一口に汚染された土壌の浄化対策といっても、汚染の原因により必要となる対策工事の種類も変わりますし、汚染の程度によって必要となる対策の程度も異なってくる場合もあります。さらに、コストという側面からいえば、対象土地・汚染範囲によっても、対策費用は変わってきます。

　また、取得した後に土壌汚染が発見された場合には、土地所有者としての責務が発生します。そこで、取得する土地に汚染があるかどうかについては、地歴等を勘案し、どの程度の精度での調査を実施するか（土壌汚染の存否をどこまでしっかり調査するか）を判断してはいかがでしょうか。

　土地の現況は、千差万別です。ボーリング調査で使用するサンプラーの径は50〜100mm程度のものが多く、また、使用機材にも様々な種類があり、狭小箇所で実施可能な場合も多いです。しかしながら、家屋が存在するケースにおいては、建物を撤去するタイミングまで調査の実施が困難であり、周辺地域の調査結果をもとに、汚染の有無等を推測せざるを得ない場合もあります。そのような場合には、段階的に調査を実施する、契約書等に建物撤去後の土壌汚染調査の実施方法、万一、汚染が発見された場合の対応方法（責任の所在を含みます。）も定めておくことも考えられます。

第1章 土 地 53

| Check9 | 通行に支障が生じた土地 |

CASE

XとYは、隣接する甲地、乙地をそれぞれ所有し、長期間にわたり両土地を一体のものとして月極駐車場に利用しており、境界部分は車が出入りする際の通路となっていた。

ところが、Yが乙地を第三者Zに売却した後、ZがXに対し、乙地に分譲住宅を建てて売却予定のため、以後乙地を通行しないよう通知をしてきた。

Xは、今まで通路となっていた乙地側の境界部分が利用できないと駐車場の利用に支障が生じてしまうため、同部分は引き続き通行できるようにしたいと考えている。

評 価

難易度	B	・通行地役権設定の合意書の存否は、時間を要せず確認可能。 ・隣地を一体のものとして駐車場に利用している状況については、現地の写真や車両が境界部分を通路として出入りしている状況の動画を撮影するなどして調査。
コスト	B	・Zが、調査結果を受け、乙地の境界部分を通路として利用することを了解するのであれば、費用は限定的だが、拒否し続けられる場合には、裁判費用が必要。

検討事項

1 通行地役権設定の合意
2 通行地役権設定登記手続請求

解 説

1 通行地役権設定の合意

本ケースのように、別人の所有する土地が隣接する場合に、同土地が一体のものとして利用されることがあります。もともと単独所有であった一筆の土地が、相続によ

り複数名の共有となった後に分筆される場合には、このような状態が起こり得ます。

その場合に、隣接する土地の所有者同士の関係が良好であれば、同一の目的のもと一体として利用し続けることに支障は生じないのですが、当事者間の関係が悪化した場合や、どちらか一方が所有する土地を第三者に売却し、その第三者が土地の一体利用を拒否するような場合には、それまでどおりの土地利用が困難となるおそれが生じます。

別人が所有する複数の土地を一体のものとして利用する場合には上記のような問題が生じ得るため、そのような土地を所有する者としては、隣接する土地の所有権を取得する方法も考えられますが、経済的事情等から必ずしもこれを実現できるわけではありません。

そこで、隣接する土地を一体のものとして利用する者が、両土地の継続的利用を可能とするためには、利用に必要な部分の通行地役権（民280）設定の合意をし（合意の事実が後で問題にならないよう、書面化しておくとよいでしょう。）、これを登記することが有用です。通行地役権設定登記がなされていれば、仮に隣地所有者が所有する土地を譲渡したとしても、譲受人に対し通行地役権を対抗することができ（民177）、それ以降も通行地役権が設定された部分の継続利用が可能となります（小粥太郎編『新注釈民法（５）－物権（２）』768頁（有斐閣、2020））。

本ケースでは、ＸとＹとの間に甲地、乙地の継続的利用に関する通行地役権設定の合意、及び合意を前提とした登記の有無は、設例からは不明ですが、明示的な合意まではないと推測されます。なぜならば、甲地、乙地の謄本に通行地役権設定登記が存在しているのであれば、土地取得後分譲を予定しているＺが乙地を取得して、以降の通行を拒絶するような通知を送付してくる等は、想起しにくいからです。

もちろん、通行地役権設定登記がなされているにもかかわらず、強硬な態度をとってくる不動産取得者もまれにいます。そのため、Ｘとしては、きちんと乙地に通行地役権設定登記をしてもらっているにもかかわらず、これを無視してＺが通行拒絶の通知を送付してきているような例外的な場面に関しては、毅然とした態度で臨む必要があります。

② 通行地役権設定登記手続請求

1 通行地役権設定登記がない場合

もっとも、長年にわたり隣地の所有者同士が隣地を一体として利用し続けている場合には、これまでも支障なく利用できているのにわざわざ合意書を作成したり、通行地役権設定登記をするような状況になりにくい場合もあります。特に、合意書や通行

地役権設定登記が必要と意識するような場合というのは、隣地所有者との間で土地の継続利用に何らかの問題が発生し、対立するおそれがある場合や、既に対立している場合が多いと思われるので、そのような事態に至った後に、通行地役権設定登記をするのは困難といえるでしょう。

本ケースの場合も、Yから乙地所有権の譲渡を受けたZは、乙地と隣接するX所有の甲地とを一体のものとして利用することを拒否しています。そのため、Xとしては、Zとの間で、新たに通行地役権設定の合意をすることも、通行地役権設定登記をすることも困難な状態です。

本ケースのXのような状態に至ってしまうと、隣地の譲受人に対し、通行地役権を対抗することは不可能となるのでしょうか。ここでは、本ケースのXとYのような隣地の所有者同士の間で、通行地役権設定の明示的合意がない場合には通行地役権そのものが成立しないのか、仮にそのような場合でも通行地役権が認められるとして、それを登記がなくとも譲受人に対抗できるのかの2つの問題が考えられます。

2　通行地役権の成立

そこで、まず一つ目の、隣地の所有者同士の間で通行地役権設定の明示的合意がない場合には、通行地役権そのものが成立しないのかについてですが、「ある土地の所有者が、他人の土地をその所有者との明示的合意がないにもかかわらず、その土地に通路を開設して通行を継続し、それをその土地の所有者が知りながら、あえて異議を唱えなかった場合、時効取得の成立を待たずに、通行地役権の黙示的合意が認定される場合もありうる」（小粥・前掲770頁）とされています。もっとも、裁判例において、「通行の事実があり通行地の所有者がこれを黙認しているだけでは足りず、さらに、右所有者が通行地役権または通行権を設定し法律上の義務を負担することが客観的にみても合理性があると考えられるような特別の事情があることが必要であると解する（例えば、一筆の土地を分譲する際、通路を利用する譲受人に対しその通路敷所有権を分割帰属させるとか、通路敷所有権をもとの分譲者に留保した場合の如し。）。」と判示されていることからも（東京高判昭49・1・23東高時報25・1・7）、黙示の通行地役権が認められるためには、通行の外観を有し、所有者がこれに通行地役権を設定し、法律上の義務を負担することが客観的に合理的であるとの特別の事情が認められることが必要となるでしょう（安藤一郎『私道の法律問題〔第7版〕』273頁（三省堂、2023））。

本ケースのXは、Yとの間で境界部分を長期間にわたり甲地と乙地を一体のものとして駐車場に利用しており、境界部分は通路としてお互いがお互いの所有地を通行し合う状態となっていたのですから、XとYの間で、通路として利用されている境界部分には通行地役権設定の明示的な合意があったと解釈できる余地もあり得ますし、仮

に明示的合意まで認定できなくとも、Yが法律上の義務を負担することが客観的に合理的であるとの特別の事情が認められる場合には、黙示的合意が認められる可能性も考えられます。

3 譲受人への対抗

このように、通行地役権設定の明示的又は黙示的な合意が認められた場合、次に、かかる通行地役権を登記がなくとも譲受人に対抗できるのかが問題となります。

この点につき、譲受人が背信的悪意者と認められるときは、地役権者は登記なしに地役権を対抗することができる（最判平10・12・18判時1662・91）とされています（小粥・前掲773頁）。

そして、上記判例では、承継地の譲受人が、譲渡人から公衆用の通路である旨の説明を受け、近隣土地の所有者等のための通路として使用されていたことを認識し、そのように用いられていることについて了承していたことをもって、登記がなくとも譲受人に対抗できると判示していることから、本ケースにおいても、Zに判例と同様の事情が認められれば、Xは、通行地役権設定登記がなくともZに対抗できることになります。

4 譲受人が背信的悪意者といえない場合

では、Zが背信的悪意者といえない場合には、Xは、通行地役権設定登記がなければZに対抗することはできないでしょうか。

この点につき判例は、「通行地役権（通行を目的とする地役権）の承役地が譲渡された場合において、譲渡の時に、右承役地が要役地の所有者によって継続的に通路として使用されていることがその位置、形状、構造等の物理的状況から客観的に明らかであり、かつ、譲受人がそのことを認識していたか又は認識することが可能であったときは、譲受人は、通行地役権が設定されていることを知らなかったとしても、特段の事情がない限り、地役権設定登記の欠缺を主張するについて正当な利益を有する第三者に当たらないと解するのが相当である」と判示しています（最判平10・2・13判時1633・74）。なお、この判例に出てくる「承役地」とは、地役権者の土地のための便益に供せられる土地、すなわち、地役権による負担を受ける土地であり（我妻榮ほか『我妻・有泉コンメンタール民法─総則・物権・債権─〔第8版〕』530頁（日本評論社、2022））、本ケースではXが通路として利用している乙地の境界部分を指します。他方、「承役地」の対概念として「要役地」がありますが、これは、地役権による便益を享受する地役権者の土地であり（我妻ほか・前掲530頁）、本ケースにおける甲地を指します。

したがって、Zが乙地を譲り受けたときに、乙地の境界部分がXによって継続的に通路として使用されていることが、その位置、形状、構造等の物理的状況から明らか

であり，かつ，Zがそのことを認識していた又は少なくとも認識することが可能であったのであれば，Zは，通行地役権が設定されていることを知らなかったとしても，特段の事情がない限り，通行地役権設定登記の欠缺を主張するについて正当な利益を有する第三者に当たらないので，Xは，Zに対し，登記がなくとも通行地役権を対抗することはできることになります。

5　まとめ

このように，登記がなくとも承役地の譲受人に対して通行地役権を対抗できるとされた場合には，同譲受人に対し，通行地役権設定登記手続を請求することができる（前掲最判平10・12・18）とされています（小粥・前掲774頁）。

したがって，Xは，Zに対して登記なくして通行地役権を対抗できる場合には，Zに対し通行地役権設定登記手続を請求することで，将来Zから更に土地を譲り受けた者などとの間で同様の紛争が生じることを防ぐことができます。

58   第1章　土　地

| Check10 | 墓地用地として無償で貸している土地 |

CASE

　Xが父から相続した土地の中に、契約書はないが、祖父の代から墓地用地として近隣の寺に無償で貸している土地がある。Xはこの土地を使用する予定はないが、貸し始めてから長時間が経過しており、賃料が入るわけでもないため、このまま保有を続けてもよいか。

評　価

難易度	A	・使用貸借契約の終了を理由とする土地の返還請求を行うことは困難である。
コスト	B	・相続時に、自用地として評価され、相続税額が高額化する可能性がある。

検討事項

1　使用貸借の終了
2　税務上の取扱い
3　本ケースの対応

解　説

1　使用貸借の終了

Ⅰ　使用貸借契約の成立

　寺に無償で土地を貸しているということは、祖父の代から、寺との間で当該土地についての使用貸借契約（民593）が成立していると考えられます。

　平成29年法律44号による民法改正により使用貸借の規定が改正されましたが、改正後の規定は、施行日である令和2年4月1日以降に締結されたものについて適用され、施行日より前に締結されたものについては旧法の規定によることになります（平29法44改正法附則34①）。よって、以下では、平成29年法律44号による改正前民法（以下「改正前民法」といいます。）の規定に基づいて検討しています。

第1章　土　地　　59

　改正前民法593条は「使用貸借は、当事者の一方が無償で使用及び収益をした後に返還をすることを約して相手方からある物を受け取ることによって、その効力を生ずる。」と定めており、使用貸借は要物契約とされていましたが（改正後は諾成契約へ変更されています。）、本ケースの場合、墓地用地として寺が占有、使用しており、借主である寺が、貸主であるＸの祖父から目的物である土地の引渡しを受けていること（要物性を満たしていること）は明らかなので、使用貸借契約は有効に成立しているといえます。

2　貸借物の返還時期

　それでは、Ｘは、寺に対して、土地の返還を求めることはできるのでしょうか。この点、改正前民法597条は、使用貸借に基づく借用物の返還の時期について、以下のとおり定めていました。

【改正前民法597条】
1　借主は、契約に定めた時期に、借用物の返還をしなければならない。
2　当事者が返還の時期を定めなかったときは、借主は、契約に定めた目的に従い使用及び収益を終わった時に、返還をしなければならない。ただし、その使用及び収益を終わる前であっても、使用及び収益をするのに足りる期間を経過したときは、貸主は、直ちに返還を請求することができる。
3　当事者が返還の時期並びに使用及び収益の目的を定めなかったときは、貸主は、いつでも返還を請求することができる。

　寺とＸの祖父（又はその後の土地所有者）との間で返還時期の合意があれば、返還時期の到来により、寺に対して土地の返還を求めることができますが、本ケースのように、かなり以前から貸しており契約書もないという場合には、明確な返還時期の合意が認められないことが多いと思われます。その場合、契約に定めた目的に従った使用及び収益が終了しているか、又は、終了していなくても使用及び収益をするのに足りる期間を経過していれば、寺に対して返還を請求することができます。

　本ケースの場合、契約書は存在しませんが、使用貸借契約は要式契約ではなく、口頭での契約締結も有効です。そして、寺が墓地用地として土地を借り始め、現にその後も墓地用地として使用を継続している以上、Ｘの祖父と寺との間では、本件土地を墓地として利用するという目的で使用貸借の合意が成立していたと考えられます。

　したがって、現時点で寺が墓地を移転していて土地を利用していない等、墓地としての使用収益が終了したといえる場合には、寺に対して返還を請求することは可能ですが、現に墓地として使用を継続している場合には、「使用及び収益をするのに足りる

期間を経過した」と評価できない限り、寺に対して返還を請求できないことになります。

　この点、「使用及び収益をするのに足りる期間を経過した」か否かの判断基準について、姉弟間の建物所有を目的とする土地の使用貸借契約において使用収益をするのに足りるべき期間が経過したか否かが争われた事案の判決では、「土地の使用貸借において、民法597条2項ただし書所定の使用収益をするのに足りるべき期間が経過したか否かは、経過した年月、土地が無償で貸借されるに至った特殊な事情、その後の当事者間の人的つながり、土地使用の目的、方法、程度、貸主の土地使用を必要とする緊急度など双方の諸事情を比較衡量して判断すべきものであるが、使用貸借に基づく使用開始から長年月が経過し、その後に当事者間の人的つながりが著しく変化したなどの事情が認められる場合、借主に他に居住するところがなく、貸主に土地を使用する必要等特別の事情が生じていないというだけでは、使用収益をするのに足りるべき期間の経過を否定する事情としては不十分というべきである（最高裁昭和45年10月16日第2小法廷判決・集民101号77頁、最高裁平成11年2月25日第1小法廷判決・集民191号391頁参照）。」と述べているのが参考になります（東京地判平28・7・14判タ1436・196）。

　通常、墓地は数世代にわたって利用されること（永代利用されること）が想定されますし、墓の移転は、物理的には可能かもしれませんが、心理的な問題や移転先の確保などから困難が伴うことが想定されます。また、そもそも、Xの祖父の代から、X一族は本件土地を利用する必要性もないように思われますので、具体的な事情にもよりますが、本ケースで「使用及び収益をするのに足りる期間を経過した」と認められるハードルはかなり高いように思われます。

② 税務上の取扱い

1　固定資産税

　墓地として使用される土地の管理団体が、墓地埋葬法に基づく墓地台帳に登録されている団体（地方自治体、宗教法人等）の場合、当該土地の固定資産税は課せられません。

　なお、墓地埋葬法が制定される以前から存在し、当時は墓地としての許可を受けていたものの、同法施行時に定められた管理者の届出等の条件を満たしていない「みなし墓地」も、同様に固定資産税は課せられません。

2　相続税

　墓地用地として寺に貸している土地の所有者（貸主）に相続が発生した場合、当該

土地は、相続財産に含まれます。

この場合、前述のとおり、寺に対する返還請求ができるようになるまでには相当長期間を要し、所有者による当該土地の利用が長期間にわたって制限がされることから、相続人としては、当該土地を評価するに当たっては、使用貸借権に相当する価額が控除される（しかも、高い割合で控除される）ことを期待すると思われます。

この点、一般に、法人が無償で土地を借り受けている場合、法人が土地所有者から借地権を受けたとみなされ（借地権の認定課税）、法人が税務署に無償返還届を提出していない場合は、自用地評価額から借地権評価額を差し引いた価額が相続税評価額となり、無償返還届を提出している場合は、自用地評価額の80％が相続税評価額となります。

しかしながら、宗教法人のような公益法人については、無償で土地を借り受けている場合であっても借地権の認定課税を受けないため、相続税及び贈与税の課税実務においては、個人間における使用貸借と同様に、当該土地の使用貸借に係る使用権の価額は、ゼロとして取り扱うことになります（「使用貸借に係る土地についての相続税及び贈与税の取扱いについて」（昭48・11・1直資2－189（例規）・直所2－76・直法2－92））。その結果、土地の自用地評価額が、そのまま相続税評価額となります。

3 本ケースの対応

具体的事情にもよりますが、本ケースで、相談者が、使用貸借契約の終了を理由として寺から墓地用地を返還してもらうことはハードルが高く、確実ではないと思われます。そして、墓地用地を保有したまま相続が発生すれば、自分の代のみならず、次の世代（相続人）も利用できない土地が、自用地として相続税上評価され、それに応じた相続税を納めなければならないことになります。

また、仮に、寺との間で任意に土地を返還してもらえた場合でも、墓地利用地であったとの理由で（一種の嫌悪物件として）なかなか処分ができず、当該土地の活用もできないために更地（自用地）のまま保有することになれば、墓地利用がなされないため固定資産税が発生するほか、相続時には自用地として評価されてしまいます。

そこで、相談者が、この土地を保有し続ける積極的な理由がないような場合には、寺との交渉により、土地の売却や贈与によって、寺に土地を引き取ってもらうという方法も選択肢として検討すべきと思われます。

62 第1章 土 地

Check11 未登記建物がある土地

CASE

　昭和60年頃、Aは別荘建築のため、地方に宅地である甲土地を購入したが、別荘建築には至らなかった。そうしたところ、友人のBから甲土地を資材置場として貸してほしいと頼まれた。Aは、資材置場にする程度ならよいと考え、安価で甲土地をBに貸した。数十年が経過し、Aが死亡し、Aの子であるXが甲土地を相続した。XはAから甲土地賃貸の事実は聞いていたが、相続発生後、XがA名義口座を確認したものの、少なくともここ数年はBからの入金は確認できなかった。そこで、Xは甲土地賃貸の事実等を確認するため、甲土地を見に行くと、甲土地には乙建物が建築されていることが判明した。乙建物は古く、現在は空き家となっており、登記もされていなかった。また、Bも既に他界していることも判明した。Xは乙建物を収去して、土地を返してほしいと考えているが、Xはどのような手続をする必要があるか。

評 価

難易度	B	・未登記建物の場合、不動産登記記録から所有者が特定できないので、他の方法により所有者を特定する。 ・建物の所有者が特定できない場合には、所有者不明建物管理人の選任を検討する。
コスト	A	・未登記建物の所有者の調査を行う点でコストがかかる。 ・所有者を特定できたとしても、最終的に強制執行により建物を収去しなければならない場合には、土地所有者がそのコストを負担しなければならない可能性がある。

検討事項

1 未登記建物の所有者の調査方法
2 未登記建物の収去及び土地明渡しの訴訟提起の相手方の特定
3 未登記建物の収去及び土地明渡しを実現する方法

解　説

1 未登記建物の所有者の調査方法

1　固定資産評価証明書を取得して確認する方法

　Ｘとしては、乙建物の収去及び土地明渡を請求することになりますが、請求の相手方は、乙建物の所有者及び占有者になります。本ケースは、乙建物が空き家、かつ、未登記であるため、所有者も占有者も判明していません。そこで、まず、未登記である乙建物の所有者を調査する必要があります。

　未登記建物の所有者を調査する方法としては、その建物の固定資産評価証明書を取得することが考えられます。未登記物件でも、固定資産税は発生していることが多いため、行政の固定資産課税台帳にその所有者や所在、種類、構造、床面積や固定資産評価額が記載されている場合があります。そのため、まずは、固定資産評価証明書を入手して確認しましょう。固定資産評価証明書は原則として所有者しか請求することはできませんが、建物収去土地明渡請求訴訟を検討している土地の所有者も請求することができます。

　固定資産評価証明書は、対象の不動産の所在地が東京23区の場合には都税事務所、東京23区以外の場合には所在地の市区町村の役場で取得することができます。

　本ケースでは、ＸがＡの相続人として、甲土地を相続し所有していますので、Ｘは、乙建物所在地の役所で、固定資産評価証明書を請求することができます。

2　ライフラインの契約者で確認する方法

　固定資産評価証明書を取得する方法以外に、ライフラインの契約者を確認する方法があります。ライフラインの契約者の確認も、原則として契約者しか確認できませんが、訴訟提起等に必要である場合には、弁護士法23条の２に基づく照会（以下「弁護士会照会」といいます。）を行い確認することができます。弁護士会照会は、弁護士がその所属する弁護士会に対し、公務所又は公私の団体に照会して必要な事項の報告を求めることを申し出た場合に（弁護士23の２①）、弁護士会がその申出が適当であると認めたときに、弁護士会から公務所又は公私の団体に照会して必要な事項の報告を求めることができる制度です（弁護士23の２②）。なお、弁護士会照会を利用するための費用は各弁護士会により異なります。

　ただし、弁護士会照会を利用するには、照会先が明確である必要があります。契約先以外に照会を求めても、「契約なし」という回答があるだけで、どこが契約先かを確認することができません。何件も照会を求めると、それだけ費用がかかることもありますので、空き家などでライフラインの契約先などが不明である場合には、弁護士会照会の利用が有益とはいいがたい場合があります。

本ケースでは、空き家であることから、ライフラインを契約している可能性も低く、また、照会先が判明しない可能性もあるため、弁護士会照会で所有者等が判明する可能性は低いかもしれません。

2　未登記建物の収去及び土地明渡しの訴訟提起の相手方の特定

1　未登記建物の所有者が判明した場合

乙建物の所有者が判明した場合、まずはその所有者に対し、未登記建物を収去して、甲土地を明け渡すように交渉します。交渉が功を奏さない場合には、訴訟提起を検討する必要があります。

本ケースのように、土地の所有者が建物収去を求める場合には、訴訟提起の相手方である被告は建物の所有者となります。もっとも、建物に所有者以外の占有者がいる場合には、その占有者に対して建物退去土地明渡請求訴訟も提起する必要があるため、被告は、建物所有者及び占有者となります。

本ケースでは、乙建物は空き家であり、占有者は存在しないことから、乙建物の所有者のみを被告として特定すればよいでしょう。

2　未登記建物の所有者が判明しない場合

令和3年の民法改正により、所有者不明建物の管理に関する制度が設けられました。これは、所有者や所有者の所在を知ることができない建物について、利害関係人の請求により裁判所が必要と認める場合に、裁判所が所有者不明建物管理人を選任することができる制度です。この場合、その建物に関する一切の権限が所有者不明建物管理人に専属することになります（民264の8⑤・264の3①）。所有者不明建物管理人の請求をする場合には、一定の予納金を含めて費用がかかりますが、選任された所有者不明建物管理人は、裁判所の許可を得れば保存行為を超えて建物を処分することができます。

そのため、Xとしては、仮に未登記建物の所有者が判明しない場合には、所有者不明建物管理人の選任を申し立て、所有者不明建物管理人と交渉して解決を図ることができます。この場合、仮に所有者不明建物管理人が建物収去等に応じない場合には、所有者不明建物管理人を被告として訴訟提起することになります（民268の8⑤・264の4）。

このように未登記建物の所有者が判明しない場合にも解決の制度はありますが、所有者不明建物管理人の選任申立てに係る費用等をXが負担しなければならないため、Xの金銭的な負担は大きくなるでしょう。

3　相続人調査の必要性

未登記建物の所有者の調査に当たっては、相続が発生している可能性があるので、

相続人調査を実施して、かかる調査で判明した相続人全員を被告として裁判をしなければならないことがあります。

訴訟提起の被告を特定するために必要であれば、弁護士は、依頼者以外の相続人調査を行うことができますので、弁護士に依頼して調査する必要があります。ただし、被相続人の情報が少ないため、相続人の人数も見当がつかず、生存しているか否かも調査しなければならないため、時間と高額な費用がかかる可能性があります。

本ケースでは、Bが未登記建物に住所登録をしているなど、Bの生前の住所地などが明らかである場合には、Bの住所を手掛かりに相続人を調査していくことになります。

③ 未登記建物の収去及び土地明渡しを実現する方法

1 訴訟提起

未登記建物の所有者が特定できた場合、かかる所有者を被告として建物収去土地明渡請求訴訟を提起する必要があります。訴訟提起には訴訟物に応じた印紙と各裁判所で決められた郵券を準備する必要があります。所有権に基づく建物収去土地明渡請求の印紙代は、不動産のうち土地については、固定資産税評価額の2分の1の金額に、更に2分の1を乗じた額になります。

本ケースの場合、乙建物がBの相続人の所有である場合には、AB間の賃貸借終了（地代不払を原因とした債務不履行解除）に基づく乙建物収去甲土地明渡請求を申し立てることが考えられます。また、Xは、甲土地の所有者として、その所有権に基づいて乙建物所有者に対し、乙建物収去甲土地明渡請求を申し立てることも考えられます。

2 強制執行

訴訟提起の結果、勝訴したとしても、被告が積極的に建物を収去しない場合には、原告であった土地所有者が強制執行を申し立て、建物を収去し、土地を明け渡させる必要があります。この場合に建物を収去する費用は、土地所有者が事前に準備し、裁判所に予納しなければなりません。法律上は、土地所有者は、建物所有者に対し、建物収去土地明渡しに要した費用を請求することができますが、建物所有者が無資力の場合には、費用を回収することができず、土地所有者が高額な費用負担を強いられることになります。

そこで、本ケースにおいても、Xは訴訟の中で、被告となった乙建物所有者と和解により本件を解決し、乙建物解体費用をできるだけ抑え、結果、X自身が経済的な負担を被ることがないよう（ある程度の負担が生じるにしても、上記強制執行を実施するのと比較して安価で済むよう）円満な解決を模索するのも一つの方法かと思います。

第1章　土　地

| Check**12** | 接道義務を満たしていない土地 |

CASE

　Xは、実家を増築して、二世帯住宅にしようと計画した。しかしながら、実家は接道義務を満たしておらず、建物の増築や再建築は基本できないとのことであった。

　Xが実家を増築するためには、どのような手段があるか。また、将来の売却に備えて、どのような対策を講じることが好ましいか。

評　　価

難易度	B	・接道義務を充足するために、可能な手段がどの程度あるかによって、変動する。
コスト	A	・隣地の購入等を行う場合、地価や必要となる面積によっては、コストが増える。

検討事項

1　接道義務とは
2　建築基準法上の「道路」に接していない土地で建物建築が可能な場合
3　接道義務を満たす方法

解　　説

1　接道義務とは

　接道義務とは、建築物の敷地は、「道路」に2m以上接しなければならないという建築基準法43条1項に定められた義務をいいます。そして、建築基準法において「道路」と評価されるためには、原則、幅員4m以上のもので、かつ、建築基準法42条1項各号に掲げるものに該当する必要があります。なお、特定行政庁がその地方の気候・風土の特殊性、土地の状況により必要と認めて都道府県都市計画審議会の議を経て指定する区域内においては、6m以上の幅員が必要となります（建基42①本文括弧書）。また、

建築基準法42条1項各号に定める道路とは、私道・公道は問われませんが、道路法上の道路（建基42①一）（いわゆる1号道路）、都市計画法、土地区画整理法などによる道路（建基42①二）（いわゆる2号道路、開発道路）、建築基準法が適用される際既に存在する道路（建基42①三）（いわゆる既存道路）、政令で定める基準に適合する道で、築造しようとする者が特定行政庁からその位置の指定を受けたもの（建基42①五）（いわゆる位置指定道路）などが挙げられます。

　そして、大規模な建物等を建築する場合、条例により接道の基準が加重される場合があります。例えば、東京都建築安全条例では、大型のマンション、店舗等を建築する場合、基本的に、当該建物の延べ床面積に応じて接道する道路の長さが加重され、3,000m²を超える場合には接道部分10m以上の接道を満たす必要が出てきます（東京都建築安全条例4①）。

　このような接道義務が設けられている趣旨は、「建築物の敷地は、一般通行のほか避難上又は消防上等で支障がないように道路に接していなければならない」（建築法令実務研究会編『わかりやすい建築基準法の手引〔加除式〕』386頁（追録54号現在）（新日本法規出版、2001））という考え方に基づきます。

　なお、建築基準法43条に違反した場合、設計者は100万円以下の罰金に処せられます（建基101①三）。また、その違反が建築主の故意による場合には、建築主も同様に処罰されます（建基101②）ので、ご注意ください。

② 建築基準法上の「道路」に接していない土地で建物建築が可能な場合

　建築基準法上の「道路」に接していない敷地で建物を建築しようとする場合、建築確認申請を行う前に、建築基準法43条2項1号の認定、若しくは同法43条2項2号の許可を取得できるかを調査することとなります。

1　建築基準法43条2項1号による認定

　建築基準法上の「道路」に接していない敷地であっても、「その敷地が幅員4メートル以上の道（道路に該当するものを除き、避難及び通行の安全上必要な国土交通省令で定める基準に適合するものに限る。）に2メートル以上接する建築物のうち、利用者が少数であるものとしてその用途及び規模に関し国土交通省令で定める基準に適合するもので、特定行政庁が交通上、安全上、防火上及び衛生上支障がないと認めるもの」（建基43②一）に該当する場合には、建物を建築することが可能です。この場合、後で述べる43条但し書き道路（43条2項2号の許可を受けた道路）の場合と異なり、建築審査会の同意は不要となる点が大きな違いです。同制度は、平成30年6月の改正によって新たに設けられた制度です。

この点、道として「国土交通省令で定める基準」に適合するものは、以下のいずれかに該当するものをいいます（建基則10の3①）。

①　農道その他これに類する公共の用に供する道であること。

②　建築基準法施行令144条の4第1項各号に掲げる基準（位置指定道路の基準）に適合する道であること。

　そして、建築基準法施行令144条の4第1項では、「両端が他の道路に接続したものであること」（建基令144の4①一本文）、「道及びこれに接する敷地内の排水に必要な側溝、街渠その他の施設を設けたものであること。」（建基令144の4①五）等が基準として挙げられています。

　また、建築物として「国土交通省令で定める基準」に適合するものは、以下のいずれにも該当するものをいいます（建基則10の3③）。

①　規模：延べ床面積（同一敷地内に2以上の建築物がある場合には、その延べ床面積の合計）が500m²以内

②　用途：一戸建ての住宅

　なお、上記の建築基準法施行規則等の定めの他に、各市区町村が独自の基準を設けているケースも多くあります。そこで、同申請を行う前に、各市区町村の担当部署に事前相談を行うことをお勧めします。

2　建築基準法43条2項2号による許可

　建築基準法43条2項1号の認定は、同項2号の許可と比べその要件が厳しいことから、実務では同項2号の許可を活用して建築許可を取得するケースが多いです。

　同法43条2項2号の許可申請を行う場合も、同申請を行う前に、各市区町村の担当部署に事前相談を行うことをお勧めします。事前相談を実効的に行うため、事前相談に先立ち許可対象通路の現況、計画建物に関する資料などを準備して臨むことが好ましいといえます。

　事前相談を行った結果、許可の見込みがあると判断できた場合には、許可申請書を作成し、事前審査を申し込むことになります。この事前審査の段階で、担当者が現地調査を行い、提出書類と現地の状況が合致しているかなどのチェックが行われます。提出書類にずれ等がある場合には、修正等の通知がなされます。

　現地調査等の結果、受付可能との判断がなされた後、許可申請手続に入ることが多いです。基本的には、建築審査会の同意を得て、建築基準法43条2項2号の許可を取得することとなります。なお、許可申請手続において、道又は空地の所有者の同意書（①通行の同意、②現状の通路を将来にわたって存続させ維持管理していくこと、③①と②について、当該土地を第三者に譲渡する等の場合にも承継することが分かる書

面）を添付することが求められることが一般的です。そのため、この許可申請手続を行うためには、近隣住民と円満な関係にあることも重要となります。

　また、提案基準を満たすもののうち、特に問題のないものについて、あらかじめ建築審査会の議決を得て「一括同意基準」として定め、これに該当するものについては特定行政庁の許可を行いその後の建築審査会に報告するという取扱いを行うことにより、建築審査会への諮問を省略して許可するとの運用がなされています。そこで、上記事前相談、事前審査の際、「一括同意基準」への該当可能性も併せて確認しておくことが望ましいといえます。

③　接道義務を満たす方法

　上述の建築基準法43条2項2号による許可、ないし同項1号の認定は、あくまでも許可・認定の対象となった建築計画が許可されたものであり、将来、再建築等が認められない可能性はあります。そのため、今回、これらの許可・認可が取得できたとしても、将来の不安等から、当該不動産の市場価値は落ちることが多いです。また、このような土地については住宅ローンの利用が難しいケースも散見されます。

　そのため、本ケースのXのように、将来の売却も見据えている土地所有者としては、対象土地が接道義務を満たす状況を確保することが望ましいといえます。どのようにして接道を確保するかといえば、前述のとおり、4m以上の道路法上の道路等に2m以上の幅員で接続するのに、どのような障害があり、その障害は除去が可能かを確認していくこととなります。

　例えば、敷地と建築基準法上の道路との間に、里道や水路が存在するようなケースがあります。このような場合には、里道を自治体から払下げを受けて接道を確保するという解決策があります。里道の払下げが困難な場合でも、通行や掘削許可を取得し、接道を確保するという解決方法もあります。また、水路や暗渠を挟んで建築基準法上の道路と接しているような土地の場合には、水路管理者と協議し、法定外公共物使用許可を取得して、水路等に橋を架けるなどの方法が考えられます。

　また、接道義務を確保できていない多くのケースとして、幅員2mを確保できていない敷地があります。このような敷地の場合、通路部分に接している土地所有者に相談し、幅員2mを確保できるよう通路部分に接している土地の一部を譲り受ける方法があります。当該土地所有者が自己の土地面積が減少する解決方法を拒む場合には、双方の敷地を数m²ずつ交換する等の方法もあります。これらの方法は、いずれも当該土地所有者の承諾が必要なことであることから、日頃から近隣住民と円満な関係にあることが重要となります。

> **コラム**

○オーダーメイドリフォームサービスの利活用

　再建築不可の建物を建て替えたり、大規模修繕工事を実施してリフォームしたりすることは、法律の立て付け上、基本的にできません。なぜならば、建物の建築、増築、建物の大規模修繕や模様替え工事を実施する場合には、原則、建築確認申請を行う必要があるからです。そして、再建築不可の建物の場合には、現状の建物自体が建築基準法に適合していないため、建築確認申請を行ったとしても、その申請は通らない状況にあります。

　そこで、建築基準法6条に該当しないような改築をベースとしたリフォームであれば確認申請は不要であることから、建築確認申請を必要としない範囲でのリフォームを実施し、結果、建物の内装等を新品同様に仕上げるというオーダーメイドリフォームサービスを提供する不動産会社も出てきています。このようなリフォーム工事を行うに際しては、設計者は役所の担当部署と綿密に事前相談等を行い、当該建物の床面積、所在地等の条件がリフォームを実施しても建築確認申請の対象とならないと評価できるか、具体的な工事内容がリフォームの範囲内に収まっていると評価できるか等につき、相談・協議を行っているものと推測されます。

　再建築不可の建物においては、接道義務のクリアは最適解かもしれませんが、オーダーメイドリフォームサービスの利活用も居住環境の改善・向上の一つの選択肢といえるでしょう。

第1章 土 地　　71

Check13 原野商法の対象となった土地

CASE

　Aは、若かりし頃、いわゆる原野商法により、地縁のない地域の土地を購入した。なお、同土地の所有権境は明らかでない。Aは昨年死亡し、Xが唯一の相続人であったことから、当該土地も相続した。

　Xとしては、地縁もない土地を保有することが負担であり、当該土地を手放したいと考えている。

評　価

難易度	**A**	・低廉であっても売却できない、相続土地国庫帰属制度等の活用が困難な土地である場合には、処分そのものが難航する場合がある。
コスト	**C**	・相続土地国庫帰属制度等を利用する場合、却下事由等をクリアするため、境界確認等についての費用がかかる可能性がある。

検討事項

1　相続した利用価値のない土地の処分方法
2　相続土地国庫帰属制度
3　空き地バンク等の活用

解　説

1　相続した利用価値のない土地の処分方法

　1　所有者の確定（相続関係の把握など）

　一般的に、相続の対象となっている土地を売却する場合には、相続関係を確認・整理する必要があります。その結果、相続人の範囲に疑義がある場合（例えば、戸籍に載っていない隠し子と称する者が現れた場合）や、相続人の中に行方不明者がいる場合などのケースでは、相続人の地位不存在確認訴訟を提起したり、失踪宣告や不在者財産管理人選任の申立てを行ったりする必要があります。

本ケースでは、Aの相続人はX一人とのことなので、このような所有者の確定について争いはない事例といえますが、類似の事案において、相続人が複数いる等の事例においては、まずは相続関係を把握し、手当てが必要かどうかをご検討ください。

2　相続登記の申請

次に、相続にて取得した土地を売却する場合、その前提として相続を原因とする移転登記（相続登記）をする必要があります。なぜならば、購入希望者としては、売主が本当に当該土地を所有しているかどうか（本ケースでは、Xが本件土地の所有権を取得しているかどうか）を公的書類でも確認したいと考えるのは当然のことであり、また、売買に伴う所有権移転登記をする前提として、売主への相続登記が必要となるからです。また、土地所有権を相続により取得した相続人は、「自己のために相続の開始があったことを知り」、かつ、「当該所有権を取得したことを知った」日から３年以内に、所有権移転登記を申請する義務を負います（不登76の２①前段）。万一、相続登記の申請義務がある者が、正当な理由なく、申請期間内に登記申請しなかったときには、10万円の過料が処せられるとの規定も設けられています（不登164）。

本ケースにおいても、XはAの唯一の相続人であり、本件土地の所有権を相続により取得している以上、相続登記を具備する義務を負います。なお、本件土地の売却が実現できるような場合には、遅くとも当該売買契約の決済時までに相続登記手続を行う、ないし相続登記手続に必要な書類一式を準備して所有権移転登記手続と併せて相続登記申請ができるようにしておくことが必要です。

2　相続土地国庫帰属制度

低廉であっても本件土地を売却できない場合、土地所有権を手放す方法として、令和３年に制定された相続土地国庫帰属制度の利活用を検討することが考えられます。

1　制度の概要

令和３年の民法等の一部を改正する法律（令和３年法律24号）と併せて、相続土地国庫帰属法（令和３年法律25号）が制定されています。社会経済情勢の変化に伴い所有者不明土地が増加していることに鑑み、相続等による所有者不明土地の発生の抑制を図るため、相続等により土地の所有権を取得した者が、法務大臣の承認を受けてその土地の所有権を国庫に帰属させることができる制度を創設する必要があるとのことから、本法律は制定されています。

相続や相続人に対する遺贈により、土地所有権や共有持分を取得した者等は、その土地の所有権を国庫に帰属させることを承認するよう求めることができます（相続国

庫帰属2①②)。この申請に対し、法の定める却下事由（相続国庫帰属2③各号：例えば、土地上に建物が存在する）や不承認事由（相続国庫帰属5①各号：例えば、崖があり、通常の管理に当たり過分な費用又は労力を要するもの）のいずれにも該当しないケースでは、法務大臣はその土地の所有権の国庫への帰属を承認する必要があります（相続国庫帰属5）。

国庫帰属の承認申請が承認されると、申請者にその旨の通知がなされ、併せて負担金の額も通知されます（相続国庫帰属9・10）。申請者は、負担金の通知を受けた日から30日以内に負担金を納付したときは、その納付の時点で当該土地は国庫に帰属することとなります（相続国庫帰属10③・11①）。

2　手続の注意点

相続土地の国庫帰属承認申請が認められるかどうかは、申請する土地に却下事由、不承認事由に該当する事情があるかどうかが大きなポイントとなります。特に、不承認事由については、「通常の管理に当たり過分の費用又は労力を要さない場合」等も要件とされています。そこで、例えば、「崖」があるといって、承認申請をあきらめるのではなく、まずは、事前相談を申し込み、申請が承認されるかどうかの手ごたえを確認したり、申請が認められるためにはどのような手当てが必要か等を相談したりすることが考えられます。この事前相談をより実りあるものにするため、具体的な資料を作成して正確に状況を説明することが有用です。

本ケースにおいて、Xは本件土地の所有権境を把握できていません。このような状況では、「境界が明らかでない土地」（相続国庫帰属2③五）として、申請が却下されるおそれが多分にあります。土地を売却する際にも土地の所有権境を明確にすることが求められる場合が多いので、本件土地の処分を本格的に検討する場合には、所有権境を明確にすることが望ましいです。なお、相続土地国庫帰属の承認申請には「承認申請に係る土地の位置及び範囲を明らかにする図面」（相続国庫帰属規3四）を添付する必要があります。同号図面とは、登記所備付図面や地理院図面等（「相続等により取得した土地所有権の国庫への帰属に関する法律の施行に伴う相続土地国庫帰属手続に関する事務の取扱いについて（通達）」（令5・2・8民二70第4節第1・4））が例示されていますが、筆界と所有権境とが一致していないような場合には、これらの図面にXが認識している所有権境を書き込んでいくこととなります。また、本件土地に、「境界が明らかでない」の他にも、却下事由、不許可事由がないかを検討し、境界さえ明らかにできれば相続土地国庫帰属の承認申請が可能であると判断した場合には、その手続に進むことで、低廉であっても売却できない土地の所有権を手放すことができる可能性が見えてきます。

3 空き地バンク等の活用

低廉であっても本件土地を売却できない、相続土地国庫帰属法に定める却下事由や不許可事由に該当する事情を排除できない場合、土地所有権を手放すためには、空き地バンク等その他の代替手段の利活用を検討する必要があります。

1 空き地バンクの活用

空き家対策として、空き家バンクを設置する自治体は複数ありますが、自治体ごとの設置であったため検索が困難等の課題がありました。そこで、国交省は自治体が把握・提供している空き家等の情報について、自治体を横断して簡単に検索できるよう、「全国版空き家・空き地バンク」を構築し、民間事業者2社により平成30年4月より本格運用がなされており、令和6年12月末時点で、1,097の自治体が参加し、約1万9,900件の成約事例があるとのことです。

本ケースにおいても、約7割の自治体が既に空き家・空き地バンクを設置していることから、Xは、本件土地所在地の自治体が空き家・空き地バンクを設置しているかどうかを確認し、自治体が空き家・空き地バンクを設置・運営しているようでしたら、こちらを活用し、広く全国へ本件土地の購入希望者を募集することが可能となります。

2 地方自治体への寄付

一般に自治体に不動産を寄付することを検討する場合には、第一歩として、自治体の担当窓口に相談します。寄付の相談を受けた自治体では担当部署が検討・調査を行い、当該不動産の受入れが可能と判断した場合には、寄付希望者は寄付申請書・申出書等の書面を作成し、提出することとなります。

なお、自治体としても、寄付の希望があったらその全てを受け入れるというわけではなく、有効活用できるかどうか等を総合的に検討の上、寄付を受け入れるかどうかを判断している模様です。

本ケースの土地は原野商法の対象であった土地であり、かつ、低廉な価格でも売却が困難な土地です。そのため、自治体としても有効活用できる可能性も低いと判断する場合も多く、寄付を受け入れてくれる可能性はあまり高くないと考えます。

3 ランドバンクの活用

ランドバンクとは、主に自治体や、NPO団体や民間事業者、法務や不動産の専門家らが、低未利用土地等の所有者等への情報提供や助言を行って、マッチング・コーディネートによる利用促進を図り、もって、低利用土地等の有効活用や、適正管理を促進する仕組みです。

本ケースの土地が、ランドバンク事業を行っている団体の活動エリアと重なっている場合には、ランドバンク事業を行っている事業主に相談し、売却促進に向けての情

報提供や助言を受けることで、本件土地を手放すチャンスを広げることが可能となるかもしれません。

コラム

○原野商法の二次被害にご注意ください

　過去に原野商法のトラブルにあった消費者や、その原野を相続した消費者が、再びトラブルに遭うという「原野商法の二次被害」についての相談が、全国の消費生活センター等に寄せられています。例えば、「あなたの土地を欲しがっている人がいるので、高い金額で購入させてほしい」との電話勧誘をきっかけに話を進めたところ、「売却に際して、整地と測量が必要」と説明され、高額の調査費用や整地費用を払う羽目になった等の相談があります。また、同様の電話勧誘をきっかけに、原野の売却の話を進めていたはずが「節税対策を行った方がよい」と言われ、よく分からないままに、別の原野を購入させられていたり、コンサル費用を請求された等の例もあります。

　この原野商法の二次被害トラブルに関する国民生活センターへの相談は、2007年度では500件弱であったものが、2016年度には1,100件弱にまで増え、増加傾向は続いています。契約当事者の年代別割合をみると、60歳以上が約9割を占めています。原野商法のトラブルに遭った消費者が感じている、家族への後ろめたさを狙った手口といわれています。

　もし、ご家族や近しい人が原野商法の被害に遭われた経験がある場合には、過去の取引を非難するのではなく、寄り添っていただき、二次被害が生じるリスクを減らしていただければと思います。

第1章　土　地

| Check**14** | 生産緑地 |

CASE

　Ｘは、被相続人Ａを相続したが、Ａの相続財産の中に生産緑地が存在することが判明した。

　Ｘは、生産緑地において営農をしてもよいし、しなくてもよいと考えている。Ｘとしては、いかなる点に注意すべきか。

評　　価

難易度	C	・生産緑地の指定解除をして相続税の納税猶予を諦めるか、営農を続けて相続税の納税猶予を受けるか、都市農地貸借円滑化法による貸付制度を利用するか等を検討する必要がある。
コスト	B	・相続税の納税猶予が受けられない場合、相続税が課税される。

検討事項

1　生産緑地の指定解除をして相続税の納税猶予を諦める場合
2　営農を続けて相続税の納税猶予を受ける場合
3　都市農地貸借円滑化法による貸付制度を利用する場合

解　　説

1　生産緑地の指定解除をして相続税の納税猶予を諦める場合

　1　生産緑地

　生産緑地とは、都市計画法で定める市街化区域内にある農地のうち、生産緑地法に基づいて生産緑地地区として定められた区域内にある一団の農地をいいます（詳細については、負動産マニュアル124頁以下参照。）。

　市街化区域とは、既に市街地を形成している区域や優先的かつ計画的に市街化を図るべき区域ですから（都計7②）、その中にある生産緑地は、都市農地というべきものと

なります。そして、生産緑地は、公害又は災害の防止、農林漁業と調和した都市環境の保全等良好な生活環境の確保をするための農地ですから、農地として保全すべきものとされています（生産緑地3①　）。

そのため、生産緑地に指定されると、生産緑地を農地として管理しなければなりませんし（生産緑地7）、農業用施設等の設置を除き、建築物その他の工作物の新築又は増築や、宅地造成、土砂採取その他の土地の形質の変更をすることができない等の行為制限があります（生産緑地8）。

生産緑地の指定は、自由に解除することができず、生産緑地の指定の告示の日から30年が経過するか、主たる農業事業者が死亡等するまでは、生産緑地の指定解除ができません（生産緑地10）。

その一方で、生産緑地は、宅地と比べて非常に低額の評価・課税となり、営農を続けるのであれば、相続税の納税猶予制度が利用できるというメリットがあります。さらに、相続税の納税が猶予された税額は、農業相続人（相続税の申告期限までに農業経営を開始し、その後も引き続き農業経営を行う者をいいます。）の死亡又は後継者への生前一括贈与がされた場合には免除となりますから、いわば相続税の納税猶予と終身営農がセットになっています。

2　生産緑地の指定解除をする場合

生産緑地は、農地として管理しなければならないため、生産緑地の指定がされたままでは農地を宅地に転用することができません。そのため、営農を継続する予定がない場合、生産緑地は利用価値のない土地（負動産）となってしまいます。

そこで、本ケースにおいて、Xが営農を継続しないと決めた場合、主たる農業従事者であったAが死亡したことを理由に、生産緑地の指定解除をすることができます（生産緑地10②）。生産緑地の指定解除の手続をする場合には、市町村長に対して買取りの申出を行い、買取り申出の日から3か月以内に生産緑地の所有権の移転が行われなかったときは、生産緑地の指定が解除されます（生産緑地14）。

もっとも、生産緑地の指定解除を選択した場合、相続税の納税猶予が受けられなくなりますから、相続税を納税しなければなりません。また、固定資産税も宅地並みになる場合があります。

したがって、Xは、生産緑地の指定を解除すれば、農地転用が可能となりますので、当該土地を宅地として利用することが可能となります。その反面、相続税の納税猶予を諦めなければならない点が最大の懸念点となります。

2 営農を続けて相続税の納税猶予を受ける場合

1 営農を継続する場合

Xが生産緑地において営農を継続すると決めた場合、相続税の納税猶予を受けることができます。相続税の納税猶予のメリットは大きく、生産緑地指定を受けることが都市農地において現実的に必須の選択肢であることを考えると、営農を継続するという選択肢もあり得るものと考えられます。

注意点としては、相続した生産緑地について納税猶予制度の適用を受ける場合には、必要書類を相続税の申告期限（相続開始を知った日の翌日から10か月以内）に間に合わせる必要があります。

共同相続人がいる場合には、遺産分割協議が成立していることが必要ですし、農業委員会の「適格証明書」なども必要です。その上で、市役所で「納税猶予の特例適用の農地等該当証明書」を発行してもらう必要があります（詳細は、負動産マニュアル127頁参照）。

したがって、Xは、納税猶予制度の適用を受ける場合は、必要書類の取得に一定の時間がかかることに注意して準備をする必要があります。

2 特定生産緑地制度

東京・大阪・名古屋の三大都市圏の生産緑地のうち、約8割が2022年に指定から30年を迎えるため、生産緑地の指定を解除された農地が、買取り手続を経て、宅地や賃貸住宅等として大量に不動産市場に流れ込み、地価の暴落、マンションの供給過多、都市緑地保全の困難を引き起こすのではないかと懸念されていました（生産緑地のいわゆる「2022年問題」）。

そこで、平成29年5月の生産緑地法の改正により、生産緑地の指定から30年を経過することになる生産緑地については、「事前に」所有者からの申請によって「特定生産緑地」の指定を受けることにより、買取りの申出ができる期限をもともとの申出基準日から起算して10年延長することができるようになりました（生産緑地10の2・10の4）。10年経過後も、10年ごとに特定生産緑地の指定を更新することができます（生産緑地10の3）。

「事前に」とあるように、指定告示の日から30年が経過する前に（申出基準日までに）特定生産緑地の指定を受ける必要があります。

かかる特定生産緑地の指定を受けることで、これまでと同じ税制措置が、その後10年間延長して受けられますし、新たな相続が発生した際にも相続税の納税猶予の適用を受けることが可能となります。要は、特定生産緑地は、これまでの生産緑地制度を継続するための制度です。

特定生産緑地の指定を受けないまま指定告示から30年の申出基準日を経過した場合、改めて特定生産緑地の指定を受けることができなくなります。また、固定資産税・都市計画税の負担が段階的に増加し、5年後には宅地並み課税となります。

したがって、Xは、相続した生産緑地について、特定生産緑地の指定を受けることを忘れないようにする必要があります。

③ 都市農地貸借円滑化法による貸付制度を利用する場合

それでは、Xが生産緑地で営農を継続することを選択したものの、その後に土地を営農以外の用途で活用することを検討したくなった場合、いかなる方法があるでしょうか。

まず、生産緑地法上は、生産緑地に農業用施設等の設置をすることが可能です（生産緑地8②）。

例えば、①生産・集荷施設（ビニールハウス等）、②生産資材の貯蔵・保管施設（農機具の収納施設等）、③処理・貯蔵に必要な共同利用施設（共同選果場等）、及び、④休憩施設などとして利用が可能です。

これらに加えて、平成29年改正により、一定の制限はあるものの、⑤生産緑地内で生産された農産物等を主たる原料とする製造・加工施設、⑥生産緑地内で生産された農産物等又は⑤で製造・加工されたものを販売する農産物等直売所、及び⑦生産緑地内で生産された農産物等を主たる材料とするレストラン（農家レストラン）の設置が可能となりました。

ただし、固定資産税・都市計画税については従来の農地課税ではなくなりますし、設置できる農業用施設の取扱いが相続税の納税猶予制度と相違する点に注意が必要です。

さらに、平成30年には都市農地貸借円滑化法が成立し、生産緑地を対象として、認定都市農地貸付け又は農園用地貸付けを行うことができるようになりました。

かかる法改正により、一定の要件は必要ですが、生産緑地を貸し出しても納税猶予を受けられるようになりました。この貸付制度を使えば、自ら農業に従事しなくとも納税猶予は継続されます。

したがって、Xとしては、営農しつつ土地を農家レストラン等の農業用施設とすることで生産緑地を活用する方法、あるいは、営農せずに生産緑地を都市農地貸借円滑化法に基づいて貸し出すという方法があります。

第 2 章

建 物

82

第2章 建 物　　　83

| Check15 | 温泉が不要な温泉権付不動産 |

CASE

　Xは購入希望者が現れたため、かつて旅館として利用していた温泉権付不動産の売却を検討している。購入希望者は異なる用途で利用するため温泉は不要であり、維持管理費等がかかることを懸念しているが、温泉に関する権利関係についてのみ分離処分して不動産を売却することは可能か。なお、当該地域の温泉に関する権利関係は温泉組合によって管理されている。

評　価

難易度	B	・温泉組合との交渉によることになるので、ケースバイケースになることが多い。
コスト	C	・温泉組合の規約に従うことになるので、コストはかかりにくいが、規約上分離処分が難しい場合、一定のコスト負担を条件とした交渉はあり得る。

検討事項

1　温泉組合の規約の確認
2　規約上分離処分が難しい場合、一定の費用負担による組合との交渉の検討
3　交渉による分離処分も難しい場合、売買代金での調整の検討

解　説

1　温泉組合の規約の確認

　1　温泉に関する権利関係

　温泉に関する法律としては、温泉法（昭和23年法律第125号）がありますが、同法は「温泉を保護し、温泉の採取等に伴い発生する可燃性天然ガスによる災害を防止し、及び温泉の利用の適正を図り、もつて公共の福祉の増進に寄与する」という行政的規制を目的としており（温泉1）、私法上の権利に関する規定を置いていません。

私法上の権利関係についても立法化が議論されたことはありますが、温泉権は地域性、慣習性が強く、権利内容も多様であり、公示等を含め制度化が困難であるとして、直接の規定がないまま現在に至っています。

温泉に関する権利は、①温泉の湧出口から出てくる温泉（源泉）の支配権（温泉所有権、源泉権、湯口権、元湯権などと呼ばれます。）と、②その権利から派生する権利（温泉利用権、引湯権、給湯権、分湯権などと呼ばれます。）に大きく分かれますので、本稿では前者を「源泉権」、後者を「温泉利用権」と呼び、両者を併せて「温泉権」、温泉の湧出する土地を「源泉地」、温泉を利用する土地を「温泉利用地」と呼ぶこととします。

温泉権が源泉地所有権とは別個の慣習法上の物権となり得ることは、古くから判例で認められてきましたが（大判昭15・9・18・民集19・1611など、川島武宜＝川井健編『新版注釈民法（7）　物権（2）』572頁（有斐閣、2007）参照）、近年の裁判例では、「温泉を湯口から採取して利用する権利は、湧出地の土地所有権の権利の内容の一つに含まれ、土地所有権とは別の独立した物権としては成立しないのが原則である。通常は、湧出地の土地所有者以外の者が温泉を利用する権利は、債権的法律関係により形成される。例外的に温泉権が所有権とは別に物権として成立するのは、温泉権を湧出地の所有権とは別の独立した物権として認める慣習法が成立している地域に限られる。」「現代の高度な掘削技術をもって何十メートルも地下を掘削し、新たに湧出させた温泉については、原則として、慣習法上の温泉権を掘削地の所有権とは別の物権として成立することは、ないと考えられる。」と判示されています（東京高判令元・10・30・判時2485・12）。

現実の温泉の利用形態は様々で、物権的性質の非常に強いものから債権的性質の強いものまで多種多様です。温泉権付不動産売買契約には、温泉利用地に付く温泉権が、①源泉権である場合、②物権的温泉利用権である場合、③債権的温泉利用権である場合があり、温泉権者の地位の安定性が異なりますので、温泉権付不動産契約に際しては、付帯する温泉権の性質はよく確認しておく必要があります。

また、温泉を自己の温泉利用地で利用するためには、源泉地から引湯管を敷設する必要がありますが、源泉地が遠方で引湯管敷設地の所有者が第三者の場合、賃借権等の利用権の設定が必要です。しかし、賃貸借には存続期間や対抗力の問題があり、温泉供給が長期安定的に行われる保証がなく、仮に敷設地の賃貸借でトラブルが生じると温泉利用が妨げられる可能性がありますので、温泉を利用する目的で温泉権付不動産の売買を行う場合は、引湯管敷設地の状況やどのような権利設定がされているかについても十分確認が必要です。

2 温泉組合

本ケースのように、総湧出量を分割した口数の源泉共有権者を組合員とする温泉組合を組織し、組合規約を設けて温泉管理、会計管理等を行っているケースが各地に広く見られています。

温泉利用に際して、温泉揚湯装置で引かれ、共同貯湯タンクに貯められた温泉を自己の所有する温泉利用地に引く配管やその修繕費は通常自己負担ですが、温泉揚湯装置や共同貯湯タンクの設備及びその維持管理は、自己使用の有無に関わらず必要になります。料金は通常使用量に応じて発生しますが、源泉地及び供給装置の維持・管理にかかる費用は組合員全員で負担することが原則となっており、一時停止、休止等をしていて温泉の供給を受けない場合でも、維持費として一定の金額の納付が求められます。

源泉地及び供給装置の維持・管理にかかる費用が不足すれば、全ての温泉利用者への供給に支障が生じかねませんので、温泉組合の規約には、権利を譲渡する場合について、譲渡制限が設けられていたり、名義書換料や組合加入金が定められていたりすることが通常です。

温泉利用地の分譲で源泉権を買って組合を作った場合のように、土地と温泉権が結びついて取引されることを原則とする場合には、規約の中で、土地から分離した温泉権の譲渡が禁止されており、温泉利用地の所有権と源泉共有権と源泉地共有権の三つの権利が三位一体となって取引されることになります。規約において譲渡が制限されていないか、まずは確認しましょう。

2 規約上分離処分が難しい場合、一定の費用負担による組合との交渉の検討

組合員には、利用の有無を問わず、源泉地及び供給装置の維持・管理にかかる費用の確保のため、管理費を負担することが規約上定められていることが多く、前述のように源泉共有権と源泉地共有権のみの分離処分は想定されていないことが一般的です。

しかし、規約上分離処分が難しい場合でも、一定期間の管理費を一括で支払うといった費用負担を行い、源泉地及び供給装置の維持・管理にかかる費用を一定程度負担することで、源泉権及び源泉地共有権を分離させて他の組合員へ譲渡することに応じてもらえるケースもありますので、Xとしては、一定の費用負担による交渉を検討しましょう。

3 交渉による分離処分も難しい場合、売買代金での調整の検討

　組合との交渉による分離処分が難しい場合であっても、理論上は、組合が個人所有の温泉利用地の処分を制限することはできず、Xが源泉共有権と源泉地共有権を留保して、温泉利用地のみを譲渡することは考えられます。しかし、同権利のみを所有していても、温泉利用地がなければ経済的利用ができず、経費のみがかかることになりますので、例外的な場合を除き、現実的ではないでしょう。

　温泉権付不動産の所有者は、利用しない温泉の維持のための管理費を払い続けることになるので、廉価であっても売却をしてしまった方が、経済的負担も精神的負担も軽減されるということもあると思われます。

　本ケースにおいて、Xは、温泉組合との交渉がうまくいかない場合には、売買代金を相当程度減額する等の調整によって買主に温泉権付不動産を引き取ってもらう方法も考えられます。

第2章 建 物　　　87

Check16　自殺・孤独死のあった物件

CASE

（1）　叔母であるＹが、自宅（持ち家）で自殺をして亡くなっているのが発見された。Ｘは、Ｙの唯一の相続人だが、この自宅を相続することで、何か問題が生じるか。

（2）　Ｙからの相続で取得した賃貸アパートで、Ｙの相続発生前に賃借人が孤独死をしていたことが分かった。清掃業者から高額の特殊清掃費用の請求が来ているが、Ｘはこの費用を賃借人の相続人に請求できるか。

評　価

難易度	C	・ケース（1）・（2）ともに、法的難易度は高くない。 ・ケース（1）では、物件取得後の取引の難易度は高くなる。
コスト	B	・ケース（1）の場合、将来の取引価格の下落リスクがある。 ・ケース（2）の場合、孤独死の原因により高額なコストが発生するが、保険による補填の可能性がある。

検討事項

1　自殺のあった物件の売却・賃貸に伴う問題
2　孤独死と原状回復義務

解　説

1　自殺のあった物件の売却・賃貸に伴う問題

ⅰ　取引の困難性

　自殺や殺人事件が発生したという事実は、それらが発生した不動産の新たな買主や賃借人にとって心理的抵抗感を生じさせること（心理的瑕疵になること）が容易に予想され、その不動産の売買契約や賃貸借契約を締結するかの判断や、契約を締結する場合の条件の判断に重要な影響を与える事実です。

　そのため、自殺や殺人事件のあった物件を第三者に売却、賃貸することは、通常の物件に比べて買主、賃借人の募集が困難となり、また、契約ができる場合でも売買代

金や賃料が相場より低くなる（そうしなければ、買主や賃借人を募集できない）ことが強く予想されます。

2　告知義務の有無

（1）　宅地建物取引業者の告知義務

それでは、取引の相手方に自殺や殺人事件の事実を知らせずに売却、賃貸することはできるでしょうか。

買主や賃借人の募集は、多くの場合、宅地建物取引業者（不動産仲介業者）を介して行われるところ、一般的に、宅地建物取引業者には、物件内で自殺や殺人事件が発生した場合には、売主の説明義務（情報提供義務）の一環として、買主や賃借人に対し、事前にその事実を告知する義務があるとされています（宅建業47）。

この点、自殺や殺人事件のあった物件についての告知義務に関する裁判例が多数存在しますが、法律上、自殺や殺人の事実の告知義務が明記されていないこともあり、自殺や殺人が発生した場所や時期（経過期間）、事件の重大性や社会的影響、買主や賃借人の使用目的、物件の状態等の諸事情を総合考慮して、告知義務の有無が判断されていました。

しかしながら、実際の取引においては、自殺や殺人事件の告知の要否や告知内容についての判断が困難なケースがあり、取り扱う宅地建物取引業者によって対応が異なることが生じていました。

（2）　国土交通省のガイドライン

このような状況を踏まえ、国土交通省は、令和3年10月、不動産において過去に人の死が生じた場合において、当該不動産の取引に際して宅地建物取引業者がとるべき対応に関し、宅地建物取引業者が宅地建物取引業法上負うべき義務の解釈について、トラブルの未然防止の観点から、裁判例や取引実務に照らし一般的に妥当と考えられるものを整理して取りまとめた「宅地建物取引業者による人の死の告知に関するガイドライン」を策定しました。なお、本ガイドラインは居住用不動産を対象とするものです。

本ガイドラインでは、人の死に関する告知義務について、おおむね以下のように整理されています（詳細は、ガイドラインをご参照ください）。

① 自然死及び日常生活の中での不慮の死（転倒事故、誤嚥など）については、原則として告げなくてもよい。

② 賃貸借取引の対象不動産、日常生活において通常使用する必要がある集合住宅の共用部分で発生した自然死、日常生活の中での不慮の死以外の死が発生し、事案発生からおおむね3年が経過した後は、原則として告げなくてもよい。

③ 人の死の発生から経過した期間や死因に関わらず、買主・賃借人から事案の有無について問われた場合や、社会的影響の大きさから買主・賃借人において把握しておくべき特段の事情があると認識した場合等は告げる必要がある。

第2章　建　物　89

④　宅地建物取引業者が媒介を行う場合、売主・賃貸人に対し、過去に生じた人の死について、告知書等に記載を求めることで、通常の情報収集としての調査義務を果たしたものとする。

（3）　物件所有者の告知義務

本ガイドラインを前提とする場合、宅地建物取引業者は、原則として自殺や殺人事件が発生してからおおむね3年が経過した後の告知義務はないものの、3年経過後であっても、買主や賃借人から質問を受けた場合等には告知義務があることになります。

そこで、宅地建物取引業者としては、告知義務を履行するため、その前提となる調査義務の一環として（そして、将来トラブルになった際に、調査義務を果たした証拠とするために）、売主や賃貸人に対して、当該物件での自殺や殺人事件の有無の告知書の提出等を求めることが通常です。

そのため、売主や賃貸人は、不動産仲介業者に、過去に発生した自殺や殺人事件の事実を告知する必要があり、これを故意に秘匿して取引を行った場合、後日、自殺や殺人事件の事実が判明したときには、買主や賃借人から、売主の説明義務違反による損害賠償請求を受ける可能性があります。

3　ケース(1)について

自殺のあった物件を相続する場合には、その売却や賃貸において困難が生じることが強く予想されるため、被相続人（本ケースの叔母）の他の遺産との兼ね合いで、相続の放棄をするか否かを検討する必要があります。

（1）　相続を放棄する場合

ケース(1)で、相談者が相続を放棄した場合、相談者は自殺のあった物件を含む全ての遺産を承継しないため、物件を保有することに伴う前述のような問題は生じません。

ただし、この場合でも、唯一の相続人であった相談者には、相続放棄後も、民法940条1項に定める遺産の管理義務が残ります。

令和5年4月施行の改正民法940条1項は、「相続の放棄をした者は、その放棄の時に相続財産に属する財産を現に占有しているときは、相続人又は第952条第1項の相続財産の清算人に対して当該財産を引き渡すまでの間、自己の財産におけるのと同一の注意をもって、その財産を保存しなければならない。」と定めているため、相談者が、叔母の相続発生後、相続放棄までに当該物件の占有を開始してしまうと、当該物件の管理義務が発生してしまいますので、注意が必要です。

（2）　相続を放棄しない場合

自殺のあった物件を相続した場合、当該物件が人気の高い地域にあるなど、売却や賃貸にそれほど支障が生じないこともあり得ますが、一般的には、前述のとおり、将来の売却や賃貸にはかなりの困難が伴うと考えられます。そのため、当該物件を相続税納付資金に充てる（相続税納付期限までに売却し、相続税納税資金を確保する）の

はハードルが高いと予想されることから、他の納税方法も並行的に検討、準備しておくべきです。

また、前述のとおり、将来の売却や賃貸の際に、意図的に自殺の事実を秘匿すると、トラブルの原因となりますので、適正な告知を行う必要があります。

2 孤独死と原状回復義務

1 孤独死と原状回復費用

（1） 孤独死

令和6年12月に、一般社団法人日本少額短期保険協会が発表した「第9回孤独死現状レポート」（なお、本レポートで「孤独死」とは「賃貸住宅居室内で死亡した事実が死後判明に至った1人暮らしの人」と定義されています。）によると、調査対象の孤独死10,028人のうち病死の占める割合は62.0%、自殺の占める割合は9.2%とのことであり、また、孤独死発生から発見までの平均日数は18日とのことです。

（2） 原状回復費用

賃貸住宅の住人が孤独死をし、その発見までに相当期間が経過してしまうと、腐敗による異臭や害虫の発生等、通常の原状回復では対応できない物件の汚損等が生じるため、特殊清掃を行う必要があります。

特殊清掃では、原状回復のための清掃として、異臭の除去、除菌、害虫駆除に加えて、不用品の処分等が行われることが通常ですが、これらの作業のためには、通常の原状回復費を超える金額が発生します。

なお、前述の「第9回孤独死現状レポート」によると、孤独死の場合に係る原状回復費用の平均額は47万4,170円、残置物処理費用の平均額は29万5,172円とのことですが、最大原状回復費用は454万6,840円、最大残置物処理費用は191万3,210円であり、ケースによっては非常に高額になる可能性があります。

そのため、賃貸物件の所有者にとっては、この特殊清掃に伴う原状回復費用を誰が負担するかが大きな問題となります。

2 原状回復義務の有無

それでは、孤独死をした賃借人の相続人は、通常の原状回復義務の範囲を超えた特殊清掃等の原状回復費用を負担する必要があるのでしょうか。この点については、死亡の原因によって、以下のように考えられています。

（1） 病死・殺人の場合

民法621条は、賃借人の原状回復義務につき「賃借人は、賃借物を受け取った後にこれに生じた損傷（通常の使用及び収益によって生じた賃借物の損耗並びに賃借物の経年変化を除く。以下この条において同じ。）がある場合において、賃貸借が終了したときは、その損傷を原状に復する義務を負う。ただし、その損傷が賃借人の責めに帰す

ることができない事由によるものであるときは、この限りでない。」と定めています。

　例えば、賃借人に生死にかかわるような持病があり、そのために室内で死亡することが十分予見されていたような場合には、賃借人の善管注意義務違反が認められ、死亡に伴う室内の損傷について、賃借人の相続人に原状回復義務が認められると考えられます。

　他方、予兆のない突然死や、殺人の被害者の場合には、死亡に伴う室内の損傷は、賃借人の責めに帰することのできない事由によるものとして、賃借人の相続人は原状回復義務を負わないと考えられます。ただし、このような場合でも、遺体が長期間放置されたことにより賃借不動産を汚損したことは、相続人が負っている善管注意保存義務違反に当たるとの指摘もなされているので（森田宏樹編『新注釈民法(13)　債権(6)』546頁（有斐閣、2024））、注意が必要です。

　　（2）　自殺の場合

　他方、賃借人が室内で自殺した場合や、死亡リスクのある行動に基づく死亡（例えば、賃借人が違法薬物を利用中に薬物の影響で死亡した場合など）の場合は、賃借人の責めに帰すべき事由による死亡とされ、賃借人の相続人や連帯保証人が原状回復義務を負うと考えられます。

　また、この場合、原状回復義務に加えて、将来の逸失利益（前述のとおり、いわゆる事故物件となることによって、賃貸人側に告知義務が課せられるため、従前の賃料より低い賃料でなければ賃借人を見つけることができなくなることに伴う損害です。）の賠償義務も発生する可能性があります。

　3　ケース(2)について

　前述のとおり、相談者が、孤独死をした賃借人の相続人に対して、孤独死に伴う特殊清掃等の原状回復費用を請求できるか否かは、孤独死の原因によるため、病死や日常生活による不慮の事故死の場合には請求できないと考えられます（ただし、前述のとおり、死後長期間放置された場合には、相続人が原状回復義務を負うとの指摘があります。）。なお、この場合でも、賃借人の未払賃料の請求は可能です。

　他方、孤独死の原因が自殺の場合は、賃借人の相続人や連帯保証人に対して原状回復費用や逸失利益の請求は可能と考えられますが、それらの者の資力によっては、結局回収ができないこともあり得ます。

　そこで、近時では、このようなリスクに備えるための「孤独死保険」という保険も登場しています。孤独死保険の内容は保険会社によって異なりますが、一般的に、賃貸人が加入するタイプの保険商品であれば、原状回復費用のみならず家賃損失まで補填しているため、このような保険を活用することで、賃貸物件を相続した場合の孤独死リスクをある程度軽減できるといえます。

第2章　建　物

| Check17 | 遺骨・位牌が発見された貸室 |

CASE

　Xは、Xの父が所有していた賃貸マンションを相続により取得した。父の自宅で、賃借人Yから父宛の郵便物が見つかり、その中に賃貸借契約の解約届と貸室の鍵が入っていたことから、Xが確認のために貸室に入ったところ、貸室内に動産類が残置されており、その中に遺骨と位牌が含まれていることが判明した。Yの電話番号は現在使われておらず、住民票も賃貸マンション所在地から異動されていないため、Yと連絡を取ることができない。Xが、貸室内の遺骨・位牌を処分するためにはどうしたらよいか。

評　　価

難易度	A	・賃借人が行方不明になっても、勝手に部屋の中に立ち入り、残置物を処分することはできない。 ・ただし、建物明渡請求訴訟を提起した上で、強制執行手続を取れば、明渡し自体は実現できる。
コスト	B	・訴訟提起と強制執行手続の費用と時間がかかる。 ・明渡しの断行のための執行費用に加えて、遺骨と位牌の供養費用が必要となり、他方、債務者からの回収可能性が低いため、債権者の費用負担が過大になる。

検討事項

1　残置物・遺骨を廃棄する場合のリスク
2　行方不明者に対する建物明渡請求訴訟の提起
3　強制執行手続
4　残置物の取扱い

第2章 建物　93

解　説

1　残置物・遺骨を廃棄する場合のリスク

1　残置物の廃棄処分

本ケースでは、Ｙが自らの意思で解約届を提出して鍵を返還しているため、Ｙが自らの意思で賃貸借契約を終了させたと考えられますが、他方、Ｙの所有する動産類が室内に残されているため、賃貸借契約終了に伴う貸室の明渡しは未了といえます。

このように、貸室の賃貸借契約終了後に貸室内に残置物があっても、それがゴミや廃品等の無価値物である場合には、借家人がそれらの所有権を放棄していることが明らかと考えて、家主のリスクで残置物を廃棄処分するということが、現実には、しばしば行われています。

しかしながら、残置物の中に高価品や重要書類（会計書類や個人情報を含む書類等）が含まれていたり、第三者の所有物が含まれている場合には、家主がこれらを廃棄したことにより、後日、借家人や第三者から損害賠償の請求を受けるリスクがあります。

2　遺骨・位牌の処分

また、本ケースのように貸室内に遺骨が残置されていた場合、家主が遺骨を勝手に廃棄することは違法行為となります。刑法190条は「死体、遺骨、遺髪又は棺に納めてある物を損壊し、遺棄し、又は領得した者は、３年以下の拘禁刑に処する。」と定め、また、墓地埋葬法４条１項は「埋葬又は焼骨の埋蔵は、墓地以外の区域に、これを行ってはならない。」と定めているからです。

他方、位牌は通常の動産なので、これを廃棄することは、先に述べた刑法190条や墓地埋葬法４条１項に抵触しません。ただし、位牌は主観的な価値が高く代替性が乏しいところ、借家人が位牌の所有権を放棄していると確実にいえるケースはさほど多くないと思われるため、家主の判断で位牌を廃棄した場合、廃棄後に戻ってきた借家人やその親族等との間でトラブルになる可能性も相当程度あります。そのため、借家人が本当に位牌等の所有権を放棄しているかどうかについては、慎重に検討する必要があります。

また、位牌は、魂入れ（開眼供養）によって故人の魂が宿る拠り所となるとされているため、通常は、そのまま廃棄することはなく、「魂抜き」、「閉眼供養」と呼ばれる、故人の魂が宿った位牌から魂を抜く儀式を行った上で寺院でお焚き上げしてもらうか、位牌を寺院に納めて永代供養に出すことが一般的です。そのため、借家人が位牌の所有権を放棄したと評価できる状況にあったとしても、家主が残置された位牌を勝

手に廃棄するのは、家主にとっては心理的なハードルが高いと思われます。

3 強制執行

家主が、残置物を廃棄することに伴うリスクをとらずに貸家の明渡しを完了させるという観点からは、家主自身が残置物を任意に廃棄するのではなく、Yに対する建物明渡請求訴訟を提起し、債務名義を得た上で、裁判所の強制執行により残置物を搬出してもらうのが、最も安全な方法といえます。ただし、訴訟や強制執行のための費用がかかるため、リスクとコストを勘案して、対応を検討することになります。

② 行方不明者に対する建物明渡請求訴訟の提起

1 訴状の送達

訴状は、被告に対して送達される必要がありますが（民訴138①）、被告が行方不明のときは被告の「住所、居所その他送達をすべき場所が知れない場合」（民訴110①一）であることを疎明した上で、公示送達にて訴状の送達をしてもらうことになります。

公示送達は、裁判所書記官が訴状を保管し、いつでも被告に対して交付すべき旨を裁判所の掲示場に掲示する方法によってなされ（民訴111）、掲示を始めた日から2週間を経過することで、送達の効力が生じます（民訴112①）。

2 訴訟の進行

公示送達によって訴状が送達される場合は、通常は、被告は原告から建物明渡請求訴訟を提起されたことを認識していないので、答弁書を提出しないまま第1回口頭弁論期日を欠席することが予想されます。その結果、第1回口頭弁論期日で弁論が終結され、その後まもなくXの勝訴判決が言い渡されることが見込まれます。

なお、判決書も被告に送達されなければなりませんが（民訴255①）、訴状が公示送達された場合、判決書も公示送達されることが通常です。

3 当てはめ

Xは、提訴段階で、公示送達申立てのために、Yの所在が明について相応の調査を尽くす必要があり、また、公示送達による訴状送達の効果が発生するために時間を要することから、提訴段階では通常よりも時間を要します。また、判決の獲得自体にはあまり時間がかからないと予想されますが、判決書の送達も公示送達によるため、判決が確定するまでにも、通常より時間がかかると思われます。

なお、明渡しの債務名義に仮執行宣言を付けることは理論上可能ですが、実務上、公示送達の方式による場合は、通常は仮執行宣言を付けてもらえません。

第2章　建　物　　95

3　強制執行手続

1　強制執行の申立て（民執168）

建物明渡しの強制執行の申立ては、対象不動産の所在地を管轄する地方裁判所に対し、建物明渡強制執行の申立書に、執行力のある債務名義の正本（民執25）その他の必要書類を添付して行います。実務上は、申立ての段階から執行補助者（執行業者）を選定、依頼していることが多いので、執行業者を通じて、債務者に関する具体的な情報（債務者の属性、在宅の可能性、同居人の有無等）や債権者の希望を執行官に伝えることが多いと思われます。

なお、執行の際に執行対象建物に立ち入るため、債権者にて鍵を保管しているか（そしてその鍵で開錠することができるか）は重要な情報となります。債権者にて鍵を有していない場合や、鍵が変更されている可能性がある場合には、執行当日に確実に建物に入れるよう、解錠技術者を手配する必要があるため、解錠技術者を含めた日程調整が必要となり、その分執行費用が増加します。

2　明渡しの催告（民執168の2）

執行官は、強制執行の申立てがあった日から原則2週間以内に執行対象建物へ赴き、債務者に対して、約1か月後の執行断行日までに建物を明け渡すよう催告します（民執168の2②）（催告執行）。この明渡しの催告がなされると、債務者は、執行対象建物の占有を移転することが禁止されます（民執168の2⑤）。

執行官は、明渡しの催告をしたときは、明渡しの催告をしたこと、引渡期限及び不動産等の占有を移転することを禁止されていることを、執行対象建物の所在する場所に公示書その他の標識を掲示する方法により公示しなければなりません（民執168の2③）。なお、催告執行の当日に債務者が不在の場合や、在宅していても任意に解錠しない場合には、執行官は解錠技術者に解錠させて、証人立会いの下、建物内に立ち入って公示書を貼付することができます。

催告執行の機会を利用して、執行補助者に現場の残置物の内容・量を確認してもらい、明渡断行時に必要な作業や、動産の倉庫保管に必要な費用の見積りを出してもらうことが通常です。

3　明渡しの断行（民執168①⑤）

債権者が、執行断行日までに、執行対象建物の任意の明渡しが受けられない場合、執行官は、明渡しの強制執行を断行します。

不動産の明渡しの強制執行は、執行官が債務者の不動産に対する占有を解いて債権者にその占有を取得させる方法により行うとされているため、債権者又はその代理人

は、執行の場所に出頭する必要があります（民執168①③）。

　また、その際、執行官は、目的外動産（残置物）を取り除いて、債務者、その代理人又は同居の親族若しくは使用人その他の従業者で相当のわきまえのあるものに引き渡さなければならず、この残置物の引渡し又は後述の即時売却ができなかった場合は、執行官はこれを保管しなければなりません（民執168⑤⑥）。

　そのため、明渡しの断行に当たっては、執行官の指示のもと、執行補助者が全ての残置物を執行対象建物から運び出し、準備している倉庫等の保管場所に移すことになります。この場合の残置物の保管費用は、債務者の負担となるはずですが（民執168⑦・42①）、債務者が行方不明であったり無資力の場合は回収ができないので、事実上、債権者の負担となってしまいます。

　なお、執行対象不動産の現場で保管しても保安上問題ないと考えられるような場合には、執行官が残置物を現場で保管するという扱いをすることもあります。この場合には、残置物の保管のために倉庫を利用する必要がなく、その分保管料を節約できます（ただし、その間は執行対象不動産が利用できないため、新たに利用するまでの時間が空いてしまいます。）。

4　残置物の取扱い

1　即日売却

　明渡しの判断の際に、無価値物と判断できる残置物については廃棄処理することが可能ですが、無価値とまでいえない動産は、前述のとおり債務者が引き取りに来るまで保管しなければならず、事実上債権者は保管費用の負担を強いられます。そこで、債権者の負担を軽減する方法として、残置物の「即日売却」を求めることが考えられます。

　即日売却とは、下記の要件に該当する残置物について、明渡しの断行当日に売却することができる制度です。

① 　残置物を債務者や同居の親族等に引き渡すことができないこと（民執168⑤後段）

② 　相当期間内に、残置物を債務者や同居の親族等に引き渡す見込みがないこと（民執規154の2③）

③ 　残置物が高価なものではないこと（民執規154の2④）

　多くの場合、債権者がその場で購入することになりますが（なお、即日売却代金は保管費用に充当されます。）、残置物がその場で処分できることによって、その保管費用を節約できることが大きなメリットとなります。

2 動産執行

　残置物が高価品の場合は、即日売却ができません。そこで、高価品の存在が想定される場合で、かつ、債権者が未払賃料債権等の金銭債権を有している場合には、直ちに動産執行（民執122①）ができるように、金銭債権についても債務名義をとっておくことが有効です。

　動産執行によって差し押さえた残置物については、競売によって賃貸人が購入した場合はこれを処分することができるため、残置物の保管費用を節約することができます。

　もっとも、差押禁止財産（民執131各号）である動産については、動産執行によっても換価することはできません。

3 遺骨及び位牌について

（1）廃棄の検討

　遺骨及び位牌そのものには金銭的な価値がないため即日売却の対象とはならず、差押禁止動産であるため（民執131八）、動産執行をすることはできません。

　一般に、差押禁止動産であっても、目的外動産として処理することができ（神戸地判平6・10・18判タ880・165）、客観的な換価価値が認められない目的外動産については廃棄できると考えられていますが（伊藤眞＝園尾隆司編『条解民事執行法〔第2版〕』1579頁（弘文堂、2022））、前述のとおり、遺骨をみだりに廃棄処分することは違法であり、また、位牌の廃棄に伴う心理的負担や関係者とのトラブルも懸念されます。

　そこで、遺骨・位牌については、執行補助者を通じて一定期間の保管を依頼し、その後、寺院等に供養等を依頼せざるを得ないこととなります（最高裁判所事務総局編『執行官提要〔第6版〕』168頁（法曹会、2022））。

（2）供養する場合

　供養の方法については、寺院等において、遺骨について個別の保管をしてくれる場合と、合祀埋葬してくれる場合があります。後者の方が供養料は安価で済みますが、遺骨が個別保管されないため、万が一、賃借人が遺骨を引取りに現れても、遺骨の返還は受けられません。

　位牌については、前述のとおり閉眼供養を行ってからお焚き上げ等の方法で廃棄することが考えられます。

　もっとも、目的外動産として、執行手続を通じて、寺院等での供養等を行っている以上、遺骨や位牌の返還を受けられないことについて、仮に賃借人が損害賠償請求を行うことがあっても、これが認められる可能性は非常に低いといえます。他方、債権者が執行費用として負担する、寺院等に支払う保管費用及び供養料は、相当額になる

ことが想像されますが、これを回収できる可能性はほとんどありません。それゆえ、執行官と執行補助者と相談しながら、通常の強制執行の場面で相当と思われる方法と、それに伴う適正な費用との観点から検討することになります。

4 当てはめ

Xは、裁判所に強制執行の申立てを行い、Yの情報を提供しながら催告執行、明渡しの断行を進めていくことになります。なお、建物明渡しの強制執行においては、送達は要件となっていないため、訴訟手続と異なり強制執行手続のための公示送達は不要です。

Xは、Yから返還された鍵で解錠可能であること、Yが行方不明であること、室内に遺骨と位牌が残されていること等の情報を執行官に提供し、供養料を含めた強制執行費用の負担をある程度覚悟した上で、強制執行を進めることになります。

コラム

○執行補助者の選定と費用

建物明渡しの強制執行に当たっては、債権者側で、執行補助者（執行業者）を選定することが通例ですが、債権者が執行業者を知らない場合は、執行官を通じて紹介を受けることができます。

裁判所に納める予納金とは別に、執行補助者に対して執行費用を支払う必要がありますが、その金額は、明渡対象物件の広さや荷物の量によって異なるものの、相当高額になることがあります。そのため、実務的には、高額な執行費用を回避するために、明渡断行前に、占有者との間で和解をし、転居費用や未払家賃の免除と引換えに、任意の明渡しを試みる（その方が、結果的に、早期で安価な明渡しが実現される）ということがよく行われています。

第2章　建　物　　99

| Check18 | アスベストが使用されていた建物 |

CASE

　Xは、亡父の遺産分割で土地・建物（築50年）を相続した。Xは、相続した建物は取り壊して、自宅を新築するつもりだった。Xは、解体業者に下見を依頼したところ、建物の建材にアスベストが使われていることが判明した。

　解体費用の見積りを取ったところ、遺産分割時に予定していた予算を大幅にオーバーしている。

　Xは遺産分割時にどのような対応を取ればよかったか。また、今の時点で、Xが他の共同相続人に対して何らかの請求を行うことはできるか。

評　価

| 難易度 | A | ・遺産分割前に、アスベスト含有事前調査を行う。
・調査費用・アスベスト撤去費用をマイナスに評価した内容の遺産分割をする。 |
| コスト | A | ・事前調査費用がかかる。
・高額な解体費用がかかる。 |

検討事項

1　アスベスト含有建物か否かの確認
2　解体作業及び費用の確認
3　遺産分割協議

解　説

1　アスベスト含有建物か否かの確認

　Ⅰ　アスベスト（石綿）

　アスベストは、天然の鉱物繊維で、安価、かつ、耐火・断熱・防音・絶縁性に優れるため、1950年代から多くの建材に用いられてきました。

当初、ビル等の建築現場において、壁等にアスベストを吹き付ける作業が多く行われていました。ですが、1960年代から、アスベストを取り扱う労働者に、呼吸器を中心とした健康被害が確認されるようになったことから、アスベストの使用は以下のように段階的に禁止されていきました。

1975年：含有率5％を超える吹付け作業の原則禁止（特定化学物質障害予防規則改正）

1995年：含有率1％を超える吹付け作業の原則禁止（特定化学物質障害予防規則改正）。アモサイト（茶石綿）、クロシドライト（青石綿）の使用禁止（労安令改正）

2004年：含有率1％を超える石綿含有建材等、10品目の製造等禁止（労安令改正）

2006年：含有率0.1％を超える石綿含有製品の使用禁止（一部製品につき猶予措置あり）（労安令改正）

2012年：含有率0.1％を超える石綿含有製品の使用禁止（猶予措置撤廃）（労安令改正）

したがって、1950年代から1975年頃までに建築された建物については、アスベストが使用されている可能性が高いといえます。

また、アスベスト含有製品の使用等が原則禁止となったのは2006年ですので、それまでに建てられた建物にも、その建材にアスベストが含まれている可能性があります。

2　アスベストが原因で発症する疾病

アスベストの粉塵を吸入すると、肺に蓄積され、長期間（15年～50年）滞留することによって、肺線維症（じん肺）、悪性中皮腫、肺がん等を引き起こすことが指摘されています。

もっとも、アスベストは、建材に使用されていること自体で直ちに危険というわけではなく、繊維として空気中に浮遊した状態にあると、人が吸引する危険性が高まり、上記のような疾病の原因となる旨指摘されています。

したがって、固定され、空気中に浮遊しない状態では健康障害を引き起こすことはないと考えられています（「建築物内に使用されているアスベストに係る当面の対策について（通知）」（昭63・2・1環大規26・衛企9））。

3　アスベストが使用されている箇所

建築物においてアスベストは、耐火被覆材等として吹き付けられた状態や、屋根材・壁材・天井材等としてセメント等で板状に固めたスレートボード等として使用されている可能性があります。

前記2のとおり、アスベストは、繊維が空気中に浮遊した状態にあると危険である

第2章　建　物　101

ため、露出した吹付けアスベストが使用されている場合は、劣化等によりその繊維が飛散するおそれがあります。一方で、板状に固めたスレートボードや天井裏・壁の内部にある吹付けアスベストからは、通常の使用状態では室内に繊維が飛散する可能性は低いと考えられています。

　吹付けアスベストは、戸建て住宅では、通常使用されていませんが、マンション等では、駐車場などに使用されている可能性があります。

　一方で、スレートボードやサイディング（薄い板状の外壁材）、断熱材については、戸建住宅にもアスベストが使用されている可能性があります。

　4　アスベストの使用状況の調査方法

　（1）　事前調査

　建造物の解体時には、たとえ木造建築であっても事前調査が義務付けられています（大気汚染18の15②、石綿予防則3）。事前調査は、有資格者（①一般建築物石綿含有建材調査者（一般調査者）、②特定建築物石綿含有建材調査者（特定調査者）、③一戸建て等石綿含有建材調査者（一戸建て等調査者）、④令和5年9月30日までに一般社団法人日本アスベスト調査診断協会に登録され、事前調査を行う時点においても引き続き同協会に登録されている者等）に依頼する必要があります（石綿予防則3④）。

　事前調査は、以下のような方法で行います。

　　ア　書面による調査（石綿予防則3②一）

　まずは、建物の販売業者や管理会社を通じて、建築時の施工業者や建築士等にアスベスト使用の有無を問い合わせたり、施工図及び設計図の提供を求めることが考えられます。

　一般的な図面には、特記仕様書・仕上表という図面があり、使用している建材、製品名等が記載されています。

　国土交通省・経済産業省の「石綿（アスベスト）含有建材データベース」、一般社団法人JATI協会、各メーカーのウェブサイトでアスベスト含有建材の商品名と製造年月日が公表されていますので、図面で確認した使用されている建材と照合します。

　　イ　目視による調査（石綿予防則3②二）

　書面の記載内容が曖昧であったり、年数の経過により記載内容が読み取れない場合や、そもそも書面自体が見つからない場合は、目視による調査を行います。

　なお、2006年9月以降に着工した建造物等を除いては、目視調査せず書面調査の判定のみで、調査を確定終了してはならないこととなっています。

　（2）　分析調査

　目視によってもアスベスト含有の有無が不明な場合は、分析会社に分析調査を依頼

することになります。分析調査は、必要箇所の建材を採取し、これを分析することによって行います。

5 調査費用

アスベストの事前調査費用は、書面調査が2万円～3万円、目視調査が2万円～5万円、分析調査が3万円～6万円が一般的です。全部行う場合、7万円～14万円程度かかることになります。

もっとも、アスベストの調査費用については、自治体が補助金制度を設けていることが多いため、利用要件を調べておくことが有益です。

2 解体作業及び費用の確認

1 アスベスト飛散防止措置等

分析結果により、アスベストの含有ありということになれば、建物の解体工事を行う際は、アスベストが周辺へ飛散しないように飛散防止措置を行う必要があります。

また、アスベスト含有調査の結果は都道府県等に報告する必要がありますし（大気汚染18の15⑥）、解体作業実施については、工事の発注者が作業の開始14日前までに都道府県等へ届出を行う必要があります（大気汚染18の17）。

2 アスベスト処分費用の目安

2008年に国土交通省が発表したアスベスト除去工事費用の目安は、以下の表と備考のとおりです（2007年1月～12月の施工実績データより算出）（国土交通省ウェブサイト「アスベスト対策Q&A」Q40）。

アスベスト処理面積	金額／m^2
300m^2以下の場合	2万円～8万5,000円
300m^2～1,000m^2の場合	1万5,000円～4万5,000円
1,000m^2以上の場合	1万円～3万円

＜備考＞
① アスベストの処理費用は状況により大幅な違いがある（部屋の形状、天井の高さ、固定機器の有無など、施工条件により、工事着工前準備作業・仮設などの程度が大きく異なり、処理費に大きな幅が発生する。）。
② 特にアスベスト処理面積300m^2以下の場合は、処理面積が小さいだけに費用の目安の幅が非常に大きくなっている。
③ 上記処理費用の目安については、施工実績データから処理件数上下15％をカットしたものであり、施工条件によっては、この値の幅を大幅に上回ったり、下回ったりする場合もあり得る。

相続の場面においては、処理面積300m²以下の建物が問題になることが多いと思われますが、除去工事費用の目安は6万5,000円／m²もの開きがあります。

また、含有するアスベストの危険度によっても除去費用額が変わってきます。例えば、吹付けアスベストという危険度の高いアスベストが含まれている場合、建物の解体費用は、通常の解体費用の2倍になるといわれています。

したがって、現地調査に基づいた見積りを複数の解体業者から得ておくことが安心です。

なお、吹付けアスベスト、アスベスト含有吹付けロックウールを含有している建物のアスベスト除去工事の費用については、国が補助制度を創設しており、補助金制度がある地方公共団体では地方公共団体で補助金が支給されますので、事前に利用要件を調べておくことが有益です。

③ 遺産分割協議

1 建物の評価額からの控除

不動産取引の場面においては、建物にアスベスト含有建材が存在する場合、アスベスト含有建材の除去費用分が評価額から減額されます。遺産分割協議でも同様ですので、共同相続人は、建物の建築時期等からアスベストの含有が疑われるような場合は、早い段階でアスベスト調査をして、アスベスト含有建材の有無や建材の状態を把握しておくことがよいといえます。

特に、建物の解体を見込んでいる場合は、建物を取得する相続人の負担が多大となりますので、早めに解体工事の見積もりをとっておくことが有益です。

建築年からアスベストの含有が推測されるにもかかわらず、事前調査を行わない場合は、アスベスト含有建材が含有されているものと取り扱い、著しい減額交渉の材料となる場合もあります。

共同相続人間で納得した解決を図るためには、協力して事前調査及び解体工事費用の見積もりを取得しておくことが望ましいといえます。

2 遺産分割協議後にアスベストの存在が発覚した場合

（1） 遺産分割協議のやり直し

錯誤（民95①）、詐欺（民96①）によって遺産分割協議が成立した場合は、遺産分割の意思表示を取り消すことが考えられます。

錯誤の場合は、「3,000万円の価値のある建物として相続したが、実際はアスベスト除去費用等の負担により、1,500万円と評価されるべき建物だった」として、取消しを主張することになります。もっとも、少し調査すればアスベストの含有が容易に分か

ったような場合、重大な過失があった等と争われるリスクもありますし、そもそも、アスベストの不存在が、法律行為の基礎とした事情として表示されていたのかが問題となります。

　詐欺の場合は、「他の共同相続人は、建物にアスベストが含有していたことを知っていたにもかかわらず、同建物を取得する相続人にそのことを伏せていた」等のケースが考えられます。

　他の共同相続人が協力的な場合は、再度協議し直して、遺産分割協議のやり直しをすることができますが、任意に協議が難しい場合は、遺産分割調停、遺産分割の無効確認訴訟を提起することが考えられます。

　なお、仮に、上記の方法で遺産分割協議をやり直せたとしても、取消しの場合は相続税の修正申告の必要性が生じたり、共同相続人全員の合意による場合は、新たに贈与税が発生したりする可能性がありますので、遺産分割協議のやり直しを検討する際は、事前に税理士に相談することが安心です。

　（２）　他の共同相続人に対する担保責任追及

　遺産分割により不適合のある相続財産を取得した相続人は、他の相続人に対して、その相続分に応じた担保責任を追及することができます（民911）。

　担保責任の内容については、民法562条から572条までに規定されていますが、遺産分割のケースにおいては、損害賠償請求を行うことが考えられます。

　担保責任の存続期間は、不適合を知った時から１年です（民566）。なお、遺言によって担保責任の免除が認められていますので（民914）、被相続人の遺言がある場合は注意が必要です。

　3　当てはめ

　Xとしては、遺産分割前に建物の事前調査を、自費又は共同相続人と負担しあって行い、アスベスト除去費用を含めた解体工事の見積りを出した上で、遺産分割協議に臨むべきであったといえます。

　遺産分割協議後の今となっては、他の共同相続人に事情を説明し、遺産分割協議のやり直し等を求め、自身が負担する費用の調整を試みることが解決の選択肢となります。

　遺産分割によって建物を相続する場合は、築年数等に照らして、アスベストの含有可能性を慎重に検討しておくことが必要です。

第2章　建　物　　105

Check19　管理されていないマンション

CASE

　Xには兄Aが存在する。Aは独身であり、子もいない。さらに、X及びAの父母は既に死亡していることから、Aが死亡するとXがAを相続する立場にある。

　Aは、甲マンションの105号室を所有しており、この物件に抵当権は設定されていない。

　今般、Aが死亡し、XはAを相続したが、甲マンションは老朽化しており、マンション管理会社に管理の委託がされていないどころか、管理組合が全く機能していなかった。

　甲マンションは、管理がされていないため、共用部分が荒れ果てている。

　また、甲マンションは、区分所有者の中に所在不明者がいて、区分所有法上の集会決議の要件を満たすか否か不明である等の問題がある。

　Xとしては、甲マンションの105号室を売却するか、甲マンション自体を再生できるかどうか検討したい。

評　　価

難易度	A	・法的には手段があるが、事実上の障害は極めて大きい。
コスト	B	・物件を売却できれば低コストであるが、建替え等では極めて高コストとなる。

検討事項

1　管理組合が機能していない区分所有建物に関する現行法上の対処

2　区分所有法改正要綱による共用部分の変更及び管理、並びに所在不明者への対応

3　区分所有法改正要綱による建替え決議の要件緩和及び建物敷地売却決議等

解　説

[1]　管理組合が機能していない区分所有建物に関する現行法上の対処

1　区分所有法の改正について

　区分所有法は、改正の過程にあり、法制審議会区分所有法制部会が「区分所有法制の見直しに関する要綱案」を令和6年1月に取りまとめ、同年2月の法制審議会総会で原案どおり採択され、要綱として答申されましたが、本稿執筆時において法律として成立していません。

　本稿では、要綱（内容は要綱案と同一）に基づく解説をしている箇所がありますが、その部分は現行法に基づくものではありません。また、要綱の内容どおりに国会において法律が成立するとは限りませんから、ご留意ください。

2　区分所有者の団体としての管理組合

　区分所有建物にあっては、区分所有者は、全員で、建物並びにその敷地及び付属施設の管理を行うための団体を構成し、集会を開き、規約を定め、及び管理者を置くことができます（区分所有3前段）。

　一般的には、上記の団体として区分所有建物の管理組合が作られ、管理組合が管理規約を定めて当該区分所有建物の管理を行います。実際の管理行為は、管理組合がマンション管理会社に管理業務を委託して行うことが多いですが、管理会社を使わない場合であっても管理組合が自主管理をしています。

　ところが、甲マンションでは管理組合が全く機能していません。

3　管理組合が存在しないことにより生じる不都合

　老朽化したマンションにおいては、区分所有者が意欲を失い、管理組合が機能していない場合があります。かかる場合、Xが甲マンションの105号室（以下「本物件」といいます。）を売却する上でどのような不都合が生じるでしょうか。

　管理組合が機能していない場合、集会を開いて共用部分の管理について決議することができませんから、共用部分の清掃や修繕、配管の交換、エレベーターの維持管理等ができません。すなわち、共用部分が荒廃し、共用部分の配管から水漏れが生じても修理ができないおそれがあり、しかも、エレベーターがいつ使えなくなるか分からない物件になってしまいます。

　そのため、物件を売却しようとしても購入希望者が現れ難く、仮に購入希望者が現れたとしても、金融機関が購入資金の融資をしない可能性が高いです（売却困難により回収に不安があるため。）。

　Xは、本物件を売却したいと考えていますが、管理組合が存在しない区分所有建物

第 2 章　建　物　　　107

の一室ですから、売却自体が非常に困難であると考えるべきです。仮に売却できたとしても、安価になると考えられます。

そこで、現行法・要綱において共通の対処方法として、Ｘは、管理組合の機能不全が原因で本物件の売却が困難であるならば、甲マンションの区分所有者を説得し、管理組合の機能を回復させてマンション全体の管理を再開し、傷んだ共用部分を修繕する等、マンションの再生を図り、その上で本物件を売却又は利用することが考えられます。

4　現行法による対応

現行法においては、区分所有建物の共用部分については、①躯体部分を含めた大規模な模様替えを行う必要がある場合には、区分所有者の集会を開催し、共用部分の変更決議として総区分所有者及び議決権総数の各4分の3以上の多数決決議を要し（区分所有17①）、②形状又は効用の著しい変更を伴わない変更や管理行為の場合には普通決議を要します（区分所有18①）。例えば、共用部分に属する給排水管等を交換する工事は、基本的には普通決議で足りますが、交換工事に伴って躯体部分を含めた大規模な模様替えを行う必要がある場合には、共用部分の変更決議を要します。

また、共用部分の変更決議や普通決議による管理では甲マンションを再生することができない場合、Ｘは、建替え決議によってマンション自体の建替えをすることも考えられますが、建替え決議をするには総区分所有者及び議決権総数の各5分の4以上の多数決決議の要件を満たす必要があります（区分所有62）。

建替えをする余力もない場合には、区分所有建物及び敷地を一括して売却することも考えられますが、現行法においては、区分所有者全員の同意が必要です。

以上の対処をするために、Ｘは、他の区分所有者を説得して管理組合を再び機能させ、上記の各種の決議をするために集会を開いて、さらに多数決決議の要件を満たして決議をする必要があります。また、決議の内容に応じた工事費用等の資金の手当をする必要もあります。

しかし、他の区分所有者が管理の意欲を失っている中で管理組合の機能を復活させること自体が極めて困難ですし、管理組合の機能が復活しても資金の手当てができない場合が多いと考えられます。

しかも、行方不明者がいたりして法定の決議要件を満たさない場合には、決議を行うこと自体が不可能なこともあり得ます。かかる行方不明者がいる場合、建物敷地の一括売却をするために全員の同意を集めることも不可能となります。

したがって、現実的には、Ｘは、本物件が売れないよりは安価でもよいから手放す方向で検討することになる場合の方が多いと思われます。

2 区分所有法改正要綱による共用部分の変更及び管理、並びに所在不明者への対応

1 要綱による共用部分の変更及び管理の方法

要綱では、区分所有者の高齢化及び区分所有建物の老朽化(いわゆる「2つの老い」)に対応するため、区分所有建物の管理の円滑化と、再生の円滑化のための改正提案がされています。以下では、要綱によって導入が予定されている対応を紹介します。

要綱においては、前述の[1]4の①及び②の決議について、出席者の多数決による決議の仕組みが提案されています。

すなわち、要綱では、[1]4の①の共用部分の変更決議の基本的な多数決割合は「出席した」区分所有者及びその議決権の各4分の3以上とされています(要綱第1・3(1)、第1・1(2))。

かかる出席者の多数決が導入された場合、あまりにも出席者が少ないと問題があるため、要綱では、集会の定足数として総区分所有者及び議決権総数の過半数の出席が求められています。それでも、現行法の総区分所有者及び議決権総数の各4分の3以上(75%以上)の多数と比べれば、要綱では大幅な緩和がされ(計算上37.5%以上で足ります。)、決議がしやすくなります。

しかも、一定の事由がある場合には、上記の要件がさらに緩和されています。すなわち、「共用部分の設置又は保存に瑕疵があることによって他人の権利又は法律上保護される利益が侵害され、又は侵害されるおそれがある場合において、その瑕疵の除去に必要となる共用部分の変更」及び「高齢者、障害者等の移動又は施設の利用に係る身体の負担を軽減することにより、その移動上又は施設の利用上の利便性及び安全性を向上させるために必要となる共用部分の変更」の場合、多数決割合は「出席した」区分所有者及びその議決権の「各3分の2」以上で足ります(定足数は同上)。

また、[1]4の②の普通決議の要件についても、要綱では「出席した」区分所有者及びその議決権の過半数の多数決決議に緩和されています(要綱第1・1(2))。

したがって、要綱によれば、Ｘは、これらの緩和された決議の要件を満たすことができるか否かを検討することになります。

なお、現実には共用部分と専有部分の双方にまたがる工事が必要であったり、建築物の耐震改修の促進に関する法律を参照したりする必要もありますので、どのような集会決議が必要となるか、イメージを持っておくことが必要です(法制審議会区分所有法制部会第15回会議(令和5年12月7日開催)に係る参考資料13参照)。

2 要綱による所在不明者がいる場合への対応

区分所有者の中に所在不明者がいる場合には、どうすればよいでしょうか。

前述のとおり、要綱においては、出席者多数決の仕組みが導入され、多くの集会決議において「出席した」区分所有者及びその議決権による多数決による集会決議が認められています（要綱第1・1(2)）。そのため、所在不明者がいても、決議は成立しやすくなる方向で提案がされています。

しかし、所在不明者がいることで決議の定足数を満たせなくなる場合は、集会決議ができなくなりますから、問題があります。

そこで、要綱においては、区分所有者を知ることができず、又はその所在を知ることができないときは、裁判所に申立てをすることで、当該区分所有者（所在等不明区分所有者）及びその議決権を集会の決議から除外することができる制度が設けられています（要綱第1・1(1)）。

上記申立てが認められると、裁判所は、所在等不明区分所有者の除外決定を行います。この除外決定は、所在等不明区分所有者及びその議決権を集会決議の母数から除外する効果を有しますから、定足数を満たしやすくなります（要綱第1・1(1)注2）。

したがって、要綱によれば、Xは、所在不明者がいることで集会決議の定足数を満たせなくなる場合は、裁判所に申し立て、所在等不明区分所有者の除外決定を得ることで、定足数を満たすようにすることができます。

3 要綱で新たに創設された3種類の管理制度

その他にも、要綱においては、所有者不明専有部分管理制度、管理不全専有部分管理制度、管理不全共用部分管理制度という3種類の財産管理制度が創設されていますので、Xは状況に応じてこれらを活用して、甲マンションの管理に役立てることができます（要綱第1・2(1)～(3)）。

4 実現可能性の問題

要綱において、Xは、他の区分所有者を説得して管理組合を再び機能させ、上記の各種制度を用いることで、甲マンションの再生を目指すことが考えられます。要綱では規約の変更決議についても出席者多数決が導入され、決議がしやすくなっていますので、Xは、必要に応じて管理規約の変更も検討できます（要綱第1・1(2)ア④）。

しかし、共用部分の工事をはじめ、各種の工事や管理をするためには、それに充てる資金が必要になります。それまで管理組合が機能していなかった区分所有建物においては、管理組合の機能が回復しても、他の区分所有者が資金の拠出に応じないものと思われます。また、Xが個人で全ての費用を出すことも現実的ではありません。

したがって、上記の各種制度が設けられたことは大きな前進ですが、資金面の問題がネックとなります。

3 区分所有法改正要綱による建替え決議の要件緩和及び建物敷地売却決議等

1 要綱による建替え決議の要件緩和

要綱においては、建替え決議について出席者の多数決による決議は導入されず、基本的な決議要件として、現行法と同じく、総区分所有者及び議決権総数の各5分の4以上の多数決決議の要件が維持されています（要綱第2・1(1)ア）。

しかし、要綱においては、一定の事由がある場合には建替え決議の多数決決議の要件が緩和されています。

① 地震に対する安全性に係る建築基準法又はこれに基づく命令若しくは条例の規定に準ずるものとして政省令等で定める基準に適合していないこと

② 火災に対する安全性に係る建築基準法又はこれに基づく命令若しくは条例の規定に準ずるものとして政省令等によって定める基準に適合していないこと

③ 外壁、外装材その他これらに類する建物の部分が剥離し、落下することにより周辺に危害を生ずるおそれがあるものとして政省令等によって定める基準に該当すること

④ 給水、排水その他の配管設備の損傷、腐食その他の劣化により著しく衛生上有害となるおそれがあるものとして政省令等によって定める基準に該当すること

⑤ 高齢者、障害者等の移動等の円滑化の促進に関する法律14条5項に規定する建築物移動等円滑化基準に準ずるものとして政省令等によって定める基準に適合していないこと

以上のいずれかに該当する場合には、多数決割合が総区分所有者及び議決権総数の各「4分の3以上」に緩和されています（要綱第2・1(1)イ）。

したがって、要綱においては、上記に該当する場合には緩和された多数決割合で建替え決議をすることが可能となります（所在等不明区分所有者がいる場合には、前述した除外決定も利用できます。）。

もっとも、建替え決議をする場合、建替費用を区分所有者が負担することになりますので、本ケースのような状況では、他の区分所有者が建替え費用を出すことは期待できないと思われ、現実的な方法ではないと考えられます。

2 要綱による建物敷地売却決議等の導入

要綱においては、新たに、建物・敷地を一括して売却してしまう「建物敷地売却制度」が設けられています（要綱第2・2(1)ア）。

建物敷地売却制度とは、集会において、区分所有建物及びその敷地（これに関する権利を含みます。）を売却する決議（建物敷地売却決議）ができる制度です。前述の建替え決議の制度は、区分所有者が区分所有建物を建て替え、区分所有関係を続けるためのものですが、建物敷地売却制度は、建物と敷地を一括して第三者に売却し、区分

第2章 建 物　　111

所有関係を解消するための制度です。

　この建物敷地売却決議の要件は、建替え決議と同様の要件とされています（要綱第2・2(1)注1）。すなわち、基本的な決議要件として総区分所有者及び議決権総数の各5分の4以上の多数決決議が必要ですが、前記1の①から⑤までの客観的な事由がある場合には要件が各4分の3以上に緩和されています。

3　実現可能性の問題

　要綱では、第三者に建物・敷地を一括で売却する建物敷地売却制度が導入され、この制度は建替え決議のように建替え費用を新たに拠出するものではありませんから、一般論として、建替え決議より建物敷地売却決議の方が成立する可能性があるように思われます。

　もっとも、この制度を利用するためには、Xが意欲を失っている他の区分所有者を説得して管理組合の機能を回復させ、集会を開いて上記の建物敷地売却決議をする必要があることには変わりがありません。

　また、首尾よく買い手となる第三者が現れても、所在等不明区分所有者がいて決議要件を満たすことができないのであれば、前述の除外決定を得なければなりません。最終的には、区分所有者間における売買代金の配分の問題等もあるでしょうから、手間と費用が相当にかかることが予想されます。

　要綱による建物敷地売却制度の導入は大きな前進ですが、Xがどこまで時間と費用をかけてこれに取り組むかは大きな検討事項となるでしょう。他方で、デベロッパーが関与して行うのであれば、難易度が下がると考えられます。

コラム

○要綱で導入が予定される新たな制度

　要綱では、建物敷地売却制度に類するバリエーションとして、「建物取壊し敷地売却制度」、建物の「取壊し制度」が設けられました（要綱第2・2(1)イ・ワ）。

　また、要綱では、災害などで区分所有建物が全部滅失した場合において、建物を再建する「再建制度」及び建物を再建せずに敷地を売却する「敷地売却制度」が設けられました（要綱第2・2(1)エ・オ）。

　これらの他にも、いわゆる一棟リノベーションに相当するものとして「建物の更新」制度が設けられました（要綱第2・2(2)）。建物の更新とは、「建物の構造上主要な部分の効用の維持又は回復（通常有すべき効用の確保を含む。）のために共用部分の形状の変更をし、かつ、これに伴い全ての専有部分の形状、面積又は位置関係の変更をすることをいう」と定義されています。

| | | Check**20** | 行方不明の渉外相続人がいる建物 |

CASE

　X社は、A国籍を持ち、日本国内に居住するYに対し、5,000万円の貸付金と同人所有の甲マンションに順位1位の抵当権を設定している。先日、Yが亡くなり、貸付金の返済が止まった。X社は、日本国内にいるYの家族に連絡したところ、配偶者と子は既に相続放棄をしていた。配偶者の話では、Yの両親は既に他界しており、数人の兄弟姉妹がA国にいるようであるが、連絡先はおろか名前も知らないとのことであった。

　X社は、甲マンションの任意売却又は抵当権の実行により貸付金の回収を図りたいと考えているが、どのように手続を進めればよいか。

評　価

難易度	A	・相続放棄の申述、相続財産清算人・相続財産管理人の選任について、日本の裁判所の国際裁判管轄権の有無と準拠法を確定させる必要がある。 ・Yの相続人が確定できる場合（不存在を含む）には、当該相続人又は相続財産清算人を通じて甲マンションを任意売却する余地もあるが、Yの相続人を確定できない場合には、相続財産管理人を選任するなどして担保不動産競売を実行する。
コスト	B	・準拠法の調査、相続人の特定に時間を要する。 ・相続財産清算人・相続財産管理人を選任するための費用がかかる。 ・さらに、上述の調査、選任手続を弁護士等の専門家に依頼すれば、その分のコストがかかる。

検討事項

1　国際裁判管轄権の有無
2　準拠法の特定
3　外国人居住者の相続人の調査方法
4　相続財産清算人又は相続財産管理人の選任の申立て

第2章　建　物　　113

解　説

1　国際裁判管轄権の有無

　X社が、甲マンションの任意売却又は抵当権の実行により貸付金の回収をするためには、①相続放棄をした配偶者・子の後順位者である相続人を特定するか、②相続人があることが明らかでない場合には相続財産清算人の選任を申し立てるか、③相続財産の保存に不安がある場合には相続財産管理人の選任を申し立てることが考えられます。

　被相続人が日本国籍を有する者でない場合には、これらの手続について、国際裁判管轄権が日本の裁判所にあるか否かを確定しなければなりません。

1　国際裁判管轄権の有無

　被相続人が日本国籍を有する者でない場合、相続開始の時における被相続人の住所が日本国内にあるなどすれば、日本の裁判所に、相続放棄の申述の受理の審判、相続財産清算人・相続財産管理人の選任の審判に関する国際裁判管轄権が認められます（家事3の11①）。

　また、被相続人の住所が日本国内にあること等が認められない場合であっても、相続財産に属する財産が日本国内にあるときは、相続財産清算人と相続財産管理人の選任をするための審判に関する国際裁判管轄権が日本の裁判所に認められます（家事3の11③）。

2　当てはめ

（1）　相続放棄の申述

　本ケースでは、被相続人であるYの国籍はA国なので、被相続人は日本国籍を有する者ではありません。もっとも、亡くなった時にYは日本国内に住所を有していますので、相続放棄について日本の裁判所に国際裁判管轄権が認められます。

（2）　相続財産清算人・相続財産管理人の選任

　上記（1）のとおり被相続人Yの住所は日本国内にありますし、また、甲マンションはYの相続財産で、日本国内に所在しますので、Yの相続財産に属する財産が日本国内にあるといえます。したがって、日本の裁判所に相続財産清算人と相続財産管理人の選任をするための審判をする国際裁判管轄権が認められます。

（3）　小　括

　以上から、本ケースでは、相続放棄の申述、相続財産清算人・相続財産管理人の選任いずれについても、日本の裁判所で手続を進めることができます。

2 準拠法の特定

続いて、被相続人Ｙの相続に係る相続放棄の申述・相続財産清算人の選任・相続財産管理人の選任のそれぞれについて準拠法を決定する必要があります。諸外国が採用する相続法は日本法と同じ特徴を有する相続制度を採用しているとは限らないので（例えば、①包括承継主義・管理清算主義の区別、②統一主義・分割主義の区別等があります。）、準拠法が外国法になった場合には、事実上、日本の裁判所で手続を進めることができないおそれがあります。

1 準拠法決定のルール

伝統的には実体法と手続法を区別した上、実体法の問題については国際私法の準則、手続法の問題については法廷地法の準則によるとの考え方が採用されており、日本の家庭裁判所においても、おおむねこの考え方に従って運用されているようです。

相続に関する実体法に係る国際私法の準則は、被相続人の本国法によるのが原則です（法適用36）。ただし、被相続人の本国法に従えば日本法によるべきときには日本法が適用されます（反致）（法適用41）。

その一方で、日本が法廷地とされる場合には、手続法の問題は、日本法に適合する方法により解決されます（法適用10②）。

2 当てはめ

（1） 相続人の特定

相続人に係るルールは実体法の問題です。被相続人Ｙの本国はＡ国ですので、同人の相続はＡ国法によるのが原則です。ただ、Ａ国法の国際私法の準則により反致される場合には、日本法が適用されます。

したがって、Ａ国法の国際私法を調査し、日本法に反致されるか否かを検討し、反致されない場合には、さらにＡ国法の相続法を調査し、その相続法に従って相続人を特定します。

日本国内の在留者が多い諸外国（韓国、北朝鮮、中国、アメリカ（なお、州によって異なります。）、ブラジル等）については、裁判官や実務家による解説が刊行されるなどしているので、それを参考に調査を進めるのが現実的です。また、文献調査を進めたが不明な点が残った場合や、そもそも文献が発見できない場合などには、在日大使館に連絡をして、事件処理の方法を相談することも考えられます。

もっとも、諸外国の中には、どのような調査をしても、日本では相続法の内容を明らかにできない国も存在するようです。例えば、相続法の内容が不明である場合に日本法を適用すべきとした裁判例もあります（大阪地判平25・3・21（平22（ワ）6727）。判例評釈がジュリスト1480号131頁以下（2015年5月）に掲載）。

第2章　建　物　　115

　A国法についても、例えば、国立国会図書館の提供する「国立国会図書館サーチ」のキーワード検索機能を利用するなどして、A国法に関する文献の有無の調査から開始することが考えられます。その後、文献調査や在日大使館への聴き取りに進み、それでもなお、A国法の国際私法・相続法の内容が不明な場合には、改めて日本法によることができないかを検討することになりましょう。

　　（2）　相続放棄の申述

　相続放棄の申述は、実体法の問題ではなく、法律行為の方式、すなわち手続法の問題だと一般的に理解されているようです。かかる理解からは相続放棄の申述は法廷地法である日本法に適合する方法によってすることができます（法適用10②）。

　したがって、被相続人Ｙの配偶者と子は、相続放棄の申述を日本の家庭裁判所にしなければなりません（民938）。本ケースでは、既に被相続人Ｙの配偶者と子は、日本の家庭裁判所で相続放棄の申述をしていますので、単純承認等が認められない限り、初めから被相続人Ｙの相続人ではなかったとみなされます（民939）。

　　（3）　相続財産清算人・相続財産管理人の選任

　相続財産清算人と相続財産管理人の選任は、その多くが手続法の問題に当たるので、原則として法廷地法である日本法が適用されます（法適用10②）。もっとも、公告期間の満了による権利の失効などその一部については実体法の問題だと考えられますので、反致（法適用41）がなければ、その一部については本国法によることになると考えられます（法適用36）。

　以上から、実体法の問題も一部に含まれるものの、その多くが手続法の問題ですので、Ｘ社としては、日本法の定める方式に従って、Ｙの相続財産清算人又は相続財産管理人の選任を求めることになりましょう（要件については後述 4 ）。

3 　外国人居住者の相続人の調査方法

1　相続人を特定するための資料

　外国の多くには日本と同様の戸籍制度が存在しないため、相続人の証明が困難であり、その相続人を特定する場合には、準拠法に従って定められる法定相続人が誰であるかを、どのような資料を利用して特定するかが問題となります。以下では、想定される主な資料について解説します。

　　（1）　外国人登録原票

　日本では、平成24年7月9日より外国人登録法が廃止され、外国人登録原票の作成もされなくなりましたが、廃止当時存在した外国人登録原票は廃棄されることなく、現在も法務省出入国在留管理庁が管理しています。外国人登録原票には「世帯主の氏

名」、「世帯主との続柄」、「（世帯主である場合）世帯主構成員の氏名、出生の年月日、国籍、世帯主との続柄」、「本邦にある父母及び配偶者の氏名、出生の年月日、国籍」等が掲載されています。したがって、外国人登録法が廃止される前に来日した人の場合には、外国人登録原票は、相続人の確定に欠かすことができない資料となります。

外国人登録原票の入手方法ですが、開示請求者は本人、その法定代理人又は任意代理人に限られています。そのため、相続債権者であっても取得することはできません。もっとも、弁護士であれば、外国人登録原票を保管する出入国在留管理庁に対する弁護士会照会（弁護士23の2）により、外国人登録原票の写しを取得することができます。

（2）　住民票

外国人登録法廃止後は、日本人と同じように、外国人居住者も住民基本台帳法に基づく住民票が発行されます。したがって、住民票も相続人の特定に欠かすことができない資料と位置付けられます。

（3）　当該国で相続人を特定する際に使用される資料

相続人を特定する方法はそれぞれの国で異なりますので、当該国で相続人を特定するために必要な資料を揃えることも考えられます。

例えば、アメリカには戸籍制度も住民登録制度もありませんので、死亡証明書、出生証明書、婚姻証明書等の積極的な裏付けとなる資料に加え、その他に相続人が存在しない旨の公証人による認証のある宣誓供述書も資料として利用されています。

（4）　相続人からのヒアリング

行方が分からない渉外相続人がいる場合、実務的には、外国人登録原票や住民票の調査だけでは相続人の調査が完了しないのが一般的です。また、被相続人の本国法の事情に詳しいのは被相続人の家族であることが多いので、上記（3）の調査をするためにも、相続人の協力は欠かすことができません。

仮に相続人の協力が得られない場合には、相続人を特定できないといった深刻な事態が発生することも想定されます。

2　当てはめ

本ケースでは、被相続人Ｙの配偶者と子は相続放棄の申述をしています。このような場合には、実務的には、相続放棄の申述を援助した専門家を通じて協力を得られることが多いので、同人を通じて、相続人に対し、相続放棄申述受理通知書等相続放棄に係る書類の送付を依頼するとともに、後順位の渉外相続人の存否や相続放棄の有無等を確認することが考えられます。

被相続人Ｙの配偶者によると、Ｙの両親は既に他界しており、数人の兄弟姉妹がＡ国にいるようだとのことなので、仮にＡ国にいる兄弟姉妹が後順位の法定相続人だと

される場合には、彼ら彼女らの調査が必要となります。また、兄弟姉妹より優先される順位の法定相続人がある場合には、それらの者の調査も必要となります。

もっとも、本ケースは、Ｙの配偶者でさえ兄弟姉妹の連絡先はおろか氏名も知らないとのことですので、実務的には、調査がほぼ不可能なケースだといえます。そのため、不存在を含めて相続人の特定が困難だといえます。

4 相続財産清算人又は相続財産管理人の選任の申立て

1 相続財産清算人・相続財産管理人選任のための各要件

（1） 相続財産清算人の選任

相続財産清算人は、相続人のあることが明らかでないときに選任することができます（民951・952）。相続人のあることが明らかでないときとは、相続開始の時点において被相続人の残した遺産について相続人が存在するか否かが不明の場合をいうと理解されています（潮見佳男編『新注釈民法(19)相続(1)〔第2版〕』778頁（有斐閣、2023））。例えば、戸籍上最終順位の相続人が相続放棄をした場合などは、相続人不存在に該当すると解されています。

（2） 相続財産管理人の選任

相続財産管理人は、相続財産の保存が必要な場合に選任されます（民897の2①）。保存の必要性が認められる場合とは、例えば「相続財産に属する物について相続人が保存行為をせず、又は相続人のあることが明らかでないためにその物理的状態や経済的価値を維持することが困難であると認められ、相続人に代わって第三者に保存行為をさせる必要があるとき」だと理解されています（法制審議会民法・不動産登記法部会部会資料34（11頁））。

なお、相続放棄時に相続財産を現に占有する者は、自己の固有財産におけるのと同一の注意をもって相続財産を保存する義務を負います（民940①・918ただし書）。かかる保存義務が履行されていない場合には、相続財産に属する財産の荒廃が懸念されるので、相続財産管理人の選任をすることができます。また、相続放棄をした者は、相続財産管理人に相続財産を引き渡すことで、かかる保存義務を免れることができると理解されていますので（潮見・前掲220・221頁）、放棄した者が相続財産の管理をしている場合であっても、保存の必要性が認められれば、相続財産管理人の選任が認められます。

2 当てはめ

本ケースの場合、上述 3 のとおり、被相続人Ｙの相続人について不存在であることの疎明は困難です。そのため、相続財産法人の成立が認められるか不透明で、相続財産清算人の選任もできそうにありません。

その一方で、日本国内にいるＹの相続人は全員相続放棄をしていますので、甲マンションの荒廃が懸念されます。したがって、相続財産に属する甲マンションの物理的状態や経済的価値を維持することが困難である場合に該当する可能性が高いといえます。なお、実務的には、申立ての前に甲マンションの現地調査を実施して、報告書を作成し、申立書に添付するのがよいでしょう。

　以上から、Ｘ社としては、被相続人Ｙの相続財産について相続財産管理人を選任し、担保不動産競売により甲マンションを換価し、貸付金を回収することを"プランＡ"として手続を進めることが考えられます。

コラム

○相続人不存在の場合の特別代理人の選任の可否

　担保不動産競売においても、特別代理人（民訴35）の選任をすることができます。相続財産についても、相続人のあることが明らかでない場合には相続財産法人が成立する（民951）ので、相続財産清算人が選任されていなければ、その代わりに、特別代理人を選任して担保不動産競売を実行することも考えられるところです。古いものですが、判例は、相続財産清算人の選任を待てない事情がある場合には、相続財産法人についても特別代理人の選任を認めています（大判昭5・6・28民集9・640）。したがって、相続財産法人の成立が明らかに認められそうなときは、特別代理人の選任について執行裁判所と交渉してみるのもよいかもしれません。

第2章 建物　119

Check21　権利者不明の抵当権付建物

CASE

　Xは、朽廃した空き家である甲建物を解体しようとしたところ、抵当権者が
A社、債務者がXの亡父、被担保債権が貸付金500万円である抵当権設定登記が
残されていることが判明した。抵当権者であるA社は合併により消滅し、Y社
となっていた。設定登記がなされたのは30年前で、Y社からの貸付金返還請求
はない。そこで、Xは被担保債権が既に消滅しているものと考え、Y社に抵当
権の抹消を求めたところ、Y社からは、自社は抵当権者ではなく、抹消登記に応
じられないとの回答がなされた。

　Xが、甲建物に設定された抵当権を抹消するためには、誰を相手にどのよう
な手続をする必要があるか。

評　価

難易度	A	・真実の抵当権者を発見し、同人に対し、抹消登記を請求する必要がある。 ・真実の抵当権者が発見できない場合には、休眠担保権抹消のための供託をして単独で抵当権設定登記の抹消を申請することが考えられるが、要件具備の困難さがある。
コスト	B	・真実の抵当権者を捜索する費用と時間がかかる。 ・休眠担保権抹消のための供託金額は元本、利息及び遅延損害金の合計額とされており、被担保債権の金額が大きい場合には多額の資金が必要となる。

検討事項

1　抵当権抹消の登記義務者
2　抵当権者の捜索
3　休眠担保権抹消のための供託

解　説

1 抵当権抹消の登記義務者

1 抵当権の消滅

（1） 消滅原因の種類

　抵当権は、①目的物の滅失、②混同、③放棄、④被担保債権の消滅、⑤目的物の競売、⑥代価弁済（民378）・抵当権消滅請求（民383）、⑦抵当権の時効消滅（ただし、債務者及び抵当権設定者に対しては被担保債権と同時でなければ時効によって消滅しない（民396））によって消滅します。

　いずれの消滅原因であっても、抵当権抹消の登記義務者は、消滅時の抵当権者です。

（2） 抵当権者の同意なく抵当権を消滅させることができるか

　抵当権者の同意がなくても、目的物が滅失すれば（原因①）、抵当権は消滅します。例えば、判例は、抵当不動産である建物を移築した場合には解体時に消滅するとし（最判昭62・7・9判時1256・15）、また、抵当不動産である木造建物が木材となった場合も同様に抵当権は消滅するとしています（大判大5・6・28民録22・1281）。抵当不動産であっても建物が取り壊された事実さえあれば、建物滅失登記の申請もすることができます。

　もっとも、抵当権設定者が抵当権者の同意なく建物を壊せば、民事では債務不履行責任や不法行為責任、刑事では背任罪に問われるおそれがあるので（刑247、裁判所を欺いて除権決定を受けた株式の質権設定者に背任罪の成立を認めた事例として最決平15・3・18刑集57・3・356）、実務上は、抵当権者の承諾を得る・抵当権の抹消登記をするなどしてから建物を取り壊すのが一般的です。

2 登記されている抵当権者の法人格が消滅している場合の抹消登記

　不動産登記に記録された抵当権者である会社が合併により消滅し（以下「消滅会社」といいます。）、別の会社に権利義務一切が承継されている場合であっても（以下「承継会社」といいます。）、抵当権抹消の登記義務者が抵当権者であることに変わりはありませんが、抵当権が消滅した時期により抵当権抹消の登記手続の方法が異なります。なお、抵当権者の商号・本店が変更されているにとどまる場合には、これらの変更登記をせずに抹消登記の申請をすることができます（昭31・9・20民事甲2202）。

（1） 抵当権の消滅より前に合併がなされている場合

　抵当権の消滅より前に合併がなされている場合には、消滅会社から承継会社に対して抵当権が移転した後に消滅します。そのため、承継会社を登記義務者とする抹消登記の申請に先んじて、消滅会社から承継会社に対する抵当権の移転登記をしなければなりません。

（2）　抵当権の消滅より後に合併がなされている場合

　一方、抵当権の消滅より後に合併がなされている場合には、消滅会社から承継会社に対する抵当権の移転を観念できないので、抵当権の移転登記をする必要はありません。この場合、承継会社は、消滅会社が負う抵当権抹消の登記義務を承継しますので、承継会社を登記義務者として抵当権の抹消登記を申請することになります。

3　本ケースの場合

（1）　甲建物に設定された抵当権は消滅しているか

　Ｘは抵当権設定者である亡父の権利義務を相続により承継していますので、被担保債権と同時でなければ抵当権は時効消滅（原因⑦）しません。混同（原因②）は同一物の所有権と抵当権が同一人に帰属したときですので、このケースには当てはまりません。さらに、抵当権者が不明ですので代価弁済・抵当権消滅請求（原因⑥）も利用できず、甲建物は朽廃した空き家ですので、目的物の競売（原因⑤）の可能性も乏しい状況です。

　被担保債権である貸付金500万円については、確かに長年放置されているようですので、被担保債権の消滅（原因④）によって抵当権も消滅している可能性は高いです。もっとも、弁済の事実は不明で、Ｘによる消滅時効の援用もなされていませんので、証拠上は被担保債権が消滅していると認定することは困難だと思われます。

　したがって、現在明らかになっている事情からは、甲建物に設定された抵当権が消滅していると認定することはできません。

（2）　Ｘはどうすべきか

　以上から、Ｘが甲建物を取り壊すためには、抵当権抹消の登記義務者である真実の抵当権者を探し出して、放棄（原因③）や被担保債権の消滅（原因④）等を認めてもらう必要があります。

　一見すると、合併により登記上の抵当権者であるＡ社の権利義務の一切を承継したＹ社が登記義務者となりそうですが、Ｙ社は抵当権者であることを否定していますので、Ｘは、真実の抵当権者を証拠をもって特定しなければなりません。

② 抵当権者の捜索

1　抵当権者の特定

　抵当権が設定された不動産登記記録の「権利部（乙区）」には、登記の目的を「抵当権設定」として、①原因、②債権額、③利息、④損害金、⑤債務者の氏名若しくは商号又は住所若しくは本店所在地、⑥抵当権者の氏名若しくは商号又は住所若しくは本

店所在地が記録されています。そこで、まずは、抵当権者として記録された登記名義人に当たることが考えられます。もっとも、放置された抵当権は設定日も古く、自然人であっても法人であっても、登記名義人が存命又は存在するかは疑わしく、探索は困難でしょう。

そこで、探索方法の参考としたいのが、所有者不明土地・建物管理命令申立てに関して、東京地方裁判所のウェブサイトで公表されている「所有者・共有者の探索等に関する報告書」のひな型です。この報告書は、対象不動産が所有者不明土地・建物であることを裁判所に報告するために作成されるものですので、所有者・共有者の登記名義人が行方不明であると認定するための調査事項が網羅されています。抵当権者の探索も、所有者・共有者の探索もやるべきことはほぼ同じですので、この報告書を参考に調査を進めるのがよいと思われます。同報告書による調査の区分は、次のとおりです。

① 登記名義人に関する探索
② 登記名義人以外の所有者に関する探索
③ 所有者確知情報を保有すると思料される者（登記名義人以外）に対する調査・情報提供の請求の有無
④ 登記名義人の死亡・解散が判明した場合

  2　本ケースの場合

では、どのような事実があれば、Ｙ社は抵当権者であると認められるのでしょうか。立証の程度の問題ですので、最終的には、事実認定者の心証によるところも大きいですが、おおむね、次のように考えればよいと思われます。

建物の登記名義人だが真実の所有者ではない者が、土地所有者に対し、建物収去・土地明渡しの義務を負うかどうかについて、判例は、他人の土地上に自らの意思に基づいて建物所有権取得の登記を経由した所有者は、登記名義を有する限り、かかる義務を負うと判断しました（最判平6・2・8民集48・2・373）。この判例に即して考えますと、自らの意思に基づいて抵当権の移転登記を受け、その後、抵当権を第三者に譲り渡した者は、登記名義を有する限り、登記名義人として抵当権抹消の登記義務を負うと考えられます。本ケースの場合、Ａ社は合併により消滅していますので、合併前に抵当権が消滅していなければ、Ｙ社は合併を原因とする抵当権の移転登記をすることができますが、かかる登記はなされていません。したがって、Ｙ社は自らの意思に基づいて抵当権移転登記を受けたとはいえず、上記判例が示した準則に基づき抵当権抹消の登記義務を負うことはありません。すなわち、商業登記上Ａ社がＹ社に吸収合併されたという事実のみでは、Ｙ社を抵当権者であると認めることは困難です。

第2章　建　物　　123

　以上から、甲建物に設定された抵当権者はY社であると認められるとは限りません。そこで、次に、休眠担保権抹消のための供託を利用することができるかどうか検討したいと思います。

3　休眠担保権抹消のための供託

1　休眠担保権抹消のための供託

　抵当権者等の登記義務者が行方不明のため、共同して抵当権等の登記の抹消の申請をすることができない場合には、供託をした上で、単独で抵当権等の登記の抹消を申請することができる制度が準備されています（不登70）。その要件は、次のようなものです。

① 抵当権者等の登記義務者が行方不明で、共同して登記の抹消の申請をすることができないこと

② 被担保債権の弁済期から20年以上が経過していること

③ 被担保債権の債務者又は物上保証人等が、債務履行地の供託所に被担保債権（＝元本）、利息及び遅延損害金を供託すること

④ 供託書正本を登記申請書に添付すること

　上記の4条件のうち調査が意外に難しいのは、被担保債権の弁済期です。被担保債権の弁済期は抵当権設定登記の登記事項ではありませんので、不動産登記記録を見ても分かりません。被担保債権の原因である契約書が残されていればよいのですが、抵当権等の設定時期が古くなればなるほど証拠が散逸している可能性が高くなります。特に休眠担保権の場合は、被担保債権の弁済は既に完了しているが、抹消登記の申請をし忘れたというケースも多いでしょうから、誰も契約書を保管していなくても不思議ではありません。

　また、被担保債権、利息及び遅延損害金の総額を供託する必要があります。供託金額は、設定時期が古くなればなるほどインフレの影響が強く出て、供託者の負う実質的な経済的負担は少なくなります。

2　本ケースの場合

　被担保債権額は500万円なので、Xは500万円とこれに対する利息と遅延損害金を供託する必要があります。本ケースからは利息と遅延損害金の割合が分かりませんが、不動産登記記録に記録されていますので、調査は困難ではありません。

　また、被担保債権の弁済期を明らかにする必要がありますので、金銭消費貸借契約書の捜索が必要です。設定日から30年経過していますが、借入金の分割払期間を含めますと、休眠担保権が問題となる事案としては、それほど古いものではないので、契約書が発見される可能性はあるでしょう。

124　　第2章　建　物

　もし金銭消費貸借契約書が見つかった場合には、次に、弁済期から20年経過しているかを確定させなければなりません。本ケースの場合、被担保債権は貸付金ですので、分割払いの約定があることが想定されます。判例によると、割賦金弁済契約に期限の利益喪失条項がある場合には、債権者が特に残債務全額の弁済を求める旨の意思表示をした場合に限り、その時から全額について消滅時効が進行するが、かかる意思表示がなされるまでは約定弁済期の到来ごとに順次消滅時効は進行するとされています（最判昭42・6・23民集21・6・1492）。かかる判例の規律からすると、Xの亡父が債務不履行をし、いずれかの時点で期限の利益を喪失していたとしても、残債務全額の弁済を求める旨の意思表示が記録された書面が発見できなければ、被担保債権の全額について弁済期が到来しているといえるか不明となります。そのため、被担保債権の弁済期から20年経過したといえるのかについても慎重に検討する必要があります。

第2章 建 物　　　125

Check22 迷惑行為を繰り返す賃借人のいるマンションの一室

CASE

　Xは、Zよりマンションの区分所有権を買い受けたところ、区分所有権の対象となる専有部分は、Yに賃貸されていた。

　Yは友人と共にマンションの共用部分で夜な夜な騒ぎ、エレベーターの内壁を破損するなど、他のマンションの居住者に対する迷惑行為を繰り返していた。

　マンション管理組合Aは、Zが専有部分の区分所有者である当時から、Z及びYに対して、再三にわたって注意をしてきたが、専有部分はYに賃貸されたままとなっており、そのままの状態でZの区分所有権がXに譲渡された。

　Xはどのような対応をする必要があるか。

評　価

難易度	B	・迷惑行為の除去としては賃借人を排除すればよいので、難易度は高くない。ただし、損害賠償義務は免れ得ない。
コスト	B	・賃貸借契約の解除により賃借人を排除できれば、これにかかる費用は軽微なものといえる。もっとも、XはZと連帯して、管理組合Aに対する損害賠償義務を負担しなければならず、その内容によっては高額なものとなり得る。

検討事項

1　占有者の迷惑行為について区分所有者が負う責任
2　占有者の迷惑行為から生じた管理組合に対する損害賠償義務の承継

解　説

1　占有者の迷惑行為について区分所有者が負う責任

　1　区分所有建物における占有者の責任

　占有者は区分所有者ではありません。しかし、占有者が他の区分所有者と共に区分所有建物において共同生活を営んでいる以上、区分所有建物における円満な共同生活

の実現において、占有者は区分所有者に準ずる者といえます。

そのため、区分所有法は、区分所有者以外の専有部分の占有者も、区分所有者と同様に、建物の保存に有害な行為その他建物の管理又は使用に関し区分所有者の共同の利益に反する行為をしてはならない義務（区分所有6①③）、建物又はその敷地若しくは附属施設の使用方法につき、区分所有者が規約又は集会の決議に基づいて負う義務と同一の義務（区分所有46②）を負うものとしています。

前者は、共同利益背反行為の禁止を定めるものです。共同利益背反行為は、不当毀損行為と不当使用行為に大別されます。このうち、不当毀損行為としては、建物自体に物的侵害を加える行為であり、建物の一部を取り壊して建物全体の安定度を弱める行為などが典型とされています。換気装置を設置するために建物の外壁に円筒型の開口部を設けた行為が建物の保存に有害な行為に当たるとした裁判例があります（東京高判昭53・2・27下民31・5～8・658）。不当使用行為としては、専有部分ないし共用部分を区分所有者の共同の利益に反するような態様で使用する行為、生活上の共同の利益に反するような行為に加え、著しい管理費の不払がこれに該当します。専有部分ないし共用部分を区分所有者の共同の利益に反するような態様で使用する行為としては、住居専用マンションを事務所や店舗として使用するなどの専有部分を規約等で定められている用途以外の目的で使用する行為（東京地八王子支判平5・7・9判時1480・86）や、外壁やベランダに看板を取り付けるなどして、共用部分の外観を不当に変更する行為（大阪高判昭62・11・10判時1227・131）を不当使用行為とした裁判例があります。また、生活上の共同の利益に反するような行為としては、カラオケの騒音について受忍限度を超えるものとして一定の時間についてカラオケ装置の使用を全面的に禁止したもの（横浜地決昭56・2・18判時1005・158）や、継続的に複数の猫に餌付けをすることで他の区分所有者に対して被害を生じさせた事案において餌付け行為を差し止めたもの（東京地立川支判平22・5・13判時2082・74）のほか、区分所有者が役員を誹謗中傷する文書を配布し、防音工事について管理組合の取引先の業務を妨害するなどした行為について、管理組合の業務の遂行や運営に支障を生じさせるものとして、共同利益背反行為に該当するとして当該行為の停止を認めた判例があります（最判平24・1・17判時2142・26、差戻後控訴審について東京高判平24・3・28（平24（ネ）755））。

後者は、規約や集会の決議の遵守義務を定めるものです。本来であれば、規約や集会の決議は区分所有者間において決せられたものであり、占有者はこれに拘束されることはありません。しかし、上述のとおり、占有者が区分所有建物における円満な共同生活の実現において区分所有者に準ずる立場にあることから、占有者にも区分所有者が規約や集会の決議に基づいて負う義務と同一の義務を負うことを定めたもので

す。

このように、区分所有建物の占有者は、区分所有者でなくとも、共同利益背反行為を禁止され、規約や集会の決議を遵守する義務があります。

よって、占有者の行為が共同利益背反行為に該当する場合には、管理組合は、占有者に対して、占有者の義務違反行為に対する措置として、違反行為の停止を求めることができます（区分所有57④）。また、占有者の義務違反行為が著しいものであり、他の方法によっては円満な共同生活の維持を達成することが困難であるときは、管理組合は、占有者に対して、賃貸借契約を解除し、専有部分の引渡しを求めることができます（区分所有60）。

なお、賃貸借契約の解除及び引渡しについては、訴えによってのみ権利を行使することができるものであり、判決により賃貸借契約の解除が宣言され、かつ、引渡しが命じられることにより、契約解除の効果が発生し、引渡義務が生じることになります。

2 占有者に専有部分を賃貸している区分所有者の責任

標準管理規約においては、区分所有者が専有部分を第三者に貸与する際には、区分所有者は、規約や使用細則に定める事項を第三者に遵守させなければならず（標準管理規約19①）、賃貸借契約書において規約及び使用細則に定める事項を遵守する旨の条項を定めるとともに、賃借人に規約及び使用細則に定める事項を遵守する旨の誓約書を管理組合に提出させなければならないとしています（標準管理規約19②）。

また、そもそも、区分所有者が専有部分を使用していない場合であっても、建物の保存に有害な行為その他建物の管理又は使用に関し区分所有者の共同の利益に反する行為をしてはならないという区分所有者の義務は消滅しないとされています（東京地判平17・12・14判夕1249・179）。

よって、賃借人の迷惑行為により、他の区分所有者の平穏な生活が害されているような場合には、賃貸人たる区分所有者は、賃借人に対して、規約や使用細則を遵守するよう注意し、それでも賃借人の行為が是正されないようであれば、用法遵守義務違反を理由として賃貸借契約を解除するなどの方法によって違法な使用状態を解消しなければなりません。裁判例によると、用法遵守義務違反を理由とする解除については、賃貸人の側で用法遵守義務違反を基礎付ける事実の主張立証をし、これに対し、賃借人の側が、抗弁として、かかる義務違反が賃貸人に対する背信行為と認めるに足りない特段の事情の主張立証責任を負います。仮に、区分所有者が違法な使用状態の解消に向けた対応を怠ると、迷惑行為をしていた賃借人のみでなく、区分所有者も、共同利益背反行為者として管理組合からの是正措置の対象となります。

3　本ケースの検討

本ケースでは、Yは、管理組合Aからの再三の注意にもかかわらず迷惑行為を繰り返しているので、Xは、Yに対して注意をして、それでもYが迷惑行為をやめない場合には、Yに用法遵守義務違反が認められ、背信行為と認めるに足りない特段の事情もあるとは思われませんので、用法遵守義務違反を理由として賃貸借契約を解除するなどして、違法な状態を解消するような措置を講じる必要があります。このような措置を怠ると、Yばかりでなく、Xも、共同の利益に反する行為をする者として、管理組合Aからの是正措置の対象となり得ます。

② 占有者の迷惑行為から生じた管理組合に対する損害賠償義務の承継

1　占有者の迷惑行為から管理組合に損害が発生した場合の区分所有者の責任

占有者の迷惑行為により他の区分所有者に損害が発生しているにもかかわらず、区分所有者が賃借人に対して適切な是正措置を怠っている場合、迷惑行為をしていた占有者のみでなく、区分所有者も、建物の保存に有害な行為その他建物の管理又は使用に関し区分所有者の共同の利益に反する行為をしてはならないという区分所有者の義務に違反するものとして、占有者の迷惑行為によって発生した損害を賠償する責任を負うこととなります。

2　共用部分等について生じた損害賠償義務の承継

本来であれば、このような損害賠償義務は、区分所有権の承継人が相続人のような包括承継人でなければ承継されることはありません。

しかし、この例外として、区分所有法は、共用部分、建物の敷地若しくは共用部分以外の建物の附属施設につき他の区分所有者に対して有する債権、及び規約若しくは集会の決議に基づき他の区分所有者に対して有する債権は、債務者たる区分所有者の特定承継人に対しても行うことができると定めています（区分所有7①・8①）。

その上で、共用部分等について特定の区分所有者がなした不法行為について他の区分所有者が自己の共有持分に基づいて有する損害賠償請求権も、共用部分等につき他の区分所有者に対して有する債権に含まれるとされています（稲本洋之助＝鎌野邦樹『コンメンタールマンション区分所有法〔第3版〕』60頁（日本評論社、2015））。

また、従前の区分所有者が管理組合に対して損害賠償義務を負っていることを知らなかったことに関する特定承継人の過失の有無は問題とされていません。仮に、従前の区分所有者が管理組合に対して損害賠償義務を負っていることを知らなかったとしても、損害賠償債務は特定承継人に承継されます（東京地判平26・5・27（平25（ワ）18428））。

よって、共用部分等について特定の区分所有者がなした不法行為について他の区分

所有者が自己の共有持分に基づいて有する損害賠償義務は、債務者たる区分所有者の特定承継人にも承継されます。

なお、特定承継人が債務を承継するとしても、従前の区分所有者の債務が消滅するということではありません。従前の区分所有者と特定承継人は連帯して債務を負担することとなります（東京地判平25・4・15（平24（ワ）35299））。

3　事例の検討

本ケースにおいて、Ｚは、管理組合Ａからの再三の注意にもかかわらず迷惑行為を繰り返すＹに対して注意をした上で、用法遵守義務違反を理由とする賃貸借契約の解除をするなどして、違法な状態を解消するような措置を講じる必要がありました。それにもかかわらず、Ｚは、Ｙの行為を黙認し、適切な措置を講じることを怠ってきました。

これにより、管理組合Ａに損害が発生している以上、Ｚは、管理組合Ａに対してその損害を賠償する責任を負うことになります。

Ｘは、ＺからＹが占有する専有部分の区分所有権を売買により承継しているので、Ｚの特定承継人に当たります。

よって、Ｘは、Ｚの管理組合Ａに対する損害賠償義務を承継し、Ｚと連帯して、Ｙの迷惑行為を理由とする管理組合Ａに対する損害賠償義務を負うこととなります。

第2章　建　物

| Check**23** | エレベーターホールで強烈な悪臭がするマンション |

CASE

　Xは、Zよりマンションの一室を相続し、そこで生活を始めたところ、エレベーターホールに、常時、強烈な臭いが発生している。この悪臭は、エレベーターホール前のYの居室において発生しているようである。なお、このマンションの管理規約は国土交通省が策定した標準管理規約に準拠した内容となっている。

　Xはどのような対応をする必要があるか。

評　価

難易度	B	・現行法の下でも管理組合として対応する手続は法定されている。ただし、臭いの程度によっては根本的な解決が不可能となる。
コスト	B	・臭気鑑定を繰り返して実施するようなことがなければ費用は軽微なものといえる。

検討事項

1　共用部分の利用に支障が生じている場合の管理組合の対応
2　悪臭の発生と共同利益背反行為

解　説

1　共用部分の利用に支障が生じている場合の管理組合の対応

　1　共用部分の管理の主体

　Yの専有部分において発生する臭いが、Xの専有部分に流入しているなど、Xに個別の被害が生じているような場合には、XはYに対して、所有権に基づく妨害排除・予防請求権や不法行為に基づく損害賠償請求権を行使することが可能です。

　これに対して、Xの専有部分に実害が生じていないような場合には、Yの専有部分から流出する臭いは、エレベーターホールを使用する上での障害となるにすぎません。

　ここで、区分所有建物は、区分所有権の目的たる建物の部分である専有部分（標準管理規約2四・7）と、専有部分以外の建物の部分である共用部分とで構成されています

（標準管理規約2五・8）。もっとも、共用部分について、区分所有法においては、法律上、当然に共用部分となる「法定共用部分」（区分所有4①）と、規約によって共用部分となる「規約共用部分」（区分所有4②）があり、規約により区分所有権の目的となり得る建物部分についても共用部分とすることができると規定されています。よって、区分所有建物のうち、共用部分の具体的な範囲については、マンションの管理規約を確認する必要があります。この点、標準管理規約においては、共用部分の範囲は別表第2に列挙されています。

共用部分は、区分所有者全員の共有に属します（標準管理規約9）。よって、共用部分の管理については、区分所有者全員によって構成をされる管理組合によって実施されることとなります（標準管理規約21①）。

本ケースにおいて障害が発生している箇所はエレベーターホールです。エレベーターホールは、構造上区分所有者の全員又はその一部の共用に供されるべき建物の部分として標準管理規約における別表第2の1項に挙示されています。ついては、エレベーターホールは共用部分ということになります。

よって、Xの専有部分に実害が生じていない場合には、Xは共用部分を管理すべき責任を負担する管理組合において対応するように求めることとなります。

2　共同利益背反行為に対する是正措置

区分所有者又は占有者は、建物の保存に有害な行為その他建物の管理又は使用に関し区分所有者の共同の利益に反する行為（以下「共同利益背反行為」といいます。）を禁じられています（標準管理規約66）。この点、ある行為が共同利益背反行為に該当するか否かについては、「当該行為の必要性の程度、これによって他の区分所有者が被る不利益の態様、程度等の諸事情を比較考量して決すべき」とされています（東京高判昭53・2・27金法875・31）。

区分所有者の共同利益背反行為に対しては、①行為の停止等の請求、②使用禁止の請求、③区分所有権の競売の請求をすることができます（標準管理規約66、区分所有57・58・59）。

行為の停止等の請求としては、共同利益背反行為の停止をすること、共同利益背反行為の結果を除去すること、共同利益背反行為を予防するため必要な措置を執ることを、それぞれ請求することとなります（区分所有57①）。これらの請求は、必ずしも裁判所に対する訴えをもってする必要はないとされており、訴訟を提起する場合には集会の決議によらなければなりませんが（区分所有57②）、裁判所に対する訴えをもってするものでない場合には集会の決議も必要とされていません。なお、訴訟を提起する場合の決議要件としては、普通決議（出席組合員の議決権の過半数）でよいとされています（標準管理規約47②）。

これに対して、共同生活上の障害が著しく、行為の停止等の請求によってはその障害を除去して共用部分の利用の確保その他の区分所有者の共同生活の維持を図ることが困難である場合は、専有部分の使用の禁止を請求することができます（区分所有58）。これを請求する場合には、集会の決議に基づき、訴えをもってしなければならないとされており（区分所有58①）、集会の決議をするに当たっては共同利益背反行為者に対して弁明する機会を与えることも必要とされています（区分所有58③）。また、この場合の決議要件としては、特別決議とされています（標準管理規約47③三）。

さらに、区分所有者の共同生活上の障害が著しく、他の方法によってはその障害を除去して共用部分の利用の確保その他の区分所有者の共同生活の維持を図ることが困難である場合は、共同利益背反行為者の区分所有権及び敷地利用権の競売を請求することができます（区分所有59）。これを請求する場合も、使用禁止を請求する場合と同様に、集会の決議に基づき、訴えをもってしなければならないとされています（区分所有59①）。

このように、①行為の停止等の請求、②使用禁止の請求、③区分所有権の競売の請求は、それぞれが共同利益背反行為者に対する段階的な請求として位置付けられています。もっとも、これらの各請求権は、実質上相互に関連するものですが、必ずしも、現実的に、全ての請求が段階的になされていることを要するものではありません。行為停止等の請求によっては共同生活の維持を図ることができないと認められるときは、行為停止等の請求に係る訴訟を経ることなく、使用禁止の請求又は区分所有権の競売の請求について訴訟を提起することが認められますし、行為停止等の請求及び使用禁止の請求をもってしても共同利益の維持・回復が困難である場合には、必ずしも行為停止等の請求又は使用禁止の請求に係る訴訟を経ることなく、区分所有権の競売の請求も認められます（稲本洋之助＝鎌野邦樹『コンメンタールマンション区分所有法〔第3版〕』334頁（日本評論社、2015））。

2 悪臭の発生と共同利益背反行為

1 是止対象となり得る悪臭の判断基準

本ケースにおいて、共同利益背反行為の内容は、悪臭を発生させる行為となります。よって、Yの行為が、上記の裁判例が示した基準をもって共同利益背反行為といい得るか否かについて判断をする必要があります。

臭いの感じ方については、人によって異なるという特性があります。この点、工場その他の事業場における事業活動に伴って発生する悪臭については悪臭防止法により規制が設けられています。

もっとも、悪臭防止法の適用がない場合であっても、隣地に居住する者の飼育する

複数の猫の糞尿等に起因する悪臭により損害を被ったことを理由に、不法行為に基づく損害賠償及び人格権に基づく悪臭の発生の差止めが求められた事案において、裁判所は、悪臭防止法の適用がない場合であっても、悪臭が受忍限度を超えているか否かを検討するに当たっては、悪臭が公法上の基準を超えているか否かが重要な考慮要素になると解すべきであり、同基準を超える悪臭が発生している場合には特段の事情がない限り、同悪臭は受忍限度を超えていると認めるのが相当である旨を判示しています（東京地判平23・7・29（平22（ワ）47109））。

　この点、共同利益背反行為は区分所有法上の是正措置の請求権が認められるための要件であるところ、受忍限度は不法行為の要件である違法性の判断基準です。しかし、「近隣者間において社会生活を円満に継続するためには、居住生活の過程で不可避的に生ずる法益侵害を互いに受忍することが必要であり、そのような社会的受忍の限度を超えた生活侵害のみが、違法なものとして、不法行為による差止請求や損害賠償の対象となる」（東京地判平4・1・28判タ808・205）という違法性の判断において受忍限度論を採用すべき理由からすれば、共同利益背反行為への該当性についても、これをもとに判断されることは相当でしょう。現に、幾つかの裁判例では、共同利益背反行為への該当性について、受忍限度を超えているか否かが問題とされています（東京地決平4・1・30判時1415・113、東京地立川支判平22・5・13判時2082・74）。

　よって、悪臭を発生させる行為が共同利益背反行為に該当するか否かを判断するに当たっては、悪臭防止法における敷地境界線における規制基準（悪臭4②一）が参考とされます。

2　悪臭防止法における規制基準

　悪臭防止法における敷地境界線における規制基準（悪臭4②一）については、環境省令で定める範囲内において、大気の臭気指数の許容限度として定めることとされています。

　ここでいう「臭気指数」とは、臭気の強さを表す数値です。臭気指数は、以下の数式で算出されます。

　臭気指数＝10×Log（臭気濃度）

　すなわち、臭いのついた空気や水を臭いが感じられなくなるまで無臭空気（無臭水）で薄めたときの希釈倍数（臭気濃度）を求め、その常用対数を10倍した数値です。

　また、「環境省令で定める範囲」とは、大気の臭気指数が10以上21以下の範囲をいいます（悪臭則6）。これは、臭気の強さである臭気強度を6段階で示す6段階臭気強度表示法の臭気強度2.5から3.5に対応する臭気指数です（環境省「臭気対策行政ガイドブック」12頁）。なお、においを構成する物質の違いによって広播性（においが遠くまで漂う性質）が異なるため、一つの臭気強度の値に対応する臭気指数の値は、臭気の質の

違いを反映して一定の幅を持つところ、臭気強度が2.5の臭気指数の最小値は10であり、臭気強度3.5の臭気指数の最大値は21であるとされています（環境省「臭気指数規制ガイドライン」22頁・表－6）。

以上より、マンションにおいて悪臭が発生をしているケースにおいては、臭気調査を実施して臭いの臭気指数等を把握し、マンションにおいて発生している悪臭が受忍限度を超えるものか否かを把握することに努めることが有益となります。

3　臭いの調査方法

臭気指数の鑑定は、三点比較式臭袋法という人の嗅覚による測定方法で行われます。これは、悪臭の発生現場において試料となる空気を採取した上で、3個の無臭空気を入れた「におい袋」を用意し、そのうち一つに試料を入れて、6人以上の臭気判定士（5基準臭を用いた嗅覚検査に合格した者）が「臭う」あるいは「臭わない」の判定をする方法で、試料を希釈しながら判定を繰り返し、臭いを感じなくなるまでの希釈倍率に基づき臭気指数を算出します(村頭秀人『解説　悪臭防止法(上)』194頁(慧文社、2017))。

臭気測定を鑑定会社に依頼することで、臭いの強さに当たる臭気指数のみならず、臭いの原因物質等を特定することができるため、臭いの程度のみならず、臭いの原因についても推察することができます。

もっとも、鑑定の内容や分析の範囲にもよりますが、一度の鑑定で50万円程度の費用を要することも少なくありません。飲食店の排気やゴミ屋敷から発生する異臭のように、臭気の程度がおおむね一定しているようなケースであれば、高額な費用をかけて何度も鑑定を実施する必要はありません。しかし、悪臭が生じているという事案の中には、臭気の程度が日によって大きく変動するというような継続的な臭気の観測が必要とされるケースもあります。このような場合には、比較的にみて安価なポータブルタイプの臭気測定器を併用するなどして、臭気の推移やその傾向等についても把握するなどの検討を要するでしょう。

4　本ケースの検討

本ケースにおいては、毎日、Yの専有部分から強烈な悪臭が発せられているということなので、臭気調査の結果として臭気の程度が悪臭防止法の基準値を超えるものであれば、これを一つの資料として、Yの行為は共同利益背反行為として、管理組合を通じて、その程度に応じた是正措置を求めることとなります。その上で、Yの行為が受忍限度を超えるものとの判断がなされれば、管理組合が求めた是正措置が認められることとなります。

なお、専有部分がゴミ屋敷となっていることにより悪臭が発生しているなどのケースにおいては、使用禁止の請求は必ずしも根本的な解決策とはなり得ません。使用禁

止はその文言のとおりに義務者による専有部分等の使用が禁止されるにすぎず、使用禁止期間に義務者が専有部分を明け渡す必要はありません。よって、使用禁止が認められた場合には、使用禁止が認められた期間はゴミが増えることはありませんが、従前よりあったゴミはそのまま放置されることになります。このようなケースにおける使用禁止の請求は、区分所有者の共同の利益に反する行為を継続したことに対する制裁的な要素が強いものです。この一事をもって、このようなケースにおける使用禁止の請求が排斥されるものではありませんが、使用禁止を認めるべき相当な期間は、比較的にみて短期なものに限られます（東京地判平23・1・25（平22（ワ）32169））。

　共同利益背反行為に対する是正措置については、状況の改善について適切な手段を個別・具体的な事案に応じて選択することも必要となるでしょう。もっとも、実際には、管理組合からの通告により一時的には改善されるものの、時の経過とともに臭いが再発し、これが繰り返されるようなケースも多いです。また、上述のとおり、臭いの感じ方は人によって大きく異なるもので、臭気指数としては必ずしも高い数値が検出されないにもかかわらず、一定の人だけが臭いを極端に不快に感じているケースも散見されます。ゴミ屋敷というほどの極端な事例ではないケースにおいては、そもそも、共同利益背反行為が認められなかったり、行為停止や使用禁止の請求が認められてもいたちごっことなったりで、現行法の下では根本的な解決に至らない事案も少なくありません。

コラム

○管理不全専有部分管理制度の新設

　改正区分所有法では、管理不全専有部分の管理に特化した新たな財産管理制度として、管理不全専有部分管理制度が創設されます（ Check19 参照）（「区分所有法制の見直しに関する要綱」第1・2(2)）。

　裁判所は、区分所有者による専有部分の管理が不適当であることによって他人の権利又は法律上保護される利益が侵害され、又は侵害されるおそれがある場合において、必要があると認めるときは、利害関係人の請求により、当該専有部分を対象として、管理不全専有部分管理人による管理を命ずる処分（以下「管理不全専有部分管理命令」といいます。）をすることができ、管理不全専有部分管理命令が出された場合には、管理不全専有部分管理人が選任されます（「区分所有法制の見直しに関する要綱」第1・2(2)ア①②）。

　管理不全専有部分管理制度によって、管理不全専有部分について、管理者による柔軟で継続的な管理の実現が期待されます。

Check24 賃料滞納者がいる賃貸建物

CASE

X₁は、兄弟のX₂やX₃と共に、亡父が所有する戸建て住宅とその敷地を相続した。この戸建て住宅は賃貸物件で、亡父を被相続人とする遺産分割協議は成立していない。

X₁が、不動産管理会社に連絡をとったところ、賃借人のYが長期に賃料を滞納していることが判明した。このままでは、賃料を得ることができないまま、固定資産税及び不動産に関する諸費用を負担し続けなければならないし、相続税や所得税も気になる。

Xらは、相続における滞納賃料の取扱いの注意点、回収・賃貸物件の管理の適正化の方法を知りたい。

評 価

難易度	C	・滞納賃料の請求は、賃料不払の事実を立証できれば、認められる。 ・建物の明渡請求は、賃料不払の事実に加え、賃貸人と賃借人の間の信頼関係が破壊されていることを基礎付ける事実を立証できれば、認められる。
コスト	B	・訴訟を提起しても、賃借人の資力不足のため、滞納賃料が回収できないリスクがある。 ・建物の明渡請求は、強制執行まで行うと多額のコストがかかる。賃借人の資力に不安がある場合には賃貸人が強制執行の費用を負担しなければならない。

検討事項

1 滞納賃料の問題点
2 賃貸建物の明渡方法
3 共同相続人の中に行方不明者や賛否不明者がいる場合

第2章 建 物　　137

解　説

1 滞納賃料の問題点

1 滞納賃料の帰属及び税務上の問題

（1）滞納賃料の帰属

本ケースでは、滞納賃料はXらにどのように帰属することになるでしょうか。

被相続人の死亡により相続が発生し、その相続人が数人ある場合には、原則として、相続財産は共同相続人間の共有（遺産共有）になりますが（民898①）、相続人が数人ある場合であっても遺産共有が発生しない場合もあります。例えば、相続財産中の可分債権は法律上当然に分割され、各共同相続人がその相続分に応じて権利義務を承継します（最判昭29・4・8民集8・4・819）。

本ケースで問題となっている、被相続人の死亡前に生じていた滞納賃料は可分債権ですので、遺産分割をせずとも当然に、その相続分に応じて、各共同相続人に帰属します。

また、被相続人の死亡後、遺産分割前の遺産である賃貸不動産から発生する賃料債権は、各共同相続人がその相続分に応じて確定的に取得し、後にされた遺産分割の影響を受けないとされています（最判平17・9・8民集59・7・1931）。

このように、遺産である不動産から生じた滞納賃料は、相続発生の前後を問わず、その相続分に応じて各相続人に帰属することになります。なお、実務上は、遺産分割協議に基づいて、相続発生前の滞納賃料や相続発生後、遺産分割成立までに発生した賃料を、特定の相続人に帰属させることも可能とされています。

（2）税務上の問題

相続発生時までに支払期限が到来している未払賃料については、支払われるべき金額を相続税の課税対象として申告しなければなりません（評基通208）。

そのため、Yからの回収ができない場合、税金を多く払った上で回収もできない結果となりますので、できれば亡父の生前から早期に問題に対応しておくべきでした。

また、前掲の平成17年最高裁判例が出された後は、相続発生後、遺産分割成立までに発生した賃料債権が共同相続人が相続分に応じて確定的に取得することになったため、賃料が支払われた場合はもちろん、未払であっても、各相続人が、収入として所得税の申告をしなければなりません（所税36①）。

したがって、Xらは、所得税の申告上注意が必要であり、本ケースではX₁しか管理会社に連絡をとっていませんが、X₂及びX₃が無関心で申告をしなかった場合、思わぬ税務上の不利益を被るおそれがあります。

2 滞納賃料の回収方法

遺産である賃貸不動産に滞納賃料がある場合、まずは、賃借人本人に請求することになります。その場合、既述のように、賃料債権は各自がその相続分に応じて取得していますので、各共同相続人がそれぞれ別々に賃借人に滞納賃料の支払を請求することもできますが、紛争は同一の事実に基づくものですし、後述の建物の明渡請求まで踏まえますと、実務的には、共同相続人が一致して行動する方がよいと思われます。

また、被相続人が残した賃貸借契約に関する資料を確認し、保証人の有無を確認しましょう。例えば、入居者が賃料保証会社に加入している場合には、賃料保証会社から滞納賃料の支払を受けることが期待されます。さらに、賃借人の親族等が連帯保証人になっている場合には、賃借人に対して滞納賃料の支払を求めることと同時に、連帯保証人に対しても保証債務の支払を求めることが考えられます。

したがって、Ｘらとしては、被相続人の賃貸借契約に関する資料を確認し、賃借人及び連帯保証人に対して滞納賃料の任意の支払を求め、それがうまくいかなった場合には、滞納賃料の支払及び賃貸不動産の明渡し（後述）を求めて訴訟を提起することになります。

3 敷金の処理

建物の賃貸借契約をする場合、実務上は、賃借人から賃貸人に対して敷金を差し入れる場合が多いです。

資金は、賃借人の債務を担保するものですから、賃貸人は、賃貸借の存続中でも敷金をその支払に充当することができます（民622の2②、大判昭5・3・10民集9・253）。

敷金から滞納賃料を回収しようとする場合、本ケースで敷金を誰がいくら承継しているか問題になります。すなわち、賃貸人の賃借人に対する敷金返還債務は、①相続人が分割承継するか、②相続により被相続人の賃貸人としての地位を承継した者が全部承継するかという問題です。

裁判例では、②の立場をとったものがあります（大阪高判令元・12・26判時2460・71）。すなわち、当該裁判例は「敷金は、賃貸人が賃貸借契約に基づき賃借人に対して取得する債権を担保するものであるから、敷金に関する法律関係は賃貸借契約と密接に関係し、賃貸借契約に随伴すべきものと解されることに加え、賃借人が旧賃貸人から敷金の返還を受けた上で新賃貸人に改めて敷金を差し入れる労と、旧賃貸人の無資力の危険から賃借人を保護すべき必要性とに鑑みれば、賃貸人たる地位に承継があった場合には、敷金に関する法律関係は新賃貸人に当然に承継されるものと解すべきである。そして、上記のような敷金の担保としての性質や賃借人保護の必要性は、賃貸人たる

地位の承継が、賃貸物件の売買等による特定承継の場合と、相続による包括承継の場合とで何ら変わるものではないから、賃貸借契約と敷金に関する法律関係に係る上記の法理は、包括承継の場合にも当然に妥当するものというべきである。」と判示しています。

本ケースでは、Ｙが差し入れた敷金がある場合、敷金を滞納賃料の支払に充当することができるのは、遺産分割協議で賃貸不動産を取得した者となります。

② 賃貸建物の明渡方法

1 賃貸借契約の解除の方法

相続人が数人いる場合には、遺産である建物は共同相続人による遺産共有になると解されています（民898①）。

遺産の共有は、民法249条以下に規定する通常の共有とその性質を異にするものではありません（最判昭30・5・31民集9・6・793）。そのため、遺産共有された不動産についても、民法249条以下に規定する規律に従って管理されることになります。そして、共有状態にある不動産の賃貸借契約の解除は管理行為（民252①）に該当すると一般的に解されており、共有持分の価格の過半数をもって決定することが可能です（最判昭39・2・25民集18・2・329。なお、共有者による共有物を目的とする賃貸借契約の解除は、解除の不可分性に関する規定（民544①）の適用が排除されます。）。

したがって、共有持分の価格の過半数の決定により解除の意思決定を行い、賃借人に対して解除の意思表示を行う必要があります（田村洋三＝山田知司編『実務共有不動産関係訴訟　共有不動産に係る民事訴訟実務マニュアル』197頁（日本加除出版、2024））。

賃料滞納を理由とする不動産の賃貸借契約の解除においては、判例上、形式的には賃借人の債務不履行があっても、賃借人に当事者間の信頼関係を破壊するに至る程度の不誠意がない限り、賃貸人の解除権の行使は信義則上許されないという法理（信頼関係破壊法理）が形成されています（最判昭39・7・28民集18・6・1220頁）。

信頼関係の破壊の有無は、滞納の度合い、賃料滞納に至った事情、交渉内容等、様々な事情を考慮して判断されますが、一般的には、賃料滞納の場合には3か月以上の滞納があれば、信頼関係の破壊があったと判断される傾向があると解されているようです。

2 明渡請求訴訟の当事者

賃貸借契約の解除の意思表示は共有持分の価格の過半数を有する共有者が共同して行う必要がありますが、必ずしも意思表示をした全員が訴訟で原告になる必要はなく、

140　　　　第2章　建　物

共有者の誰かが総共有者を代表して訴訟を提起することは可能です（田村＝山田・前掲206頁）。ただし、滞納賃料や賃料相当損害金の請求については、原告となる者の共有持分の限度で請求することになりますので、明渡請求と併せて、滞納賃料等の請求を行う場合には、共有者全員を原告とした方が一回的解決に資することになります。

　明渡しの債務名義を得れば、賃借人が任意に明け渡さないときは、強制執行によって明渡しを実現することができますが、明渡しの断行まで行う場合には、高額な強制執行費用が発生することが予想されます（Check17 参照）。また、訴訟と強制執行を遂行するためには相応の期間を要しますが、賃借人が明け渡さない間は、新たな賃借人に物件を貸すことができないため、その分損害（逸失利益）が拡大します。

　そもそも、賃料を滞納する賃借人には、転居費用や処分費用を負担する資力がなく、その結果、明渡しもできないという事態が予想されます。

　そこで、実務的には、賃借人が早期に明け渡すことを条件に、賃貸人が未払賃料を免除したり、転居費用を負担することが行われています。これは、一見すると賃貸人の経済損失が拡大しますが、結果的に、訴訟と強制執行を進める場合に比べて、早期かつ低コストとなることがあるからです。

３　共同相続人の中に行方不明者や賛否不明者がいる場合

　相続人の中に行方不明者がいたり、賃貸借契約の解除について賛否を明らかにしない者がいるケースで、共有持分の価格の過半数の決定ができない場合はどのように進めたらよいでしょうか。

　この点、令和3年の民法改正により、①共有者が他の共有者を知ることができず、又はその所在を知ることができないとき、②共有者が他の共有者に対し相当の期間を定めて共有物の管理に関する事項を決することについて賛否を明らかにすべき旨を催告した場合において、当該他の共有者がその期間内に賛否を明らかにしないときは、裁判所が、①及び②の共有者を除いた共有者の持分の価格に従い、その過半数で共有物の管理に関する事項を決することができる旨の決定をすることができるようになりました（民252②）。

　これにより、相続人の中に行方不明者がいたり、賃貸借契約の解除の賛否を明らかにしない者がいるケースであっても、賃貸借契約を解除することが可能です。

　本件において、X_1からX_3のうちに行方不明者がいた場合には、上記の規定で対応することができます。

第2章　建　物

> **コラム**
>
> ### ○連帯保証人に対する滞納賃料の請求
>
> 　本文でも述べたように、滞納賃料については賃貸借契約の連帯保証人に請求することが考えられます。
>
> 　この点、平成29年法律44号による改正民法が施行された令和2年4月1日以降に連帯保証契約が締結された場合は、連帯保証契約において極度額を定めていないと無効となってしまいます（民465の2①②）。
>
> 　他方で、連帯保証契約が令和2年4月1日より前に締結され、同日以降に賃貸借契約が合意更新されたり法定更新されたりしている場合は、依然として改正前民法が適用されます。
>
> 　そのため、令和2年4月1日以降に新たに連帯保証契約を締結し直したような場合を除き、連帯保証契約に極度額の定めがなくても有効になります（筒井健夫＝村松秀樹編『一問一答　民法（債権関係）改正』384頁（商事法務、2018））。

142   第2章　建　物

| Check25 | 近隣にあるゴミ屋敷 |

CASE

　Xの住む家の斜め向かいにいわゆるゴミ屋敷がある。建物はもちろん、玄関から道路までのスペースにもゴミが山積みとなり、庭にも壊れた冷蔵庫やブラウン管のテレビなどが捨て置かれている。

　Xとしては、当該屋敷は異臭もするし、庭は荒れ放題のため害虫の巣にもなっているから、清掃等を希望している。さらに、屋敷の状態から放火等の危険も考えられるため、建物の管理をきちんとしてほしいと考えている。

評　　価

難易度	B	・訴訟、管理人選任、行政手続等による解決手段は、複数存在している。 ・近隣住民からの反対が激しい場合には、管理不全の解消が困難な場合がある。
コスト	B	・損害賠償請求等の訴訟費用、財産管理人選任のための予納金など。 ・ただし、ゴミの内容、量によっては、処分費用が高額となり、かつ事実上、所有者への請求が困難となる場合もある。

検討事項

1　妨害排除請求、損害賠償請求、不在者財産管理制度等
2　所有者不明建物管理制度、管理不全建物管理制度
3　行政による代執行

解　　説

1　妨害排除請求、損害賠償請求、不在者財産管理制度等

　建物や敷地にゴミなどが堆積し、散乱していると、当該家屋や敷地のみならず、その周辺の生活環境が著しく損なわれることが多くあります。例えば、ゴミ等から生ず

第2章 建物　143

る悪臭がしたり、ゴミ等によって、はえやごきぶり等の害虫が発生したり、ねずみ等が生息したりします。また、ゴミ等の崩落や、火災発生のおそれ等もあります。これらの危険性は、居住者や地域住民の生活環境に悪影響があるのみならず、ゴミ等が私道にはみ出している等の場合には、歩行者に危害や通行の支障が生じている例も散見されています。影響を受ける近隣住民等は、所有権に基づく妨害排除・妨害予防請求や、不法行為に基づく損害賠償請求（民709）等を行うことはできますが、解決方法としては不十分です。

　また、本ケースにおいて、ゴミ屋敷となっている建物（以下「当該建物」といいます。）の所有者と連絡が取れるかどうかについては、明らかでないです。そこで、当該建物の所有者についての調査を行い、所有者不明状態にあると判断された場合には、不在者財産管理人を選任（民25①）することも考えられます。また、所有者についての調査において、登記上の所有者につき相続が発生しているが相続人が不分明である等の事情が判明した場合には、相続財産清算人の選任（民952①）等も検討することが考えられます。しかし、これらの財産管理人は、「人単位」で判断されることから、当該所有者が他にも財産を保有しているような場合には、財産管理人はその余の財産についての管理も併せて行う必要があります。そのため、同制度を活用する場合には、予納金等が多額になる等、コスト面において使い勝手が良いとはいいにくい面があります。なお、当該建物の所有者を特定できないようなケースでは、そもそも、これらの制度を利用できないという問題もありました。

2 　所有者不明建物管理制度、管理不全建物管理制度

1 　所有者不明建物管理制度の利活用について

　令和3年改正民法において、特定の土地・建物に特化して管理を行う所有者不明土地・建物管理制度が新設されました（民264の2以下）。同制度は、「モノ単位」での財産管理制度であることから、制度の活用にはコストがかさむという問題点はある程度解消されたとの評価もされています。

　本ケースでも、所有者不明建物管理制度を利用することができるのでしょうか。そこで、同管理命令の発令要件等をまずは検討していきます。

① 　管理の対象となる財産：建物、建物にある所有者の動産、価値転化物（売却代金等、管理人が得た金銭等の財産）（民264の8②）

② 　申立権者：所有者不明建物の管理について利害関係を有する利害関係人（民264の8①）

③ その他の発令要件（民264の8①）

・調査を尽くしても所有者又はその所在を知ることができないこと

・管理状況に照らし管理人による管理の必要性があること

　本ケースにおいて、当該建物の所有者、又はその所在が不明かどうかについて明らかではありません。そこで、当該建物の所有者の調査を実施し、その結果を裁判所に報告することとなります。この点、東京地方裁判所のウェブサイトでは「所有者・共有者の探索等に関する報告書」のひな型を公開していますので、これらを利用して調査を尽くしても所有者又はその所在を知ることができないという事情を裁判所に主張・立証していくことが考えられます。

　なお、申立先は当該建物の所在地を管轄する地方裁判所となります（非訟90①）。申立てに必要となる費用としては申立ての対象となる不動産の筆数一筆につき1,000円と、予納郵券6,000円、その他管理費用や管理人報酬のための費用として予納金を求められることが予想されます。

　所有者不明建物管理人は、対象となる建物の保存・利用・改良行為を行うほか、裁判所の許可を得て、対象財産の処分（売却や取壊し等）を行うことができます（民264の8⑤）。そのため、管理命令が発令され、所有者不明建物管理人が選任されましたら、管理人に対し、当該建物の適切な管理を求めていくことができます。

2　管理不全建物管理制度の利活用について

　令和3年改正民法において、特定の土地・建物に特化して管理を行う制度として、所有者不明土地・建物管理制度のみならず、管理不全土地・建物管理制度も新設されています（民264の9以下）。同制度は、土地・建物の所有者が判明している場合であっても利用することが可能であるため、所有者不明土地・建物管理制度が活用できない場面でもモノ単位の管理制度を利活用できる場合もあります。

　所有者不明建物管理命令申立ての場合には、所有者不特定・所在不明が発令要件として求められていましたが、管理不全建物管理命令の場合には、所有者による建物の管理が不適当であることによって、他人の権利・法的利益が侵害され、又はそのおそれがあることが必要となります（民264の14①）。なお、所有者不明建物管理命令申立ての場合と異なり、管理不全建物管理命令申立てにおいては、裁判所は、原則、所有者の陳述を聴取します（非訟91③一・⑩）。この点、所有者がそこに居住しており、所有者が管理不全建物管理人選任に反対をするなどして、「管理人が実際に管理を行うことが難しいと判断されるケースでは、管理不全土地管理命令が発令されないことが考えられる（このケースでは、物権的請求権等の他の方策により是正すべきことになる。）。」

と解されています（法制審議会民法・不動産登記法部会資料56・22頁、中込・前掲268頁）。管理不全建物でも、同様に解されています。

本ケースにおいて、当該建物の所有者の意向が明らかでありません。そのため、万一、当該建物の所有者と連絡を取ることができたが、その所有者から「これはゴミではない。財産だ」等と強硬に主張され、管理不全建物管理人を選任したとしても、当該管理人の職務執行の妨害等が予想されるような場合には、管理命令が発令されない可能性も高いです。

③ 行政による代執行

②で検討したとおり、モノ単位での財産管理人の選任が難しい場合の方策として、行政による代執行をイメージされた方もいるかと思います。これまで、京都市や名古屋市で行われた代執行等は、ニュースにもなったため、ご存じの方も多いかもしれません。しかしながら、行政による代執行によるゴミ屋敷問題の解決には、多くのハードルがあります。

そもそも、ゴミ屋敷事案に対応することを目的とした条例等の制定状況は、制定済みは101市町村（約5.8%）にとどまっています（令和4年度 環境省環境再生・資源循環局 廃棄物適正処理推進課による調査結果）。そのため、行政による代執行を活用して問題を解決しようとしても、根拠となる条例等が制定されていない市町村が大半です。そのため、まずは、当該建物が所在する市町村において、ゴミ屋敷事案に対応することを目的とした条例等が制定されているかを調べる必要があります。

幸いにして、当該建物の所在する市町村にゴミ屋敷事案に対応することを目的とした条例等が存在するとしても、その実施について、行政がどこまで積極的に動いてくれるかが次のハードルとなります。先に挙げた調査において、ゴミ屋敷事案に対応することを目的とした条例等の制定状況も、あわせて調査が実施されています。条例等を制定している101市町村に対し、措置の適用件数を回答してもらったところ、代執行の件数は5件（全市町村の約0.3%）にとどまっているとの調査結果が発表されています。そのため、代執行の根拠となる条例等が制定されている市町村に当該建物が存在するとしても、その実施には高いハードルが存在するといわざるを得ません。

なお、代執行の第1号事案である京都市の事例でいえば、モノの堆積状況としては、「通路幅約130cmの私道に高さ約200cm、奥行約440cm、幅約90cmにわたって物を堆積させており、車いすを利用している近隣住民が、車いすから降りて、介助者の補助を受けなければ通行できない等、日常の通行の支障となっていることだけでなく、万

が一の時には避難の支障となり、生命も脅かしかねない状態となっていた」という大変危険な状態にありました。そして、約9年間担当者は粘り強く所有者に物の撤去等を働きかけていました。その実として、平成26年11月の条例施行後も、「126回訪問し、61回接触を行い」所有者による自主的な解決を目指していました。しかしながら、所有者が物の片づけについて拒否的な態度を示し、進展が見込めなかったため、代執行を実施する運びとなっています（詳細については、京都市作成の「本市におけるいわゆる「ゴミ屋敷」対策について」参照）。このとおり、行政代執行によるゴミ屋敷問題の解決は、かなり極限的な事例において、多くの時間をかけた上で、限定的に実施されているという実情があります。

　そのため、本ケースの解決の一つの選択肢として、行政による代執行も考えられますが、それはあくまでも最終手段であり、行政の担当者から所有者に説得してもらうことを期待するというのが、現実的な対応になるのではないかと思われます。

第 3 章

動 産

148

第3章　動　産　　149

Check26	被相続人の生活動産の廃棄・形見分け	

CASE

　Xには賃貸住宅で生活している兄Aが存在するが、父母は既に死亡しており、Aが死亡するとXが相続する立場にある。

　Xは、Aに財産はなく、多額の債務があると聞いているので、Aが死亡したら相続放棄をしたいと考えている。

　今般、XにAが死亡したという連絡が入った。Aの居室内には多数の生活動産があり、XはAの賃貸人から、Aの動産を処分してほしいと言われている。また、Aと親しかった知人から、動産のうち思い出の品について形見分けをしてほしいと言われている。

　Xとしては、どのような点に注意する必要があるか。

評　価

難易度	C	・動産の廃棄や譲渡が法定単純承認事由に該当しないか難しい判断を要する。
コスト	C	・費用そのものは少額と考えられる。

検討事項

1　相続放棄と法定単純承認事由の「処分」との関係
2　動産の廃棄・形見分けと「処分」との関係

解　説

1　相続放棄と法定単純承認事由の「処分」との関係

1　相続放棄と単純承認

　Xは、Aの多額の債務を承継したくありません。また、生活動産は一般的には無価値であり、多数存在する場合には処分に費用を要する負動産となりますから、同様に承継したくありません。そこで、Xは、相続放棄をしようとしています。

相続放棄とは、申述人が家庭裁判所に対して相続の放棄を申述し、「その相続に関しては、初めから相続人とならなかったものとみなす」制度です（民938・939）。相続人とならなかったのですから、申述人は、被相続人のプラスの財産もマイナスの財産も全て承継しません（プラスの財産のみを承継するといった選り好みはできません。）。この相続放棄をすることで、Xは、Aの多額の債務及び無価値の生活動産の所有権を承継せずに済みます。

これに対し、相続の単純承認とは、相続人が「無限に被相続人の権利義務を承継する」制度です（民920）。すなわち、単純承認をすると、相続人は、被相続人のプラスの財産もマイナスの財産も全て承継します。

相続の承認及び放棄は撤回できませんから、その選択は重要です（民919①）。一般論としては、被相続人のプラスの財産とマイナスの財産を比べて、プラスの財産が明らかに多い場合には単純承認を選択します。これに対し、マイナスの財産が明らかに多い場合には相続放棄を選択します。本ケースにおいても、Xは、Aに財産がなく、多額の債務があることから、相続放棄を選択しています。

2　法定単純承認事由の「処分」

相続放棄を予定しているXが、Aの居住していた賃貸住宅の賃貸人の要望に応じてAの動産を廃棄し、また、Aの知人からの要望に応じて形見分けとしてAの動産を譲渡することに問題はないでしょうか。

民法は、相続人が相続財産の全部又は一部を「処分」したときは、「相続人は、単純承認をしたものとみなす」と定めています（民921一本文）（法定単純承認事由）。これに該当する場合、相続人は単純承認により被相続人の債務を承継してしまいます。しかも、その単純承認を撤回できません（民919①）。

したがって、XがAの動産を廃棄したり、形見分けしたりする行為が法定単純承認事由の「処分」に該当する場合は、後から相続放棄をしても認められない可能性があるので、注意が必要です。

② 動産の廃棄・形見分けと「処分」との関係

1　動産の廃棄が「処分」に該当する場合

それでは、動産の廃棄については、どのような場合に法定単純承認事由の「処分」が成立するでしょうか。

まず、「相続人が過失によって相続財産に軽微な破損を生じさせたとしても、それは相続債権者や他の共同相続人に対する損害賠償義務の問題を生じさせるとしても、本号にいう『処分』ではない」と解されます（潮見佳男編『新注釈民法(19)相続(１)〔第２版〕』545頁（有斐閣、2023））。

第3章　動　産　　151

軽微な破損なら損害賠償が問題になる程度で「処分」には該当しないのですから、Xが無価値であることが明らかな動産を少しだけ廃棄する場合には「処分」に該当しないものと考えられます。しかし、Aの居室内の動産を全て廃棄する場合には、行為の外形から「処分」に該当するおそれが大きくなります。

Xの立場では、Aの居室内の動産全てが無価値な物であるなら、全て廃棄しても「処分」に該当しないと考えるかもしれませんが、動産を全て廃棄する行為は、相続債権者に疑念を抱かせるおそれがある行為です。特に、被相続人の債務の額が大きい事案で廃棄行為が「処分」に該当した場合、法定単純承認が成立し、相続人に債務が承継されてしまい相続人の不利益が極めて大きくなりますから、あえて危険なことをするべきではありません。

したがって、Xは、賃貸人からの要請に対して断りをいれるべきです。

２　動産の形見分けが「処分」に該当する場合

形見分けについては、どのような場合に法定単純承認事由の「処分」が成立するでしょうか。

古い判例は、衣類３点の形見分けをしたという事例において、「被相続人の所有せし衣類も一般経済価額を有するものは勿論相続財産に属するものなれば相続人に於て之を他人に贈与したるときは」法定単純承認事由に該当すると判断しています（大判昭3・7・3新聞2881・6）。

学説では、この判例の結論に賛成する見解もあれば、結論の妥当性を疑問視する見解もあり、分かれています（塩見・前掲546頁参照）。

裁判例では、法定単純承認事由の「処分」の成否は、相続財産の総額と処分されたものの品名・額とを比較考量し、衡平ないし信義則の見地から相続人に放棄の意思なしと認めるに足る如き処分行為に当る場合を検討すべきであるという基準を立てるものがあります。具体的には、相続財産のうち積極財産が「決して多額とは云えない」場合に、「和服15枚、洋服８着、ハンドバッグ４点、指輪２個」を引き渡した行為について、形見分けとはいえず、「処分」に該当すると判断し、法定単純承認の成立を肯定したものがあります（松山簡判昭52・4・25判時878・95）。

また、相続人が「遺品のほとんどすべてを持ち帰っている」という事情があり、「新品同様の洋服や３着の毛皮が含まれており、右洋服は相当な量であったのであるから、洋服等は新品同様であっても古着としての交換価値しかないことを考慮してもなお、持ち帰った遺品は、一定の財産的価値を有していたと認めることができる」という事例において、「その持ち帰りの遺品の範囲と量からすると、客観的にみて、いわゆる形見分けを超えるものといわざるを得ない」と判断して、法定単純承認の成立を肯定し

た裁判例があります（東京地判平12・3・21家月53・9・45）。

　なお、上記平成12年の裁判例は、民法921条1号の「処分」ではなく、民法921条3号の「相続人が、限定承認又は相続の放棄をした後であっても、相続財産の全部若しくは一部を隠匿し、私にこれを消費し、又は悪意でこれを相続財産の目録中に記載しなかったとき」に該当するか否かが問題となった事例ですが、法定単純承認について判断したものとして参考になります。

　3　動産の形見分けが「処分」に該当しない場合

　法定単純承認の成立を否定した裁判例としては、「既に交換価値を失う程度に着古したボロの上着とズボン各1着」の贈与をした事例について、「その経済的価値は皆無といえないにしても、いわゆる一般的経済価格のあるものの処分とはいえない」として、法定単純承認の成立を否定したものがあります（東京高決昭37・7・19東高時報13・7・117）。

　4　まとめ

　前述した昭和3年の古い判例は、法定単純事由の「処分」について、「一般経済価額を有する」か否かという基準を採用し、衣類3点の形見分けをしたという事例で法定単純承認の成立を肯定しています。この判断には厳しいという感想を覚えてしまいますが、実務的には無視することはできません。裁判例の傾向としても、上記の古い判例を意識しており、当事者が形見分けであると主張しても、少ないとはいえない量の動産の譲渡がされている場合には、法定単純承認の成立を肯定しています。

　このような判例及び裁判例の傾向からすると、被相続人に多額の債務がある場合には保守的に考えざるを得ません。経済的価額がないものをごく少量譲渡するという場合（真に故人を偲ぶための形見分けといえるような場合）以外は、法定単純承認が成立してしまう可能性がある点に注意し、慎重な対応をすべきです。

　したがって、Xとしては、形見分けの要請について断りを入れるべきです。

　なお、民法上は、被相続人に相続人が存在しない場合には、相続財産清算人を選任して、この者が被相続人の相続財産の清算を行います（民952①）。本ケースでは、賃貸人が相続財産清算人の選任を家庭裁判所に申し立て、相続財産清算人に動産の処分をしてもらうことができます（ただし、予納金等の費用がかかります。）。形見分けをしてほしい者は、相続財産清算人に連絡を取り、動産を適宜の時価で買い取りたいと申し出る方法があります。

　5　仮に、相続人が被相続人の動産の廃棄や形見分けをする場合

　上記のとおり、被相続人に多額の債務がある場合、動産の廃棄や形見分けはしない方がよいと考えられます。

第3章　動　産　153

　あえて相続人が形見分けをする場合は、相続人が自前でその動産が無価値であるとの査定書を取るという方法も考えられますが、査定書の妥当性が問題になるおそれがあります。相続債権者から無価値であるから単純承認に当たらないとの確認を得るという方法も考えられますが、相続債権者の同意があれば単純承認にならないという法的な関係はありませんし、相続債権者も面倒がってわざわざ同意してくれるとも思えません。そのため、相続人が自分でリスクを取り、被相続人の債務の額や動産の内容をみて難しい判断をすることになります。

　仮に、事情をよく知らずに相続人が動産の廃棄や形見分けをしてしまった場合であっても、相続放棄を最初から諦めてしまう必要はありません。相続放棄の可否は、最終的には裁判所が判断して決めることですから、相続放棄の申述は行うべきです。

コラム

○死後事務委任と法定単純承認との関係

　死後事務委任と法定単純承認事由の「処分」をどのように考えるべきであるかについては、難しい問題があります。

　被相続人（甲）が委任者となり、受任者（乙）に対して、甲の生前に、自分の死後の事務委任として、動産の廃棄及び形見分けを委任し、乙がそのとおりに動産の廃棄及び形見分けを実行したとします。相続人（丙）に法定単純承認が成立することになるでしょうか。

　上記の方法であれば、甲が処分の指示をしており、実行したのは乙であることから、民法921条1号の「相続人が相続財産の全部又は一部を処分した」ことにはならないようにも思えますが、甲の地位を丙が相続することで結果的に相続人が処分をさせたと解されないか、端的に法定相続人による「処分」を回避するような脱法的な利用は許されないのではないかといった問題が出てきます（遺言法の規律との抵触も問題になります。）。

　このように、一見すると死後の動産処理は死後事務委任でよくありそうな事例のように見えますが、検討すべき事項が多く、答えが出ていない問題ですから、実際には難問であるように思います。

154   第3章　動　産

| Check27 | 放置自動車 |

CASE

　Xは、父から、故郷にある原野の土地を相続したが、相続登記だけ済ませて、そのままにしておいた。最近になって、ご近所の方からの通報で、その土地に自動車が１台放置されていることが分かった。通報者からも、火事や害獣の発生が懸念されるので、すぐに撤去してほしいと言われており、Xとしても放置自動車を何とかしなくてはならないと考えている。

　Xは、どうすれば、放置自動車を撤去できるか。

評　　価

難易度	A	・放置自動車の所有者が判明した場合には、定められた裁判手続に従って強制的に撤去することが可能だが、所有者不明の場合には実務的に不分明な点があり、難易度は上がる。
コスト	B	・放置自動車の所有者が当初不明な場合や、所有者が判明しても任意の撤去に応じない場合には、弁護士に依頼して強制執行手続を取らなければならず、時間と費用がかかる。

検討事項

1　放置自動車の現地調査
2　放置自動車の所有者の捜索
3　債務名義の取得
4　強制執行の申立て

解　　説

1　放置自動車の現地調査

　放置自動車が発見された場合には、今後の各種手続を進める前提として、現地調査をし、放置自動車の状況等を記録化する必要があります。使用済自動車（後述2参照）該当性の判断や、債務名義の取得・強制執行の申立て時の証拠又は疎明資料としての利用が想定されます。

第3章　動産　155

1　記録の作成方法

放置自動車の記録を作成する際には、①放置自動車の性状、②放置自動車の保管状況、③放置自動車と放置された土地の位置関係を明らかにするため、写真や動画による記録を残すことが有用です。

（1）　放置自動車の撮影

放置自動車の全体（前後左右）が分かるように撮影してください。放置自動車の性状を明らかにするためです。

そして、所有者の捜索に当たっては、自動車登録番号標（いわゆるナンバープレート。車両の前後に取り付けられています。）と車台番号（国土交通省が付与する車両に割り当てられた識別番号。国産車ではエンジンルームの奥の隠れた所やダッシュパネルに打刻されていることが一般的で、自動車検査証（車検証）にも記載されています。）が必要となりますので、これらの情報も記録化してください。自動車登録番号標が車体から外されていたり、車台番号が削られている場合には、外された跡や削られた場所を撮影してください。所有者による投棄の意図が明らかになるからです。

また、放置自動車の保管状況を明らかにするため、周囲の状況についても記録化する必要があります。

（2）　現場見取図の作成

放置自動車を強制的に撤去するためには、判決などの債務名義を取得する必要があります。そのためには、放置自動車が自己の所有する土地を占有している事実を主張立証しなければならないので、放置自動車と当該土地との位置関係を明らかにしなければなりません。そこで、かかる位置関係を記録した現場見取図の作成が必要となります。

（3）　その他

可能な範囲で構いませんので、現地調査時に周囲の聞き込みも実施してください。放置開始時期の特定や防犯カメラ映像の入手等が期待できるからです。

2　使用済自動車の該当性判断

使用済自動車とは、自動車のうち、その使用を終了したものをいいます（自動車リサイクル2②）。使用済自動車と判断されると、自動車リサイクル法に基づき、廃棄物とみなされ、自動車の所有者は自治体に登録された引取業者への廃車の引渡しをしなければなりません。自動車の使用の終了の判断に当たっては、①自動車としての用に供する状態であること、②占有者が自動車として継続的に使用する、又は自動車として他者に有償譲渡する意思が客観的に認められること、③自動車として使用されることを前提として、需要に沿った適切な管理がなされていることの3要素が考慮されます。

これらの 3 要素の判断のために準備すべき主な資料は、上記 1 で掲げられた記録となります。

使用済自動車と認定されそうな場合であっても、勝手に自動車を移動させたり、廃車したりすることはできません。自力救済は禁止されているからです。また、使用済自動車の場合（特に自動車登録番号標が外されていたり、車台番号が削られているなどした場合）には、犯罪性の有無（盗難車、犯罪に利用された車両等）を、所轄の警察署に確認する必要があります。

3　本ケースの場合

Xは父から相続した原野の土地を、相続登記だけ済ませてそのままにしておき、放置自動車の発見者もご近所の人のようです。そのため、Xとしては、まずは現地調査を実施し、放置自動車の性状、保管状況、放置された場所等を記録化するところから始めることになります。

2 放置自動車の所有者の捜索

1　捜索方法

（1）　軽自動車以外の自動車の場合

誰でも、運輸支局又は自動車検査登録事務所の窓口で、登録事項等証明書の交付請求をし、これを取得することで、所有者等の登録事項を知ることができます。交付請求に当たっては、原則として、①自動車登録番号の全て、②車台番号の下 7 桁の数字が必要となります。自動車登録番号が不明の場合には、車台番号のみで請求できますが、その場合には車台番号の全桁の数字が必要です。

もっとも、私有地上に放置された自動車の場合には、自動車登録番号のみで登録事項等証明書の交付を受けることができます。その場合には、申請時に、①車両が放置されている場所と②放置期間を報告し、③見取り図と④放置車両の写真を提出する必要があります。

（2）　軽自動車の場合

軽自動車には登録事項等証明書がありません。その代わりに軽自動車検査協会が発行する検査記録事項等証明書がありますが、その請求者は現在の所有者に限られています。したがって、放置自動車が軽自動車の場合には、放置されている土地の所有者は証明書を取得することはできません。

そのため、現在の所有者以外の第三者が軽自動車の検査記録事項等証明書を取得するためには、例えば、弁護士に放置軽自動車の撤去を依頼するなどした上で、弁護士が弁護士会照会制度を通じて所有者の氏名・住所等の情報を取得する方法が考えられます。

第3章 動 産　　157

2　所有者が留保所有権者である場合

　捜索の結果判明した放置自動車の所有名義人がリース会社等の留保所有権者である場合には、留保所有権者に放置自動車の撤去を求めることができる場合があります。判例によると（最判平21・3・10民集63・3・385）、買主と留保所有権者の間で、留保所有権者が期限の利益の喪失による自動車ローンの残債務金額の弁済期が経過した後は買主から当該自動車の引渡しを受け、これを売却してその代金を残債務の弁済に充当することができることとされているときは、上記の弁済期を経過することを条件として、当該留保所有権者に自動車の撤去等を求めることができることとされています。

　したがって、放置自動車の所有名義人が留保所有権者である場合には、とりあえず、当該留保所有権者に当たってみることが考えられます。留保所有権者から残債務の弁済期が経過していないこと等を理由に放置自動車の撤去を拒絶された場合には、弁済期の経過を待つか、真実の所有者である買主を探す必要があります。

3　所有者不明の場合

　自動車登録番号標が外されている、車台番号が削られている等を理由として所有者が不明と判断された場合には、放置自動車の撤去を求めるべき相手が分かりません。そのため、3記載の債務名義の取得の段階に進むことができません。このような自動車の場合には、上述12のとおり、犯罪性の有無が疑われますので、とりあえず最寄りの警察署に問い合わせてください。もっとも、警察が犯罪の嫌疑がないことなどを理由に問合せに対応しない場合には、土地所有者において改めて対応策を考えないといけません。

　まず、自治体によっては、放置自動車の適正な処理に関する条例を制定している場合がありますので、所在地の自治体に問合せをすることが考えられます。こうした条例がある自治体では、自治体自らが、①放置自動車の所有者に撤去指導を実施する、また、②生活環境保全上の支障が発生するなどしている場合には強制的に放置自動車を撤去する権限を有していますので、自治体に依頼することで問題が解決するかもしれません。

　次に、自治体を頼って問題が解決できない場合には、所有者のない動産は所有の意思をもって占有することによってその所有権を取得することができますので（民239①）、土地所有者が自らを所有者として放置自動車を廃棄することが考えられます。また、放置自動車は準遺失物（誤って占有した他人の物、他人の置き去った物及び逸走した家畜をいいます（遺失2①）。）に当たる可能性があるので、遺失物の拾得を理由として放置自動車の所有権を取得することも考えられます（遺失3、民240）。もっとも、無主物の帰属や遺失物の拾得を理由として所有権の取得を主張するに当たっては、自

力救済の誹りを受ける危険性が高いので、実務的にはかなり慎重な事実認定が求められるところです。

4　本ケースの場合

Xが所有する土地上に放置された自動車が軽自動車かそれ以外の自動車か、自動車登録番号標と車台番号は放置自動車に残されているのか、所有者名義人が留保所有権者であるか等が本ケースからは分かりませんので、Xはこれらの事情を調査し、調査結果に応じた対応をすることになります。

③　債務名義の取得

所有者が判明した場合には、所有者に対し放置自動車の撤去を求めます。所有者が任意に応じない場合には、強制的に放置自動車を撤去する必要があります。

1　必要とされる債務名義

放置自動車の強制撤去をするには、④記載の強制執行の申立てをしなければなりませんが、その前提として、放置自動車を撤去して土地の明渡しを命じる判決等の債務名義が必要となります。例えば、判決の主文例は「被告は、原告に対し、別紙車両目録記載の車両を撤去して別紙物件目録記載の土地を明け渡せ。」です。なお、裁判所での口頭弁論を経ることなく発令される支払督促は、金銭の支払命令しかできず、土地明渡命令をすることはできないため、本ケースでは利用に適しません。

また、放置自動車に財産的価値が認められる場合には、後述④記載のとおり、自動車執行の申立てをし、放置自動車を競売する可能性があります。自動車執行の申立てをするには金銭の支払を命じる判決等の債務名義が必要となるので、土地の明渡しとともに、賃料相当損害金の支払命令を取得しておく必要があります。例えば、判決の主文例は「被告は、原告に対し、○年○月○日から前項の土地明渡済みまで1か月○円の割合による金員を支払え。」です。

実務的には、自動車執行の申立てをすることに備えて、土地の明渡命令だけではなく、賃料相当損害金の支払命令も取得すべきです。

2　本ケースの場合

Xの所有する土地上に放置された自動車に財産的価値があるかどうか分かりませんので、訴訟を提起の上、土地の明渡命令に加えて、賃料相当損害金の支払命令を判決で取得すべきです。

④　強制執行の申立て

放置自動車の所有者に対する土地の明渡し・賃料相当損害金の支払を命じる債務名義を取得できたら、①放置自動車に財産的価値がある場合には自動車執行の申立てを、

第3章　動　産

②放置自動車に財産的価値がない又は乏しい場合には土地明渡しの代替執行の申立てをすることになります。なお、放置自動車が財産的価値のある軽自動車の場合には、上記①の自動車執行の申立てをすることができませんので、上記①の代わりに、動産執行の申立てをすることになります。

1　自動車執行の申立ての場合

　放置自動車に財産的価値がある場合には、賃料相当損害金の支払を命じる債務名義に基づき、放置自動車に対する自動車執行の申立てをします。自動車執行の申立てに当たっては、入札又は競り売り以外の方法により売却を実施することに異議を述べない旨の意見を付すことが一般的です。自動車は、時間の経過による価額の下落が著しく、一般的に、入札又は競り売りの方法が適していないと考えられているため、自動車の場合、入札又は競り売りの方法による売却を実施した後でなくてもそれら以外の方法（特別売却と呼ばれています。）で換価を行うことができるとされているからです（民執規96①）。自動車執行の申立てをした場合には、土地所有者が自ら買受人となって自動車の所有権を取得した上で、当該自動車を撤去することが考えられます。

　もっとも、執行実務では、差押えに係る自動車の価額で執行費用を償うことができないため、無剰余の通知（民執63①）がなされることがほとんどだといわれています。そのため、申立人は手続費用の見込額を超える額で買い受けて放置自動車の所有権を取得し、その撤去をすることが想定されます。

2　土地明渡しの代替執行の申立ての場合

　放置自動車に財産的価値がない又は乏しい場合には、土地の明渡しを命じる債務名義に基づき、土地明渡しの強制執行の申立てをします。明渡しの強制執行実施日に執行官が放置自動車を無価値であると判断した場合には申立人にその処理が委ねられることが一般的であるようです。ただ、強制執行の現場において執行官が放置自動車に価値があると判断した場合には債権者保管を命じられる可能性が高く、債権者において撤去後の保管場所を確保しなくてはなりません。

3　本ケースの場合

　Xの場合、原野に放置された自動車ですので、財産的価値が乏しいと思われます。そのため、自動車執行の申立てをすると、無剰余の通知がなされ、放置自動車の時価より高い金額でX自らが買い受ける可能性があります。一方、土地明渡しの代替執行を選ぶと、債権者保管を命じられる可能性があり、Xは保管費用を負担しなければならないかもしれません。いずれの手続も一長一短があるので、放置自動車の性状、保管状況等を勘案して、いずれの強制執行手続をとるかを検討する必要があります。いずれにせよ、実務的には、強制執行やその後の廃車に係る業務に通じる執行業者の方に依頼するのが適当だと思われます。

160　　　　　　　　第3章　動　産

Check28　先祖代々の墓

CASE

　A、B、Cは三人兄弟であり、次男B及び三男Cは既に亡くなっている。Aには配偶者も子もおらず、Bには子X及びYがおり、Cの子はZのみである。

　今般、Aが死亡し、法定相続人は兄弟の代襲相続人であるX、Y及びZの3名となった。

　Aの目ぼしい財産に関する遺産分割協議はまとまったが、交通の便の悪い地方の山中にA、B、Cが埋葬されている先祖代々の墓があり、その扱いについて意見が一致しない。Xは3名のうちの誰かが墓を維持すべきと考えており、YはX、Y、Zとも通いやすい都心の霊園への改葬を希望しており、Zは次世代以降の負担も考えて墓じまいをしたいと考えている。

　どのような解決方法が考えられるか。

評　　価

難易度	C	・法的な解決方法（祭祀承継者の指定、墓地経営主体との墓地使用規則等に基づく権利義務確定、市区町村長に対する改葬許可申請等）は存在する。
コスト	B	・改葬や墓じまいのため、既存の墓を撤去するに際しては、墓地により一定のお布施の支払や墓石の撤去等の費用がかかる。 ・場合により祭祀承継者指定の審判を受ける必要がある。

検討事項

1　現在の墓の契約関係の確認
2　改葬に要する手続や費用等の確認
3　墓じまいに要する手続や費用等の確認
4　祭祀承継者の指定方法

第3章 動　産　　161

解　説

1　現在の墓の契約関係の確認

　墓を維持するにしても、改葬するにしても、いわゆる墓じまいをするにしても、墓の収扱いを決める権限は墓地使用権者にあります。本ケースの墓はA、B、C三兄弟が共に埋葬されている先祖代々の墓ということですが、A死亡時点での墓地使用権者が誰の名義となっているか分かりません。墓地使用権者が亡くなった場合、墓地使用権は祭祀承継者が承継しますから、Cの名義となっていれば通常はZが承継することとなるでしょうし、AやBの名義となっている場合にはそれぞれX、Y、Zの3名、X、Yの2名の中から祭祀承継者を決めることになるのが通常と考えられますが、いずれにせよ、まずは誰が墓地使用権者かを確定する必要があります。

　そのため、最初の対応としては墓地の経営主体に墓地の使用権者が誰名義となっているかを照会することになります。

　墓地の経営には都道府県知事（市又は特別区にあっては市長又は区長）の許可を得なければならず（墓地10①・2⑤）、この許可については「墓地経営・管理の指針等について」（平12・12・6生衛発1764）により、原則として地方公共団体に対して与えられ、民間では宗教法人又は公益法人のみに与えることとされているため、通常は墓地の所有者を調査したり、現地に赴いて管理棟や看板を確認することにより経営主体を確定することが可能と考えられます。もっとも、先祖代々の墓ということだと墓地埋葬法施行前に設置された村落の住民の共同管理による墓地（村落墓地）や個人が自己所有地内に設ける墓地（個人墓地）の可能性もあり、この可能性も排除せず調査をすることになるでしょう。

　また、Xが考える今後も現在の墓を維持する場合の費用等の検討のため、墓地の経営主体には使用権者のみならずその使用条件（使用料等）も照会すべきでしょう。

2　改葬に要する手続や費用等の確認

　続いて、Yが考える改葬に要する手続や費用等について検討します。

　改葬のためには、現在の墓地がある市区町村長から改葬許可を受ける必要があり（墓地5①）、当該許可に当たっては現在の墓地の管理者が発行する埋葬証明書を添付しなければなりません（墓地規2②）。また、申請書には改葬場所を記入する必要があり、これを確認するため改葬先の墓地管理者が発行した受入証明書・使用許可証などの添付が求められることが一般的です。改葬許可が下りたら、改葬許可証を現在の墓地の管理者に示して（改葬許可証原本は改葬先の墓地に提出するため、現在の墓地に渡して

はいけません。）、遺骨を取り出し、墓石等を撤去して更地にした上で現在の墓地の管理者に土地を返還します。そして、改葬先の墓地に改葬許可証を提出し、取り出した遺骨を移して改葬します。これに先立って改葬先の墓地に墓石等を設置することになるでしょう。なお、改葬許可証は埋葬者1体につき1枚必要です。手続については市区町村によって差異があり、また、多くの市区町村のウェブサイトで一定の説明がされていますので、まずは現在の墓地がある市区町村のウェブサイトを確認の上、担当課に相談してください。

　費用面については、上記の手続のうち、改葬許可申請そのものの手数料は無料ないし1枚当たり数百円程度です。ただし、墓地によっては埋葬証明書の発行時に手数料（「離檀料」といわれることもあります。）や、遺骨を取り出す際の法要（「魂抜き」といわれることもあります。）のため、数十万円単位の費用（お布施等）がかかることがあります。これらの費用については、墓地の使用規則を確認する他、あらかじめ現在の墓地の管理者に相談しておく必要があるでしょう。また、当然ながら改葬先の墓地の使用料、埋葬に当たり必要となる費用（法要代も含みます。）も確認しておく必要があります。その他、墓石等の取壊しや新たな墓石等の設置のいずれについても、墓石業者に依頼することとなるでしょうから、見積りを依頼して費用の見通しを立てることになります。

3　墓じまいに要する手続や費用等の確認

　最後に、Zが考える「墓じまい」に要する手続や費用等について検討します。

　「墓じまい」と呼ばれるものにも、現在の墓から取り出した遺骨の取扱いにつきいくつかの選択肢があり、永代供養付の納骨堂や合祀墓等に埋葬する、手元供養をする、散骨等を行うといった方法が考えられます。

　まず、永代供養付の納骨堂や合祀墓等への埋葬は、法的には改葬と同じであり、上記2と同じ手続を行うこととなります。この場合、一括で永代供養料を支払った後は追加の費用は必要なく、供養も祭祀承継者ではなく墓地の管理者が行うため、以後、祭祀承継者が何らかの義務を負うことはありません。なお、遺骨については一定期間個別に納骨又は埋葬した後に合祀墓に入れる場合と、最初から合祀墓に入れる場合があります。

　次に、手元供養の手続については墓地埋葬法上の定めがなく、上記2の改葬手続のような市区町村長の許可は必要とされていません。したがって、現在の墓地の使用規則や墓地の管理者との協議に従って遺骨を取り出し、墓石等の撤去を行えば、それ以上の手続や費用は不要となります。ただし、遺骨は墓地以外の区域に埋蔵することが

第3章　動　産　163

できないため（墓地4①）、手元供養に当たっては埋蔵に当たらないような態様で行わなければならないことに注意が必要です。また、遺骨を墓地に埋蔵するには火葬許可証、分骨証明書、改葬許可証といった書類が必要ですが、手元供養していた遺骨を後に墓地に埋蔵する際にはこれらの書類の用意が困難である可能性が高く、再度墓地に埋蔵する可能性がある場合には慎重な検討が必要になるでしょう（火葬許可証は通常最初の埋葬の際に使用済みで再取得はできません。また、改葬許可証は改葬先が決まっていない間は取得できず、一方で現在の墓地から遺骨を取り出した後では改葬許可申請に必要な埋蔵証明書は発行を受けられないと考えられます。分骨証明書の取得を検討することはあり得ますが、今回のケースでは分骨の意向があるわけではないため、そのような便宜的な証明書の発行が認められるか疑義があります。）。

　最後に、散骨等をする場合ですが、これについても手元供養と同様、遺骨を現在の墓地から取り出すことについて墓地埋葬法上は何らの手続も必要とされておらず、現在の墓地の使用規則等に従って遺骨を取り出し、墓石等の撤去を行うことになります。また、散骨自体にも法律上の規制はありません。ただし、地方自治体により条例を定めていたり、環境や周辺住民への配慮から一定の場所での散骨を避けるよう求めている場合もあるため、散骨を行おうとしている地方自治体に相談した方がよいでしょう。散骨自体に要する費用は手法により様々ですが、例えば海洋散骨については業者に委託して船をチャーターするのが一般的であり、数万円～数十万円（船を他者と共用するかにより変わるようです。）程度かかるといわれています。

4　祭祀承継者の指定方法

　上記 1 で述べたとおり、墓の取扱いを決める権限は墓地使用権者にあるところ、仮に今回のケースで墓地使用権者がA名義となっていた場合、亡きAに代わり墓地使用権者となるべき者を定める必要があります。

　墓地使用権は祭祀財産を構成する系譜・祭具・墳墓（民897①）のうち墳墓に含まれると解されており（大阪高決昭59・10・15判タ541・235）、祭祀財産は一般の相続財産とは区別され、祭祀承継者が承継することとされています（民897①）。

　そのため、今回のケースではAの祭祀承継者が墓地使用権を承継することとなりますが、その指定方法については以下の順序によります（民897①②）。

　まず、Aによる祭祀承継者の指定があればこれが最優先されます。指定の方法に限定はなく、遺言、遺言以外の書面、口頭等どのような方法によってもよく、また、明示であると黙示であるとも問いません。指定対象者の資格にも制限はなく、相続人であることはおろか、血縁の有無も問いません。相続のような放棄の制度がなく、指定

された者は放棄や辞退をすることができません。

　Aの指定がない場合には慣習によって定められ、更に慣習が明らかではないときは家庭裁判所の審判（家事別表第2⑪の審判事件）によって指定されることとなります。

　相続人の協議によって指定できるかについては、民法上明文の規定がなく、裁判例ではこれを肯定したもの（東京地判昭62・4・22判タ654・187）も、被相続人の指定がない限り認めないとしたもの（広島高判平12・8・25家月53・10・106）もあります。学説上は否定する理由がないとして認めるのが通説であり、実務上も相続人の協議により指定できることを前提に手続が進められていることが多いでしょう。

　よって、今回のケースでも、Aの指定がなければX、Y、Z間で協議して祭祀承継者を定めることが考えられ、その際にはX、Y、Zが主張する墓の取扱いについて上記のような費用や手続的負担を勘案することになると考えます。そして、仮に協議が調わない場合には、家庭裁判所（原則として相続発生地、つまりAの最後の住所地を管轄する家庭裁判所）に対し、祭祀承継者指定の審判の申立てをすることになります。

　ここで、家庭裁判所の審判における判断基準としては、東京高裁平成18年4月19日決定（判タ1239・289）が、「承継候補者と被相続人との間の身分関係や事実上の生活関係、承継候補者と祭具等との間の場所的関係、祭具等の取得の目的や管理等の経緯、承継候補者の祭祀主宰の意思や能力、その他一切の事情（例えば利害関係人全員の生活状況及び意見等）を総合して判断すべき」とした上で、「祖先の祭祀は今日もはや義務ではなく、死者に対する慕情、愛情、感謝の気持ちといった心情により行われるものであるから、被相続人と緊密な生活関係・親和関係にあって、被相続人に対し上記のような心情を最も強く持ち、他方、被相続人から見れば、同人が生存していたのであれば、おそらく指定したであろう者を承継者と定めるのが相当である。」と判示しており、実務上はこの一般論を前提に具体的な事情を当てはめて見通しを立てることになるでしょう。

　今回のケースでいえば、X、Y、ZそれぞれとAの生前の交流状況等が重視されるものと考えますよ。

第3章 動 産 165

| Check29 | 船 舶 |

CASE

Ｘの父親Ａは船舶を所有しているが、高齢となり操舵できなくなったため、そろそろＸに譲り渡したいと考えているところ、Ｘは船舶免許を持っておらず、船舶を所有するつもりはない。

ただ、高齢のＡは自ら第三者への譲渡手続をすることが困難なので、Ｘは、生前贈与により、船舶を譲り受けて一旦自らの所有にした上で、第三者への譲渡の機会をうかがい、譲渡先を見つけようと考えている。どのような手続が必要となるか。

評 価

難易度	C	・小型船舶の譲渡には、譲渡証明書の交付のほか、所有権の移転登録や船舶検査証書の書換手続が必要となる。 ・大型船舶の譲渡には、所有権移転登記のほか、船舶原簿の変更登録及び船舶国籍証書の書換手続、船舶検査証書の書換手続が必要となる。
コスト	C	・各手続に必要な所定の手数料のみ。

検討事項

1. 船舶の大きさと適用法令
2. 総トン数について
3. 小型船舶の場合
4. 大型船舶の場合
5. 漁船として使用されていた場合
6. 船舶先取特権及び船舶抵当権

解　説

1　船舶の大きさと適用法令

　モーターボート、水上バイク、プレジャーボートなどの総トン数20トン未満の船舶は、小型船舶の登録等に関する法律2条により「小型船舶」とされ、小型船舶登録原簿に登録を受けたものでなければ、原則として航行できません（小型船舶登録3）。

　他方、総トン数20トン以上の船舶は、上記の小型船舶に対して、通称「大型船舶」と呼ばれています。大型船舶の所有者は、所有権保存登記（船登令14）をする必要があり、さらに、船舶原簿に登録し、船舶国籍証書の交付を受けなければなりません（船舶5）。

　以上のとおり、船舶の大きさにより適用法令が異なるので、船舶の譲渡に関して必要な手続にも差異があります。

2　総トン数について

　総トン数とは、船舶の大きさを表すための指標ですが、重量ではなく、容積を表しています。

　すなわち、総トン数は、船体及び船室などによって囲われている空間の容積であり、基本的には、上甲板（一番上の甲板）より下の船体主部の容積と、上甲板の上にある船室等の構造物の容積を合算することにより算定されます（船舶トン数4②・5②）。

3　小型船舶の場合

1　小型船舶の検査・登録

　小型船舶の検査・登録は国土交通省の所管ですが、国土交通大臣は、小型船舶の検査・登録に関する事務を、小型船舶検査機構に行わせることができます（船舶安全25の2③、小型船舶登録21①）。

　そして、これらの法律に基づき、日本小型船舶検査機構（JCI）が小型船舶の定期的な検査を行うことになっており、検査に合格した小型船舶には、最大搭載人員などの航行上の条件を定めた船舶検査証書、及び検査時期などが記載された船舶検査手帳が交付されます。この船舶検査証書及び船舶検査手帳は、船内に備え置く必要があります（船舶安全則40・46④）。

　また、小型船舶は、小型船舶登録原簿に登録しなければ原則として航行できないため、登録未了の小型船舶については、JCIに対し、新規登録の申請をする必要があります。

第3章　動　産　　167

　なお、小型船舶の検査・登録は、全国31か所にあるJCI支部で行うことができます（2024年8月1日現在）。小型船舶の登録事項証明書は、どこのJCI支部でも交付をしてもらうことができます。

2　小型船舶の譲渡

　小型船舶を譲渡する場合は、JCIから交付された船舶検査証書及び船舶検査手帳とともに、当該船舶を譲渡した旨と譲渡年月日、船体識別番号などを記載した譲渡証明書を、新所有者に交付する必要があります（小型船舶登録19①）。

　また、新所有者が、小型船舶の所有権の移転を第三者に対抗するためには、移転登録をする必要があります（小型船舶登録4）。この移転登録をするためには、新所有者が、譲受日から15日以内に、JCIに対して移転登録の申請をしなければなりません（小型船舶登録10①・21①）。

　さらに、船舶検査証書について所有者の書換手続が必要となります（船舶安全則38①）。この書換手続は、JCIに、船舶検査証書及び船舶検査手帳を提出して申請する必要がありますが、新所有者が、JCIに対して上記の移転登録申請をすると同時に船舶検査証書及び船舶検査手帳を提出すれば、その書換手続が完了します。

3　当てはめ

　船舶の生前贈与を受けようと考えているXは、まずは、小型船舶かどうかを確認する必要があります。船内に備え置かれている船舶検査証書・船舶検査手帳の作成者がJCIであれば、小型船舶であるということになります。

　小型船舶であることが確認できれば、AからXへの譲渡証明書を準備して、船舶検査証書及び船舶検査手帳とともにAから交付を受ける必要があります。

　その上で、Xは、譲受日から15日以内に、JCI支部で所有権移転登録申請を行うとともに、船舶検査証書について所有者の書換手続を行う必要があります。

4　大型船舶の場合

1　大型船舶の検査・登録

　大型船舶の検査・登録も国土交通省の所管であり、管海官庁（各地の地方運輸局、運輸支局等）が、大型船舶の定期的な検査や登録の事務を行います。

　大型船舶は、まず、法務局において所有権保存登記（船登令14）をした上で、管海官庁において船舶原簿に登録し、管海官庁から船舶国籍証書の交付を受ける必要があります（船舶5）。この船舶国籍証書は、船内に備え置く必要があります（船員18）。

　また、検査に合格した大型船舶に対しては、船舶検査証書・船舶検査手帳が交付され、これらも船内に備え置く必要があります（船舶安全則40・46④）。

2　大型船舶の譲渡

大型船舶の譲渡については、法務局において所有権移転登記をしなければ、新所有者はその所有権を第三者に対抗することができません。

また、新所有者は、譲渡の日から2週間以内に、管海官庁において船舶原簿の変更登録及び船舶国籍証書の書換手続をする必要があります（船舶10・11）。

さらに、船舶検査証書についても所有者の書換手続が必要となります（船舶安全則38①）。

3　当てはめ

Xとしては、船内に備え置かれている船舶検査証書・船舶検査手帳の作成者を確認し、それが地方運輸局、運輸支局等であれば、大型船舶であるということになりますので、法務局における所有権移転登記が必要となります。

また、Xは、譲渡の日から2週間以内に、管海官庁において船舶原簿の変更登録及び船舶国籍証書の書換手続をするとともに、船舶検査証書についても所有者の書換手続が必要となります。

5　漁船として使用されていた場合

漁船（総トン数1トン未満の無動力漁船は除きます。）は、漁船原簿に登録を受けたものでなければ使用できません（漁船10①）。

つまり、漁船として使用されていた船舶は、漁船原簿に登録されていると考えられます。

譲り受けた船舶を漁船として使用しない場合は、まず、小型船舶登録法に基づいて漁船以外の種類の船舶に登録変更し、漁船法に基づく漁船登録票を返納する必要があります（漁船20①一）。

また、併せて、漁船に表示されている登録番号（漁船16）を遅滞なく抹消しなければなりません（漁船20③）。

6　船舶先取特権及び船舶抵当権

大型船舶には、船舶に関する特定の債権について先取特権（船舶先取特権）が認められます（船舶35①、商842）。また、商行為をする目的で航海の用に供する小型船舶（漁船を含みます。）にも、船舶先取特権が認められます（商842・684）。

船舶先取特権付きの船舶を譲り受けた譲受人は、所有権移転登記をした後、船舶先取特権を有する者に対し、一定の期間（1か月以上の期間）内にその債権の申出をすべき旨を公告しなければなりません（商845①）。

第3章　動　産　　　169

　この場合において、船舶先取特権を有する者がその一定期間内に債権の申出をしなければ、その船舶先取特権は消滅します（商845②）。

　また、船舶先取特権は、発生後1年を経過したときは消滅します（商846）。

　大型船舶には、抵当権を設定することもできます（商847①）。

　他方、小型船舶は、登記ができないため抵当権の目的とすることができませんが、それが漁船である場合には、農業動産信用法施行令2条2項各号に定める団体（銀行、信用金庫、信用組合など）に対する債務を担保する場合に限り、抵当権を設定することができます（農動産12、農動産令1九）。

　以上のとおり、大型船舶に設定された抵当権の有無は登記を見れば分かりますが、先取特権の有無については公示されないので、Xとしては船舶の譲渡前に、船舶先取特権が認められる債権（商842一～五）が発生しているかどうかを調べておく必要があります。

第 4 章

債権債務

172

第4章　債権債務　　173

Check30　実態不明な会社の債権債務

CASE

　Ｙ社の唯一の取締役であり、Ｙ社の一人株主であるＡが急に亡くなった。な
お、Ａの法定相続人はＸ一人であるところ、Ｘは既に別会社で働いており、Ｙ社
の経営を引き継ぐつもりはないが、Ａは急死したため、Ｙ社の清算等の法的手
続はとられていない。

　Ｙ社の近年の経営実態は、Ａへの役員報酬の支払も滞っており、Ａ自身の預
金を取り崩してＹ社に貸し付け、従業員の給与支払等に回していた。

　Ａの相続財産には、Ｙ社株式及びＹ社への多額の貸付金が含まれているが、
その詳細について、Ｘ自身把握できていない。

　Ａの相続に関し、Ｘはどのような調査をすることができ、また、自己への相続
を実現するため、又はリスク回避のためどのようなことが可能であるか。

評　価

難易度	C	・問題点はいくつかあるが、いずれも調査方法等は存在している。 ・相続財産の換価可能性が低く、被相続人自身に多額の借入れや保証債務が存在している可能性がある場合には相続放棄も選択肢として検討することが可能。
コスト	C	・会社に帳簿等がそろっているようであれば、多額の費用を要せず調査を実施することは可能。 ・会社の会計調査費用、自宅の査定費用、M&Aの協力会社へのコンサル料等、選択肢によっては各種専門家への費用が必要。

検討事項

1　Ｙ社の財務状況等の調査
2　Ｙ社からの貸付金回収可能性の確認、Ｙ社株式の有償譲渡可能性の調査
3　債権放棄、会社清算、相続放棄等の検討

解　説

1　Y社の財務状況等の調査

　Aの相続財産にはY社関連のものが含まれています。そこで、これらの遺産に関しては、Y社の財政状況等から状況を確認することとなります。

　Y社は、近年、赤字経営となっており、Aの個人資産を注入して、会社を維持していたという状況なので、会社内の現預金等はあまり残っていない可能性があります。若しくは、売上げや現預金はあるものの、それ以上に借入金の返済や仕入れ先や、協力会社への毎月の支払が発生している可能性等もあり得ます。

　そこで、まずは、Y社の財務状況を確認することがスタートになります。Y社の税務申告書や決算書などがあるかどうか、ある場合にはそれら書面の中で、Y社の財務状況がどのように評価されているかを見ていくこととなります。もし、Y社の税務申告書や決算書などが発見できない場合には、Y社の経理担当、Aの右腕として働いていた従業員、確定申告等を依頼していた税理士に相談してみるのもよいでしょう。

　次に、3とも関連してきますが、AがY社の代表者として、主要な取引先金融機関との間で保証契約を締結していたり、取引先との間の基本契約においてY社の債務の保証を行っていたりすることもよくあるので、Y社に決算資料や契約書等がある程度そろっているようでしたら、取引している金融機関との金銭消費貸借契約書や、取引先との基本契約書等も、確認することをお勧めします。取引している金融機関との金銭消費貸借契約書が見当たらない場合には、金融機関の担当者と面談して契約内容の確認をしたり、Aが所有していた自宅土地建物の謄本を取得し、当該金融機関の根抵当等が設定されているかを確認するのも、一つの方法です。

　Xは、このY社の財務状況等の調査を早急に実施して、AのY社に対する貸付金等を回収できる可能性や、Aの負担する債務の有無を確認していきましょう。3で検討する相続放棄も視野に入れる必要がある場合には、申述を行える期間に制限があるので、より注意が必要です。

2　Y社からの貸付金回収可能性の確認、Y社株式の有償譲渡可能性の調査

1　Y社からの貸付金回収可能性の確認

　Y社の資産状況等が、例えば、取引先との支払サイトの関係で、年数回、資金繰りが苦しくなるものの、一年通して考えれば、利益が出ている等の稀有なケースを除けば、代表者が資産をつぎ込み、給与（役員報酬）を数年にわたって受け取っていない会社に潤沢な現預金がある場合は多くありません。そのため、Y社の資産の中で高額

第4章　債権債務　　175

で売却できるものがあり、かつ、その資産を換価できたとか、Y社を取り巻く経済環境が大きく変化し、黒字転換できた等の特段の事情がない限り、Xは相続したY社への貸付金返済を受けることが難しいことが多いでしょう。ただし、Y社の取締役はAのみであったことから、Aの死後、Y社を動かしていくためには、新たな取締役を選任する等の手続を取る必要もあります。

　もし、Y社に現預金はほとんどないが、その他の資産等が潤沢にある場合には、後述の会社清算を実施して貸付金を回収するということも考えられます。他方、Y社に資産等もなく、Aの死亡により会社継続も困難という場合には、Xとしては回収可能性がないので、債権放棄等を検討することになります。なお、貸付金は相続財産となり相続税が課税されるため、このような事態を回避するためには、相続発生前から、債権放棄等によってAのY社に対する貸付金を消滅させることも検討するのが望ましいです。

2　Y社株式の有償譲渡可能性の調査

　次に、Aの遺産にはY社の株式全部も含まれています。そして、XにY社経営の意思がないことから、Y社の事業ないしY社株式の換価の可能性について、調査・検討することも考えられます。

　Y社に大きな自社工場がある、高額の機械を導入していてこれを扱える職人が存在している、特殊な製品を作成していて優良な取引先を複数抱えている、優良な特許等の権利を保有している等の場合には、Y社をM&A等で取得したいという会社が出てくる可能性があります。また、人手不足が続いている昨今において、多くの職人・従業員を雇っている会社を吸収し、人手不足を解消したいと考える会社も存在しています。そこで、Xとしては、Aの遺産を相続した上で、Y社株式を第三者に売却するという選択が可能か、Y社に市場価値があるかどうかを調査するということも考えられます。また、Y社を別の会社に売却するのではなく、これまでY社を支えてきてくれていた従業員（例えば、Aの右腕的に働いてきた従業員）に、Y社の株式を譲渡し、当該従業員に以降のY社を切り盛りしてもらうという選択肢もあり得ます。このようなMBO（従業員承継）を検討する場合、Y社株式の価値のみに着目するのではなく、AのY社への貸付金回収可能性の増加の有無等も視野に入れて、Aの遺産相続全体にとってプラスの効果があるか視点で検討するのがよいでしょう。その中には、Aが生前「Y社を100年企業にしたい」と、「自分の死後はα（特定の従業員の名前）に会社を継がせたい」等と希望していた等の事情があったら、これを考慮するかどうかという部分も含まれます。

　なお、M&AやMBOを具体的に検討するに際しては、先に行った貸付金回収可能性

の検討の際の契約書チェックとは比べものにならない財務、法務等のデューデリジェンスが行われることとなります。取締役議事録や株主総会議事録、不動産や動産、車両や設備に関連する資料、仕入れや販売に関する資料、許認可や知財、雇用関係に関する資料等、どこまで準備可能か、Ｙ社の従業員のみならず、Ｙ社と関係している税理士や社労士等に相談が必要となるケースも多いでしょう。

③ 債権放棄、会社清算、相続放棄等の検討

　Ｙ社からの貸付金回収可能性（現在のみならず、将来的にも）が低い場合には、Ａとしては Ｙ社に対する債権として貸付金を保有し続ける理由がないというケースもあります。そのような場合には、Ｘとしては、Ａの遺産を相続した上で、Ｙ社を切り離し、Ｙ社に対する貸付金を債権放棄するという選択肢もあります。ただし、一旦相続をする以上は、回収が困難な貸付金も、相続財産として相続税の課税対象になることに注意が必要です。

　そして、Ｙ社のM&Aを検討したが買受け候補者も見つからず、また従業員にもＹ社代表となってまでＹ社の存続を希望する者がいない等の場合には、Ｘとしては、Ａの遺産を相続した上で、Ｙ社を清算するという選択肢もあります。もちろん、清算を実施するとなると、法的手続の負担が発生するので、短絡的にお勧めするものではありませんが、Ａの相続を受ける唯一の相続人としてＡが生前に残したものについての始末をつけたいという希望を持たれる方もいるため、選択肢として検討することが考えられます。また、Ｙ社を清算することにより、Ａが生前、Ｙ社関連で負っていた負債の有無等を確認・整理することができるため、予想外の請求を受けるリスクを軽減できるという側面もあります。

　また、Ａの相続財産として、挙げられているＹ社への貸付金、Ｙ社株式については実質無価値というだけでなく、自宅土地建物にＹ社関連の根抵当等がびっしり付いており、自宅土地建物についても換価価値が残っていない等のケースもあります。そして、Ａ自身もＹ社の連帯保証だけでなく、会社に資金を注入するため、個人的な借入れをしていた等の事実が判明した場合には、ＸはＡの遺産を相続するのではなく、相続放棄をして、相続人としての地位から離脱することも検討することが好ましい場面もあり得ます。

　会社経営を行っていた者の相続の場面では、債権の額面だけを見るのではなく、現実的な回収可能性を検討し、さらには、当該会社との関連で被相続人が債務を負担していないか、収集可能な資料を基に分析していくことが好ましいといえるでしょう。

第4章　債権債務　　177

| Check31 | 親族への貸付金 |

CASE

父が亡くなった後に、父の自宅から、叔父の借用書が発見され、叔父が父から1,000万円を借りていたことが分かった。叔父には1,000万円を支払えるとは思えないが、このまま放置しておいてよいか。

評　価

難易度	C	・方針さえ決まれば、対策のための書面作成等の難易度は高くない。
コスト	B	・被相続人にかかる相続税が発生する可能性がある。 ・他方、生前に対策をとる場合、債務者等に贈与税、所得税が発生する可能性がある。

検討事項

1　親戚への貸付金と相続税
2　回収不能の場合の対応

解　説

1　親戚への貸付金と相続税

親族間、特に近い親族間での金銭の貸し借りの場合、明確な返済期限が定められていなかったり、その関係の近さから、返済の督促をしない、あるいは、督促しづらいといった事情があり、長期間にわたり返済がなされていないままになっている、ということがあります。

このような貸付金は、当事者間で全く返済を期待しておらず、返済実績もないというような場合には、実質的には、貸主から借主への贈与に該当する可能性がありますが、貸主や借主に相続が発生している場合は、貸付け当時の事情が分からず、実態がよく分からないため、どのように対応してよいか悩むことがあります。

この点、国税庁タックスアンサーNo.4420によると、「親と子、祖父母と孫など特殊

の関係がある人相互間における金銭の貸借は、その貸借が、借入金の返済能力や返済状況などからみて真に金銭の貸借であると認められる場合には、借入金そのものは贈与にはなりません。」「なお、実質的に贈与であるにもかかわらず形式上貸借としている場合や『ある時払いの催促なし』または『出世払い』というような貸借の場合には、借入金そのものが贈与として取り扱われます。」とされています。

親戚への貸付金が、真に、金銭消費貸借契約に基づく貸付金に該当する場合には、被相続人の遺産を構成することとなり、相続税の課税対象財産となります。

そのため、「これは贈与だ」と安易に判断して、相続税申告の際に課税対象財産として計上しないと、後日、税務調査がなされた場合に申告漏れを指摘される可能性があるので、本ケースのような借用書が出てきた場合には、これを相続税の課税対象として申告すべきか否かは、借用書の内容や従前の経緯を踏まえて、税理士ともよく相談する必要があります。

2 回収不能の場合の対応

1 相続税の課税対象から外す方法

（1） 回収可能性の検討

被相続人の親戚に対する「貸付金」が、贈与ではなく真の貸付金であった場合でも、親戚がこれをきちんと返済してくれれば余り問題はありませんが、本ケースのように親戚に資力がなく、回収不能が見込まれる場合は、相続税はかかるのに回収はできないという「負」の資産となります（ただし、そもそも被相続人について相続税が発生しない場合には、このような問題は発生しません。）。

（2） 相続税評価額が不算入となる場合

この点、財産評価基本通達205「貸付金債権等の元本価額の範囲」によると、「その債権金額の全部又は一部が、課税時期において次に掲げる金額に該当するときその他その回収が不可能又は著しく困難であると見込まれるときにおいては、それらの金額は元本の価額に算入しない。」とし、債権の元本のうち回収が困難又は不可能と見込まれる額については、相続財産の評価額に算入しないとしていますが、この例として規定されているのは、以下のとおり非常に限定的な場合です。

① 債務者について次に掲げる事実が発生している場合におけるその債務者に対して有する貸付金債権等の金額（その金額のうち、質権及び抵当権によって担保されている部分の金額を除きます。）

　㋐ 手形交換所（これに準ずる機関を含みます。）において取引停止処分を受けたとき

(イ)　会社更生法の規定による更生手続開始の決定があったとき

　(ウ)　民事再生法の規定による再生手続開始の決定があったとき

　(エ)　会社法の規定による特別清算開始の命令があったとき

　(オ)　破産法の規定による破産手続開始の決定があったとき

　(カ)　業況不振のため又はその営む事業について重大な損失を受けたため、その事業を廃止し又は6か月以上休業しているとき

② 　更生計画認可の決定、再生計画認可の決定、特別清算に係る協定の認可の決定又は法律の定める整理手続によらないいわゆる債権者集会の協議により、債権の切捨て、棚上げ、年賦償還等の決定があった場合において、これらの決定のあった日現在におけるその債務者に対して有する債権のうち、その決定により切り捨てられる部分の債権の金額及び次に掲げる金額

　(ア)　弁済までの据置期間が決定後5年を超える場合におけるその債権の金額

　(イ)　年賦償還等の決定により割賦弁済されることとなった債権の金額のうち、課税時期後5年を経過した日後に弁済されることとなる部分の金額

③ 　当事者間の契約により債権の切捨て、棚上げ、年賦償還等が行われた場合において、それが金融機関のあっせんに基づくものであるなど真正に成立したものと認めるものであるときにおけるその債権の金額のうち②に掲げる金額に準ずる金額

　（3）　該当性の判断

　なお、財産評価基本通達205は、上記（2）の事由に限定せず「その他その回収が不可能又は著しく困難であると見込まれるとき」も不算入を認める規定となっていますが、この要件該当性は、上記（2）の事由と同視できる程度に債務者の資産状況及び営業状況等からみて事業経営が破たんしていることが客観的に明白であって、債権の回収の見込みのないことが客観的に確実であるといい得るときであると解するのが相当とされ（平19・10・10裁決　裁事74・414、平21・5・19裁決　裁事77・444）、債務者が個人である場合には、債務者の債務超過の状態が著しく、その者の信用、才能等を活用しても、現にその債務を弁済するための資金を調達することができないだけでなく、近い将来においても調達することができる見込みがない場合も含まれるとされています（平24・9・13裁決（大裁（諸）平24-24））。

　この該当性の判断は、他の借入金の有無とその返済状況、課税実績、不動産や預金等の資産保有状況等から総合判断するしかありませんが、実際の運用は非常に厳しいとされており、課税対象から外せるか否かは、確実ではありません。

2　相続発生前の対策

（1）　親戚から回収を図る方針の場合

　親戚に対する貸付金について、将来的に親戚やその相続人から回収を図る意向がある場合には、被相続人の相続発生前に、当事者間で金銭消費貸借契約や確認書等を取り交わして債権の存否を確認しておくことが有益です。これは、親戚に相続が発生した場合、事情を知らない相続人から、これは贈与であると主張されて返済をしてもらえないといった事態を回避するためです。

　また、貸付金債務について消滅時効が完成している可能性がある場合で、親戚が時効援用権を放棄してくれる場合には、その旨を明確にした書面を作成することも有益です。

　なお、現実的な解決策として、分割返済の約束を取り交わして、少しずつでも返済をしてもらい回収を図る、ということも考えるべきでしょう。

（2）　回収不能が見込まれる場合

　親戚に資力がないことが明らかな場合は、貸付金が相続税の課税対象財産とならないような対策を検討する必要があります。

　具体的には、以下のような方法で、被相続人の相続発生前に、貸付金を消滅又は移転させてしまうことが考えられます。いずれも税金の負担が発生するので、これらの手段をとる際には、税理士と相談の上、トラブル防止のため、税金の負担が生じる当事者に事前によく説明をしてから実施する必要があります。

ア　債権放棄・債務免除

　被相続人が生前に、親戚に対する貸付金債権を放棄したり、債務免除をすることで、被相続人の資産から貸付金を除外することが考えられます。この方法による場合は、将来、債権放棄、債務免除の事実を証明するために、債権放棄や債務免除の意思を示した通知書（できれば、配達証明付き内容証明郵便）を親戚に送付したり、当事者間で合意書を作成しておくべきです。

　他方、債務免除を受けた親戚は、原則として、免除を受けた債務額について贈与税の負担が生じますが、国税庁タックスアンサーNo.4424によると、「債務者が資力を喪失して債務を弁済することが困難である場合において、債務の免除を受けたまたは債務者の扶養義務者に債務の引受けまたは弁済をしてもらったときは、その債務の弁済をすることが困難である部分の金額については、贈与により取得したものとはみなされません。」とされており、親戚が無資力で弁済が困難と証明できるような場合には、贈与税は発生しないことになります。

イ　消滅時効の援用

貸付金が消滅時効にかかっている場合に、親戚に消滅時効を援用してもらうことにより、貸付金を消滅させることが考えられます。この方法による場合も、将来、時効援用の事実を証明するために、時効援用の意思を示した通知書（できれば、配達証明付き内容証明郵便）を親戚から送付してもらうべきです。

他方、消滅時効を援用した親戚には、原則として、時効の援用により取得した財産の価額、すなわち、時効消滅した債務額が経済的利益となり、取得した日の属する年分の一時所得として、所得税の負担が生じます（国税庁タックスアンサーNo.1493）。

ウ　贈与（債権譲渡）

貸付金債権を、被相続人の生前に、第三者（引き続き被相続人側で保持したければ被相続人の推定相続人等、回収する意思がない場合は債務者である親戚の推定相続人等）に贈与することで、被相続人の経営者個人の資産から貸付金を除外することが考えられます。この方法による場合は、被相続人（贈与者）と受贈者との間で贈与契約書を作成した上で、親戚（債務者）に対して債権譲渡通知（できれば、配達証明付き内容証明郵便）を送付する必要があります。

この場合、債権の贈与を受けた受贈者には、原則として贈与税の負担が生じますが、債権全額を一人に贈与するのではなく、数人に分けて贈与する場合には（例えば、被相続人の妻子に分割して贈与する等）、贈与税の基礎控除額を各人が利用できるため、贈与税の総額を抑えることが可能と思われます。

182　　第４章　債権債務

| Check32 | 支払先不明の債務 |

CASE

　ＸとＹは二人きりの兄弟である。Ｙは芸術家を志していたが全く芽が出ず、次第に両親にも見放され、30歳から40歳の間は衣食住を兄であるＸに頼っていた。その後、ＹはＸの下も飛び出し、以後数十年来音信不通となっていた。

　ある日、警察からＸに、Ｙが亡くなったと連絡があった。Ｙには妻子がなく、ＸとＹの両親も亡くなっていることから、法定相続人はＸのみである。

　Ｘは、音信不通だった間のＹの生活状況が不明であることから、相続放棄の申述をした。

　もっとも、Ｘは、父Ａの死亡時にＹへ相続させる旨遺言のあった現金300万円を手元で保管している。これはどのように処分したらよいか。

評　価

難易度	C	・供託又は相続財産清算人に弁済することにより、手元に残された現金の処分をすることができる。
コスト	C	・相続財産清算人選任の申立て時には、相当額の費用の予納が必要。ただし、相続債務が少額で、費用を含め遺産として残された300万円で賄える場合には予納金は返還される。また、特別縁故者に対する分与を受けられる可能性がある。 ・供託が受け入れられればコストはほぼかからない。

検討事項

1　相続人不存在の場合の供託の可否
2　相続財産清算人選任の申立ての是非

第4章　債権債務　　183

解　説

1　相続人不存在の場合の供託の可否

1　「相続させる」旨の遺言について

Aの遺言は、「現金300万円をYに相続させる」という特定財産承継遺言です（民1014②）。

特定財産承継遺言は、その趣旨が遺贈であることが明らかであるか又は遺贈と解すべき特段の事情のない限り、当該遺産を当該相続人をして単独で相続させる遺産分割の方法が指定されたものと解され、当該遺言において相続による承継を当該相続人の意思表示にかからせたなどの特段の事情のない限り、何らの行為を要せずして、当該遺産は、被相続人の死亡の時に直ちに相続により承継されると解されています（最判平3・4・19判時1384・24）。

かかるAの遺言により、Aの遺産である現金300万円は、Aの死亡時に、遺産分割協議を要することなく、Yが相続により承継していますので、Xは、Yの財産を事実上預かっている状態です。

ところが、本ケースでは、Yが死亡し、Xの相続放棄によりYには相続人が存在しなくなりましたから、Xが300万円を渡す先がありません。

2　供託による義務からの解放

Xは、不当利得に基づく返還義務とするか、事務管理に基づく引渡義務と構成するかはともかく、Yに対し現金300万円を引き渡す義務を負っており、Y死亡後はYに相続人が存在しないため相続財産法人に対しこの義務を負うこととなります。

Xの意向が経済的な利益・不利益にかかわらず、本件に煩わされたくない、すなわち、現金300万円をどうしたらよいか思い悩むことから解放されたいという点にある場合には、現金300万円を供託するという解決手段があります。

以下、上記の義務を免れるため、Xが現金300万円を供託できるか検討します。

3　弁済供託の要件充足性

債務の弁済として供託を行ういわゆる弁済供託の要件は、①債務の目的物が供託可能なものであること、②債務が現存し確定のものであること、③供託原因が存することですが、本件では債務の目的物は金銭なので供託可能であり（①充足）、既に債務は確定的に発生している（②充足）ため、③供託原因があるかについて検討を進めます。

供託原因は、民法494条で㋐弁済の提供をした場合において債権者がその受領を拒んだとき（受領拒否）、㋑債権者が弁済を受領できないとき（受領不能）、㋒弁済者が債権者を（過失なく）確知することができないとき（債権者不確知）のいずれかに該

当する場合に認められます。

債権者が死亡して相続が発生した場合、事実上債権者の相続人が誰であるか知り得ないときには、債権者不確知を原因として供託できるとするのが実務の取扱いです（昭37・7・9民事甲1909）。本ケースでは、Yの相続人はXのみで、Xが相続放棄をすれば、相続人は誰もいなくなり、相続財産清算人が選任されていない場合には誰に弁済すべきか不明となりますので、債権者不確知を原因として供託できる可能性があります。

また、受領不能には、交通途絶等により債権者が履行場所に現れない場合や持参債務における債権者の不在のような事実上のものに限らず、債権者が制限行為能力者であるのに法定代理人がいない場合のような法律上のものも含まれると解されており（石坂次男（高橋巌補訂）『詳解供託制度〔改訂2版〕』26頁（日本加除出版、1991））、本ケースのように相続人が不存在であり被相続人の権利義務が相続財産法人に帰属しているにもかかわらず、相続財産清算人が選任されていないため現に弁済を受領する者がいない場合も、受領不能を原因として供託することができると解されます。

私見では受領不能とする方が論理的なように思いますが、債権者不確知と受領不能のいずれを供託原因とするにせよ、本ケースで供託が認められる可能性は高いと考えます（なお、磯村哲編『注釈民法(12)債権(3)』292頁（有斐閣、1970）では相続人が不存在であるにもかかわらず相続財産清算人が選任されていない場合には、受領不能と債権者不確知のいずれを供託原因にしても供託できるとの見解が紹介されています。）。

4　供託の効果と供託通知

有効な供託を行った場合には、供託の時に対象の債権は消滅するとされており（民494）、本ケースでもXが有効に供託できれば、以後Xは現金300万円をYの相続財産法人に引き渡す義務を負わなくなります。

なお、民法494条に基づき弁済供託をした場合には、弁済者は遅滞なく債権者に供託の通知をしなければならない（民495③）とされていますが、本ケースでは弁済すべき相手方がいないために供託を行うものであり、このように供託の通知をしようにもできない場合には通知を要しないと解されます（水山新一『新供託読本〔第9新版〕』117頁（商事法務研究会、1992））。

② 相続財産清算人選任の申立ての是非

1　相続財産清算人選任の申立ての手続的負担と利点

供託のほか、Xとしては、相続人の不存在を理由として、被相続人をYとする相続財産法人の法定代理人として相続財産清算人の選任を求め、当該清算人に現金300万円を引き渡す方法が考えられます。

第4章　債権債務　　185

　相続財産清算人の選任を求める場合には、高額の積極財産がある場合を除いて相続財産として目ぼしい積極財産がない場合、一般的に100万円（又はこれに官報公告費用相当額を加算した額）を納付する必要があります。

　もっとも、この予納金は、負債等の消極財産の弁済や清算人報酬等の手続費用を積極財産で賄えた場合には返還されるため、場合によっては被相続人の預貯金口座の取引履歴の開示請求や個人信用情報機関への情報開示請求により、被相続人の負債の有無等をある程度調べるのも一つの手段でしょう。

　ここまでの費用と時間をかけて相続財産清算人の選任を申し立てる利点としては、清算の結果、消極財産や手続費用を賄ってもなお積極財産が残った場合には、特別縁故者に対して相続財産を分与する制度があり（民958の2）、Xがかかる分与を受けられれば上記のとおり予納金の返還を受けられる上に積極財産を取得できることとなる点が挙げられます。

　そこで、以下Xが特別縁故者として相続財産の分与を受けられるか検討します。

2　相続放棄をした相続人の特別縁故者該当性

　本ケースのXのように、一方で相続放棄をして相続財産を得ることを拒否した法定相続人が、他方で特別縁故者としての相続財産の分与を求めることは矛盾した行動のようにもみえ、このような請求が認められるかは議論があり得ます。

　この点、広島高裁岡山支部平成18年7月20日決定（家月59・2・132）は、被相続人の唯一の相続人であった長男が相続放棄をした後、特別縁故者として財産の分与の請求をした事例において、その請求を認め当該長男に相続財産を分与する旨決定しました。

　この決定の結論に反対する学説もあるものの（平田厚「相続放棄をした者を特別縁故者と認めて財産分与した事例」民商法雑誌136巻4・5号653頁（2007））、相続放棄をしたことのみで特別縁故者該当性を否定する必要はないとの見解が多いようであり（野々山哲郎ほか編『Q&A相続人不存在・不在者財産管理の手引』147頁（新日本法規出版、2017）、片岡武ほか『家庭裁判所における財産管理・清算の実務』279頁（日本加除出版、2023）、大津千明「相続放棄と特別縁故者に対する相続財産の分与」（平成19年度主要民事判例解説071民法〔相続〕）判例タイムズ別冊22号162頁（2008））、実務も同様の対応をしているようです（裁判所職員総合研修所監「財産管理事件における書記官事務の研究」書記官実務研究報告書第19号280頁（法曹会、2023））。

3　特別縁故者として認められる具体的事情

　特別縁故者として財産分与が認められるためには、①請求者が「被相続人と生計を同じくしていた者、被相続人の療養看護に努めた者その他被相続人と特別の縁故があった者」に当たり、かつ、②相続財産を分与することが相当であると認められることが必要です。

まず、①については、被相続人と生計を同じくしていた者、被相続人の療養看護に努めた者の他、これらの者に準ずる程度に被相続人との間に具体的かつ現実的な精神的・物質的に密接な交渉のあった者で、相続財産をその者に分与することが被相続人の意思に合致するであろうとみられる程度に特別の関係にあった者をいうと解されています（大阪高決昭46・5・18家月25・5・47）。この点、被相続人と長期間音信不通の状態であった場合でも、それ以前において被相続人の種々の面倒を見た上、被相続人失踪後も同人の唯一の相続財産たる不動産を事実上管理してきた者を特別縁故者と認めた事例があります（東京家審昭41・5・13家月18・12・52）。

また、②については、①の特別縁故者該当性の判断において多様な事情が斟酌されることから、実質的には①の判断に取り込まれ、特に財産分与を否定すべき事情がある場合に検討されることとなります。

本ケースでは、XがYの衣食住の面倒を見たことの具体的な負担や相続放棄をすることとした経緯や理由等、様々な事情を相続財産清算人が調査検討し、最終的には裁判所によりXの特別縁故者該当性が判断されますので、Xが特別縁故者に該当するか否かは未知数です。

Xとしては、Yの相続財産に消極財産や手続費用を賄ってもなお積極財産が残るか不明であり、かつ、特別縁故者に対する相続財産分与を受けられるかも不明であるのに、そこまでの手続をとるかどうか、慎重な検討が必要です。

第 5 章

有価証券

188

第 5 章　有価証券　　189

Check33　株券発行会社の株式

CASE

　Aは、甲会社を昭和60年に設立した。甲会社の発行済株式総数は200株であり、Aが設立当初から一人株主である。甲会社の株式を譲渡するには株主総会の承認が必要とされている。設立以来、株式に係る条項について定款の見直しがなされたことはなかった。

　Aは、高齢になったことから平成20年に全株式をXに譲渡したが、その際、甲会社の株券は発行されていない。

　その後、Xは、自身の努力により成長した甲会社をBに売却しようと考えている。Bからは、AとXの間の株式の譲渡は有効なのか、有効であることが確認できないと甲会社の買収には応じられないと言われている。Xは、どのような対策をとればよいか。

評　　価

難易度	B	・株券発行の不当な遅滞がない場合に、株券発行前の株式譲渡の効力は当事者間であっても無効であると解される可能性がある。 ・そのため、Aから甲会社に対し株券発行の請求がなされ、株券が発行され、当該株券の交付をXが受けない限り、A・X間の譲渡が確実に有効だと認められる手段はない。
コスト	B	・Aが協力しない場合には、X・B間の株式譲渡契約で、A・X間の株式譲渡が無効とされた場合に備えた条項（例えば、表明保証等）を整備する必要があり、Xは多額の偶発債務を抱えることになる。

検討事項

|1| 株券発行会社とは
|2| 株券発行会社の株式の譲渡方法
|3| 株券発行前の株式譲渡の効力

解　説

1　株券発行会社とは

1　株券発行会社の定義

　株券発行会社とは、株式に係る株券を発行することを定款で定めた株式会社のことをいいます。平成18年5月1日の会社法施行前は株券を発行することが原則となっていましたが、同法の施行により、原則と例外が逆転し、株式会社は株券を発行しないことが原則となりました。そのため、現在では、株式会社が株券を発行したい場合には、その旨を定款で定めた上で（会社214）、株券発行を決めた日から2週間以内に登記をしなければなりません（会社911③十・915）。

　なお、平成18年5月1日前に設立されていた会社の多くは株券発行会社だったので、実務上の混乱を避けるため、会社法の施行に伴う関係法律の整備等に関する法律（以下「整備法」といいます。）の施行時に既に存在する株式会社や、整備法の経過規定に基づき整備法の施行日以後に設立された株式会社については、定款に株券を発行しない旨の定めが設けられていない場合には、その株式会社の定款には株券を発行する旨の定めがあるものとみなされることとなりました（整備76④）。この場合にも、当該会社の商業登記に株券を発行する旨の記録がなされます。したがって、設立日が古い株式会社については、現在も、株券発行会社である可能性があります。

　もっとも、株券発行会社であっても、必ずしも、株券を発行しなければならないわけではありません。例えば、公開会社ではない株券発行会社は、株主から請求がある時までは、株券を発行しないことができます（会社215④）。また、株券発行会社の株主は、株券の所持を希望しない旨を申し出ることができ（会社217①）、かかる申出があった場合には、株主から株券の発行の請求がなされない限り、株式会社は株券を発行することができません（会社217④）。

2　当てはめ

　甲会社は、昭和60年に設立されていますので、会社法施行前に存在します。また、株式に係る条項について定款の見直しは設立以来なされたことがないとのことです。したがって、甲会社は、上述の整備法の規定に基づき、株券発行会社だとみなされます。実務的には、甲会社の商業登記記録に株券発行会社か否かが記録されていますので、商業登記記録を確認すればすぐに分かります。

　また、甲会社の株式を譲渡するには株主総会の承認が必要とされていますので、甲会社は公開会社ではありません。したがって、甲会社は、Aからの株券不所持の申出の有無にかかわらず、同人から株式の発行を求められるまでは、株券を発行する必要はありません。

第5章　有価証券　　191

2　株券発行会社の株式の譲渡方法

1　株券発行会社における株式の譲渡

　株券発行会社の株式の譲渡は、当該株式に係る株券を交付しないと、その効力は生じません（会社128①）。また、株券の発行前にした譲渡は、株券発行会社に対しその効力が発生しません（会社128②）。かかる規律は、会社の株券発行事務が円滑かつ正確に行われるために設けられていると解されています（山下友信編『会社法コンメンタール3 株式（1）』312頁〔前田雅弘〕（商事法務、2013））。

2　当てはめ

　既述のように、甲会社は株券発行会社なので、平成20年になされたAからXへの譲渡を有効とするには、株券の交付が必要となります。しかしながら、その際に株券は発行されていなかったということですので、Bが指摘するとおり、A・Xの間の株式譲渡の有効性には問題があるといえます。

3　株券発行前の株式譲渡の効力

1　株券発行前の株式譲渡が有効と認められる場合

　既述のとおり、株券発行前の株式譲渡の効力は原則として否定されますが、例外的に株券発行の不当な遅滞がある場合には、株券が発行される前であっても、株主は意思表示のみで有効に株式を譲渡でき、会社は当該株式譲渡の効力を否定することができず、譲受人を株主として取り扱わなくてはなりません（最大判昭47・11・8民集26・9・1489）。もっとも、公開会社ではない株券発行会社は、株主からの請求がある時までは株券を発行する必要はないので（会社215④）、現在では、不当に株券を遅滞する状況は発生しにくくなったといわれています（山下・前掲313頁）。

　株券発行の不当な遅滞がない通常の場合に、株券発行前の株式譲渡が認められる場合があるか否かについては、議論が分かれています。例えば、譲渡後に株券が発行された場合には、「たとえ株式譲渡は株券発行前になされたのであっても、後に株券が発行されたのであれば、当該株券によってあらためて譲渡の手続をとらなくても、株券発行の時から譲渡は会社に対しても効力を生じるものと解してよいであろう」とする見解があります（山下・前掲316頁）。また、会社が積極的に効力を認容できるか否かについては、会社法128条2項が対抗要件ではなく「その効力を生じない」と規定していること等を踏まえて、株券発行前の株式譲渡は当事者間でも効力を否定する必要があるとの見解がある一方、当事者間で株式譲渡の効力を認めることには差し支えなく、会社の側から積極的にその効力を承認してもよいとの見解もあり（山下・前掲316〜317頁）、いずれの見解によるべきか一概に決めることはできない状況にあります。

2 当てはめ

　AからXへの株式譲渡の際にAが甲会社に株券の発行を求めたか否かは定かではありませんが、Aは設立当初から一人株主である以上、Aからの請求を放置して甲会社が株券発行を不当に遅滞しているとは考えられません。そのため、株券発行の不当な遅滞を理由として株券発行前の株式譲渡の効力を認めることは困難なケースであるといえます。

　既述のとおり、株券発行の不当な遅滞がない通常の場合については、株式譲渡の効力について見解が分かれており、いずれかの見解を採用して事案を進めることは実務的には躊躇われるところです。そこで、XからBへの譲渡を実行するための次善の策としては、①甲会社がXに対し株券を発行する（もっとも、甲会社の取締役はXを株主とする株主総会決議により選任されているので、選任決議の有効性が問題とされる可能性があります。）、②甲会社を株券不発行会社に改める（もっとも、株券不発行会社に改めるには定款変更が必要で、定款変更を承認する株主総会決議について誰を株主として扱うかが問題となります。）などして、少なくともX・B間の株式譲渡については会社法のルールに従うことが重要だと考えられます。

　以上からすると、Bからの指摘を確実に解決するには、Aの協力は欠かすことができません。Aが亡くなっている場合には、その相続人の協力も必要となります。

　A・X間の株式譲渡はかなり古いもののため、Xは、A及びその相続人（以下「Aら」といいます。）に対し、譲渡人としての契約責任を追及できるか否か不分明なところもありますが、実務的には、Aらと交渉を重ねて、Aらから甲会社に対し株券の発行を請求してもらい、AらからXに対し株券を交付する状況を整える必要があります。このときに注意することは、株券の占有者は当該株券に係る株式についての権利を適法に有するものと推定され、株券の交付を受けた者は、当該株券に係る株式についての権利を取得することができることです（会社131）。したがって、Aらに株券を持ち逃げされたり、第三者に無断で株券を交付されたりしないようにするため、Aらに株券を発行した後できる限り速やかに当該株券をXに交付させるような実務上の工夫が必要となります。

　仮にAらの協力が得られず、株券の発行や交付がなされない場合には、X・Bとの間の株式譲渡契約において、X・A間の株式譲渡の有効性が否定された場合に備えた表明保証条項や、当該条項に違反した場合の補償責任に関する条項等を規定することによる問題解決を検討しなければなりません。

第5章　有価証券　　193

| Check34 | 株価の高い非上場株式 |

CASE

　Xの母は、母方の祖父が創業した会社の非上場株式の8％を保有する少数株主だが、この度、Xは、顧問税理士から、母の株式の相続税評価額が2億円にも上るとの指摘があった。母と会社の経営者一族とは不仲で、会社や経営者一族に母の株式を任意に買い取ってもらうことは期待できない。Xは、このまま母の相続が発生すると、高額な相続税がかかるのではないかと心配である。Xは、どうすればよいか。

評　価

難易度	A	・株式を手放さなければ相続税を回避できないが、会社や経営陣が非上場株式の買取りに非協力的だと、これを第三者に譲渡するのは非常に困難である。
コスト	A	・相続税の負担を回避できない場合は相続税がコストとなる。株式の譲渡をする場合には、譲渡代金が低いことや無償となると、そのマイナスがコストといえる。

検討事項

1　非上場株式を相続することによる問題点
2　高額な非上場株式を手放す方法

解　説

1　非上場株式を相続することによる問題点

　非上場会社の株式を保有しているものの、経営者一族ではなく、少数株主にとどまる場合は、経営に関与できないばかりか、株式を保有することに伴い以下のような問題が生じます。

　1　相続税の納付に関する問題

　株主に相続が発生した場合、株主が保有していた非上場株式は相続税の課税対象と

なりますが、その株価が予想外に高額の場合には、高額な相続税が課税されることになります。

相続した非上場株式を売却して相続税納税資金を捻出しようとしても、一般の取引市場で容易に換価することができないため、自ら買主を見付けなくてはなりませんが、そのこと自体が通常は困難です。また、仮に買主を見付けることができても、相続した株式が譲渡制限株式の場合は、会社法に定める手続をとらなくてはならず、手間と時間がかかります。

なお、非上場株式を相続税の延納の担保として用いることは可能とされていますが、取引相場のない株式を担保に提供できるのは、①相続等により取得した財産のほとんどが取引相場のない株式で、かつ、当該株式以外に延納担保として提供すべき適当な財産がないと認められる場合又は②取引相場のない株式以外に財産はあるが、その財産が他の債務の担保となっており、延納担保として提供するのが適当ではないと認められる場合に限られています（国税庁「相続税　贈与税の延納の手引」（令和7年1月））。

また、非上場株式を相続税の物納の対象とすることは自体は可能とされていますが、譲渡制限株式は「管理処分不適格財産」として物納することができません（国税庁タックスアンサーNo.4214）。

そのため、本ケースの場合も、Xは、母から相続した非上場株式を売却して相続税納税資金を捻出したり、それを物納したりすることはできないと見込まれます。

2　配当に関する問題

会社が株主に配当を実施するか否かは、株主総会の普通決議により決定されます。

そのため、多数派株主（多くの場合は、経営者グループ）が配当実施を希望しない場合には、潤沢な内部留保があっても配当が実施されないことがあります。

特に、非上場会社の場合、多数派株主が取締役に就任していることが多く、配当を受けなくても報酬という形式で会社の資産の分配が可能である上、法人税法上、役員報酬は原則として経費となりますが、配当は経費にならないということもあり、配当が実施されないか少額にとどまることが多いと思われます。

つまり、相続により非上場株式を取得しても、少数株主にとどまる場合には、非上場株式を保有することによる経済的利益がほとんど得られない（他方、相続の場面では相続税の負担が発生する）という問題があります。

本ケースの場合、Xの母の持分は8％にとどまりますので、Xも将来少数株主にとどまることが見込まれ、多額の相続税を支払う一方で、配当を受けることができず、経済的利益がほとんど得られないと予想されます。

3 換価に関する問題

　非上場株式は、上場株式と異なり取引市場がないため、非上場株式を売却するためには、株主自身で買主を探す必要があります。

　通常、非上場株式の買主候補として第一に想定されるのは、当該非上場株式を発行している会社自身、又は、その経営者グループに属する個人株主（経営者、後継者等）ですが、経営者グループが既に多数派を確保できる株式数を確保しており、会社支配権を有している場合には、追加で株式を購入するモチベーションが低く、仮に購入する場合でも低額になるということがあります。

　本ケースでは、Xの母と会社の経営者一族とは不仲で、会社や経営者一族に母の株式を任意に買い取ってもらうことは期待できないとのことですので、経営者一族以外の株式の譲渡先を見付ける必要があります。また、譲渡対象の株式割合も8％にとどまり、譲受人は多数派を形成することが困難ですので、仮に売却に至ったとしても、その金額は低額になることが予想されます。

2 高額な非上場株式を手放す方法

1 相続発生後の対応

（1） 相続放棄

　一度相続が発生してしまえば、被相続人が保有していた非上場株式は相続税の課税対象となり、相続税の負担を避けることができません。

　そこで、相続税の負担を回避する方法として、まず、相続放棄をすることが考えられます。他に相続すべき遺産がないとか、他の遺産があっても、非上場株式を取得することに伴う相続税の負担を考慮するとマイナスになるというような場合は、この方法が選択肢になります。

　しかしながら、他の遺産があり、これを取得したいと希望する場合は、相続放棄は選択できないことになります。

　本ケースの場合、母の遺産の全体が不分明ですが、祖父が創業した会社の非上場株式以外に目ぼしい財産がないようでしたら、相続放棄もXの現実的な選択肢となります。

（2） 非上場株式を取得しない内容の遺産分割

　非上場株式を含む遺産を相続人で分割するに当たり、相続税を負担してでも当該非上場株式を取得するモチベーションのある相続人（例えば、現経営陣と親しい関係にある者等）がいれば、この相続人に、優先的に取得してもらうように、話合いを進めることになります。

本ケースの場合、想定される母の推定相続人は、Xの父、X、Xの兄弟姉妹です。母方の祖父が創業した会社の現在の経営者一族は母方の親戚に当たるでしょうから、母の姻族である父や、X以外の母の子が、母とは違って経営者一族と親しくしているとは考えづらく、多額の相続税を支払ってまで遺産分割で株式の相続を希望する者が現れる可能性は低いと思われます。

（3） 換 価

非上場株式を取得せざるを得ないという場合で、かつ、非上場株式の保有継続を希望しない場合は、当該非上場株式を換価処分し、少しでも納税資金に充てるということが考えられますが、買主が見付からない場合は、非上場株式を保有したまま、相続税を払うことになってしまいます。

本ケースの場合、上述のように、譲受人は多数派を形成することが困難ですので、仮にXが株式を相続した場合に譲渡先を見付けるのは困難だといえ、株式を保有したまま相続税を支払うリスクは高いといえます。

2 相続発生前の対策

そこで、相続が発生する前に、高額な非上場株式をできる限り手放す方法を検討する必要があります（もちろん、相続税を支払ってでも非上場株式を保持したいと考える場合は別です。）。

（1） 非上場株式の譲渡手続を進める

まず、会社や経営者グループ、あるいは、第三者との間で、株式の買取り交渉を進めることが考えられます。相応の値段で買い取ってもらえればよいですが、仮に低額であっても、相続税の負担との兼ね合いで考えれば非上場株式を手放した方が得策ということもあります。

ただし、譲渡金額を著しく低額で譲渡した場合には、税務上注意が必要です。個人から個人への譲渡の場合は買主にみなし贈与課税、個人から法人への譲渡の場合は、売主にみなし譲渡所得課税、買主に受贈益課税が発生することがありますので、譲渡代金の設定については税務面での慎重な検討が必要となります。

なお、譲渡制限の付いた非上場株式の場合は、譲渡に当たり、会社に対して譲渡承認を求める必要があり、会社がこれを拒否すれば会社又はその指定する第三者へ売却を求めることができます（会社140）。そのため、第三者に対して非上場株式を譲渡するケースでは、会社が、第三者が株主になることを嫌がった結果、会社又は経営者グループが非上場株式を買い取ることもあります。

なお、近時では、この手法を用いて、購入意思がない買主を形式的に用意して、会社に対して譲渡承認請求を行うという手法を推奨する文献も見られますが、当事者間

第5章　有価証券　　197

で真に譲渡する意思がないのであれば、通謀虚偽表示（民94）にも該当しかねませんので、あくまでも、真の譲受希望者が見付かった場合の手法として捉えるべきです。

本ケースでは、上述のように、譲渡先を見付け出すことは困難でしょうが、手をこまねいていては、Xは、株式を保有したまま多額の相続税の支払をしなければならなくなるかもしれませんので、低額であっても、株式の譲渡先を探した方がよいでしょう。もっとも、低額で譲渡した場合には、上述の課税リスクがあるので、注意してください。

（2）　贈与をする

非上場株式を保有することで発生する相続税を回避するため、無償であっても当該非上場株式を手放してしまった方が得策という場合には、当該非上場株式を贈与するという方法が考えられます。

この場合、受贈者の贈与税の負担を回避、軽減するために、非上場株式をまとめて贈与するのではなく、贈与税の基礎控除の範囲で、あるいは、贈与税がそれほどかからない範囲で、非上場株式を少しずつ、複数人ないし複数回に分けて贈与することが考えられます。

譲渡制限の付いた非上場株式の場合は、前述と同様に、会社に対して譲渡承認請求をする必要があるので、会社の判断として、多数の第三者株主が生じることを避けるために、会社又はその指定する者が買い取る結果になることも考えられますが、多数の株主が生じても、議決権の行使において何ら影響がないと判断すれば、あえて譲渡を承認することもあり、その場合は、譲渡人は、全く対価を得られないことになります。

本ケースの場合も、Xの母が贈与税の基礎控除の範囲内で株式を継続的に譲渡すれば、最終的にはXは全く対価を得られなくなります。もっとも、第三者に贈与することができれば、Xは株式に係る相続税の負担を確実に回避することができますので、利害得失を踏まえて判断するのが重要です。

（3）　遺贈する

確実な方法ではありませんが、遺言によって、非上場株式を相続人に相続させず、経営者グループなど、非上場株式を取得することにメリットのある者に対して遺贈することが考えられます。

遺贈を受けた者が、株式の分散を希望しない場合には、遺贈を受ける可能性があり、そうなれば、相続人は非上場株式を取得しない分だけ相続税の負担を免れることができます。

しかしながら、受遺者には遺贈を受けるか受けないかの選択権があるため、受遺者

が遺贈を受けないという選択をした場合には、非上場株式は遺言によって分割方法が指定されなかった遺産となり、相続人にて承継することになります。そのため、非上場株式を遺贈したからといって、相続人がその分の相続税を確実に免れるか否かは不確実ですが、一つの可能性として、このような方法もあり得ると思います。

本ケースの場合、Xの母と会社の経営者一族とは不仲だということですが、母との話合いを要せずに株式の集約を進めることができることを考えれば、経営者一族側で遺贈の受取りに応じる可能性もあると思われます（ただし、受遺者として相続税を支払う必要はあります。）。

3　株価の把握

高額な非上場株式を保有する場合で、将来的にその保有継続を希望しない場合には、相続発生前に、可能な限りこれを手放す手段を講じるべきです。低額での譲渡や贈与は、所有者にとっては損に見えても、相続税の負担との比較で考えると、結局は得をするということもあります。

これらの判断をするに当たっては、相続発生前に、ある程度正確な株価の算定、ひいては相続税の試算をしておくことが必要になりますが、経営に関与していない株主の場合、株価の算定に必要な資料が手元にないことも多々あります。

通常、株価の算定には、少なくとも、直近3年分程度の決算書（勘定内訳書を含みます。）が必要となるので、手元にない場合は、あらかじめ、会社に対して決算書の提出を求めておくことが必要となります。

なお万一、会社が決算書の提出に応じない場合には、株主の帳簿閲覧請求権（会社433）に基づいて、会社に対して閲覧を求めることが考えられます。

本ケースでは、Xの母と会社の経営者一族とは不仲であるとのことですので、会社側が、株主であるXの母に決算書等を提出しないことが予想されます。その場合には、上述の株主の帳簿閲覧請求権に基づき、帳簿の閲覧を求めることが考えられます。

第5章 有価証券 199

| Check**35** | 行方不明の株主がいる場合の事業承継 |

CASE

Xは、非公開会社である甲社の代表取締役で、株式の65%を有しているが、昨年65歳になったのを機に甲社の事業承継を考えるようになった。先月、Aから全株式譲渡の手法による事業承継の話が持ちかけられたが、株式の35%を有するYとは長年音信不通となっており、その所在が分からない。Aからは、2年ほどなら待てると言われている。

Xが、Aに対する甲社の事業承継をおよそ2年以内に実現するために、どのような手続を取る必要があるか。

評　価

難易度	C	・経営承継円滑化法の特例を利用して通知等の不到達期間を「5年」から「1年」に短縮し、会社法197条1項の所在不明株主の株式の売却許可申立てをし、Xに株式を集約させることが可能となる。
コスト	B	・経営承継円滑化法の特例を利用して「1年」に短縮するためには、裁判所による決定に加え、都道府県知事から同法12条1項1号ホの認定を受け、公告・各別の催告を2回実施する必要がある。

検討事項

1 所在不明株主からの株式の取得方法
2 経営承継円滑化法が定める所在不明株主に関する会社法の特例を利用するための要件

解　説

1 所在不明株主からの株式の取得方法

1 株式集約の方法

本ケースでは、事業後継者であるAが甲社の全株式譲渡を希望しているので、Xと

しては２年以内に甲社の全株式を集約してＡに譲渡する必要があります。

株主の同意を取得せずに株式を集約する方法としては、①キャッシュ・アウト（買収者が、対象会社の発行する株式全部を、当該株式の株主の個別同意を得ることなく、金銭を対価として取得する方法をいう（田中亘『会社法〔第４版〕』651頁（東京大学出版会、2023））。スクイーズ・アウトと呼ばれることも多い。）と、②所在不明株主の株式売却許可申立て（会社197）の２つの制度を利用することが考えられます。

このうち、キャッシュ・アウトには、対象会社の株主総会の特別決議による承認を得て取得する方法と、対象会社の総株主の議決権の10分の９以上の議決権を有する場合に対象会社の株主総会決議なしで取得する方法があります。本ケースの場合、所在不明のＹが議決権の35％を有していますので、Ｘはキャッシュ・アウトを利用することができません。そのため、所在不明株主の株式売却許可申立てが第一の選択肢となります。

所在不明株主の株式売却許可申立てが認められると、株式会社は、所在不明株主の株式を売却し、かつ、その代金を株式の株主に交付できます。売却方法は原則として競売ですが、市場価格がない株式であっても、裁判所の許可を得れば競売以外の方法によることができます（会社197②）。そこで、Ｘとしては、甲社が申立人となって所在不明株主の株式売却許可申立て（会社197）をし、自身にＹの株式を売却するよう求めることが考えられます。

2 所在不明株主の株式売却許可申立て

所在不明株主の株式売却許可申立てが認められるための要件は、次のとおりです。なお、所在不明株主の株式売却許可申立てをするには、取締役が２名以上いる場合には、取締役全員の許可申立てに係る同意が必要です（会社197②）。したがって、本ケースの場合、Ｘ以外に取締役がいるようでしたら、甲社の取締役全員の同意書を作成して申立書に添付する必要があります。

（1） 所在不明株主に係る要件

会社法では、株式会社が所在不明株主の管理コスト負担から免れるため、所在不明株主の株式について競売寺による売却又は会社による買受けが認められています（会社197）。所在不明株主の株式売却等が認められる要件のうち所在不明株主に係るものは、①株主に対してする通知又は催告が５年以上継続して到達せず当該株主に対する通知又は催告を要しなくなったときで、かつ、②株主が継続して５年間剰余金の配当を受領しなかったときです。これらの事実を疎明するために、要件①については過去６年分の通知書及びその返戻封筒の写し、要件②については過去６年分の剰余金配当通知書及びその返戻封筒の写し（ただし、剰余金の配当がない年度については、剰余金配当を

していない旨が記載された定時株主総会招集通知書、同議事録等の写し）の提出が申立て時に求められています。過去6年分とされているのは、1回目の通知を基準にして5年以上継続する必要があるからです。

本ケースの場合、Yとは長年音信不通のようですが、甲社が、Yに対し、通知等を発送し、これが返戻されているかどうか不明ですし、また、仮にそのような事実があったとしても、疎明資料として必要とされる書類が残されているか分かりません。そのため、甲社は、これから5年間、Yに対し、株主名簿記載の住所に宛てて株主総会招集通知等を発送し、返戻封筒を保管する必要があるといえそうです（なお、Aの希望する2年以内に実現するための方法は後述2参照）。

（2）　市場価格のない株式を競売以外の方法で売却する方法

さて、甲社は非公開会社なので、同社の株式には市場価格がありません。Xは自身への株式の集約を希望しており、競売によって見知らぬ第三者に株式を取得されても困ります。そこで、本ケースの場合、市場価格のない株式を競売以外の方法で売却するための手続を取る必要があります。

市場価格のない株式を競売以外の方法で売却するためには、上記（1）の2つの要件に加えて、③競売以外の方法による売却が相当である株式であり、かつ、市場価格のない株式であることが要件となります。会社法では、原則的な売却方法が競売とされており、また、市場価格のある株式の場合には会社法施行規則38条で定める方法によって売却することとされているからです。

要件③については「他の資料の内容から、本件株式がこの要件に該当することに疑義がない場合は、申立書等において主張するだけでもよい」（大竹昭彦ほか編『新・類型別会社非訟』242頁（判例タイムズ社、2020））と解説されており、申立て時の参考になります。

一方、市場価格のない株式を競売以外の方法で売却する場合には、買取価格が合理的であることを疎明するため、株価鑑定書が必要です。本ケースは正にこのような場合に当たりますので、Xは株価鑑定書を準備しなければなりません。

（3）　所在不明株主の保護を目的とする要件

株主は会社の事業に継続的に投資することを一般的に望んでいますので、株主の意思に反して株式を売却させることはできません。そのため、④当該株式の株主その他の利害関係人が一定の期間内に異議を述べることができる旨等の事項を公告し、かつ、各別に催告することが必要とされています（会社198①）。各別の催告の宛先は株主名簿に記載又は記録された株主の住所です。そのため、要件④を疎明するため、公告が記載された官報等、各別の催告書及びその返戻封筒、株主名簿が必要となります。

（4）　その他の要件

　そのほかに、上記の申立てに係る取締役全員の同意とは別に、⑤株式を申立人である株式会社（取締役会設置会社に限ります。）が買い取る場合には、取締役会で株式の買取りを決議したことが要件となります。本ケースの場合、買受人がXですので、甲社が仮に取締役会設置会社であっても、取締役会決議は不要です。

　（5）　本ケースの問題点

　本ケースの場合、Aが希望する2年ほどの間にXに株式を集約するには大きな問題があります。上述のとおり、要件①で通知又は催告が5年以上継続して到達しないことが要件とされていますが、Yとの関係でこの要件を具備しているかどうかは明らかではありません。そのため、甲社は、これから5年ほどをかけて、要件①に関する疎明資料を収集する必要があるかもしれません。ところが、それでは、Aの希望する2年ほどの間にXへの株式集約を実現することは到底できません。

　この「5年」という期間の長さについては、事業承継の際の手続利用の障害になっているという批判もあり、非上場の中小企業者のうち、事業承継ニーズの高い株式会社に限って「5年」を「1年」に短縮するための措置が経営承継円滑化法に設けられています。そこで、Xとしては、経営承継円滑化法が定める所在不明株主に関する会社法の特例を利用することを検討しなければなりません。

2　経営承継円滑化法が定める所在不明株主に関する会社法の特例を利用するための要件

　経営承継円滑化法が定める所在不明株主に関する会社法の特例を利用するための要件は、次のとおりです。令和6年3月に中小企業庁財務課が「中小企業経営承継円滑化法申請マニュアル「会社法特例」（所在不明株主の株式の競売及び売却に関する特例）」を公表していますので、申請に当たっては、そちらも参考になります。

　1　申請者に係る要件

　はじめに、経営承継円滑化法が定める特例を利用するには、申請者が中小企業者で、かつ、上場会社等以外の会社さなりければなりません（経営承継12①一柱書・ホ）。

　中小企業者とは、一部の業種（ゴム製品製造業、ソフトウェア・情報処理サービス業、旅館業）についてはその実態を踏まえて範囲が拡大されていますが、原則として、①製造業その他については、資本金が3億円以下又は従業員数300人以下、②卸売業については、資本金1億円以下又は従業員数100人以下、③小売業については、資本金5,000万円以下又は50人以下、④サービス業については、資本金5,000万円以下又は従業員数100人以下の事業者です（経営承継2、経営承継令1、経営承継則1①）。

　本ケースの場合、甲社は非公開会社ですので、上場会社等でないことは明らかです。

ただ、資本金の額や従業員数が明らかとなっていませんので、その点についての調査が必要となります。

2　都道府県知事の認定

次に、特例を利用するには、都道府県知事の認定を受ける必要があります（経営承継12①一ホ・17、経営承継令2）。都道府県知事の認定を受けるための要件は、①経営困難要件と②円滑承継困難要件の2つです（経営承継12①一ホ）。

（1）　経営困難要件

経営困難要件とは、申請者（株式会社）の代表者が年齢、健康状態その他の事情により、継続的かつ安定的に経営を行うことが困難であるため、会社の事業活動の継続に支障が生じている場合です。例えば、中小企業庁からは、代表者の年齢が60歳を超えている場合や、代表者の健康状態により日常業務に支障が出ている場合等が具体例として挙げられています。もっとも、中小企業庁が示す具体例に該当しなくても、個別具体的な事情を総合的に考慮して認定が相当であると判断する場合もあるとされていますので、具体例に当てはまらないという理由だけで諦める必要はありません。

本ケースの場合、Xの年齢は65歳ですので、経営困難要件の具備は認められる可能性が高いと思われます。

（2）　円滑承継困難要件

円滑承継困難要件とは、一部の株主の所在が不明であることにより、その経営を当該代表者以外の者に円滑に承継させることが困難である場合です。この要件は、認定申請日時点において事業承継者との間で何らかの合意がなされているか否か、本稿の冒頭で検討したキャッシュ・アウトを利用することができるか否か（利用できる場合には要件なし）等により、具備すべき事情が変わります。

本ケースの場合、XとAとの間では株式の譲渡契約書は作成されていないようですので、Aは事業承継の候補者にとどまります。したがって、仮にこの状況のまま申請をするのでしたら、事業承継者が定まっていない場合に当たります。所在不明のYは議決権の35％を有していますので、会社法が定めるキャッシュ・アウトを利用することはできません。そのため、「1年」短縮の特例を利用できなければ、5年以上XからAへの事業承継をすることはできず、その結果、最終的には事業承継自体が破談になるかもしれません。したがって、円滑承継困難要件もクリアできる可能性は高いといえます。

（3）　小　括

経営困難要件と円滑承継困難要件の2つの要件具備が認められると、申請者は都道府県知事の認定を受けることができ、通知等の不到達期間が「5年」から「1年」に

短縮されます。本ケースの場合も、経営困難要件と円滑承継困難要件の具備が認められる可能性が高いので、甲社が中小企業である場合には、都道府県知事の認定を受けることができそうです。

3　特例を利用する場合の所在不明株主の保護

特例を利用すると通知等の不到達期間が「5年」から「1年」に短縮される反面、所在不明株主に対する保護が手厚くなっています。

すなわち、不到達期間が「1年」に短縮された場合には、会社法198条1項に基づく公告・各別の催告に先立ち、会社法特例における異議申述手続として、官報等による公告及び所在不明株主等に対する各別の催告を行う必要があります（経営承継15②）。言い換えますと、所在不明株主保護のために、公告と各別の催告を2回実施しなければなりません（なお、1回目と2回目では記載すべき内容が異なりますので、ご注意ください。詳しくは上述の中小企業庁財務課のマニュアルを参照。）。これら2回の公告・各別の催告を経てからでないと、所在不明株主の株式売却許可の申立てをすることができません。

甲社の場合も、期間を「1年」に短縮するのでしたら、所在不明株主のYのために2回、公告・各別の催告をしなければなりません。

4　特例を利用する場合の所在不明株主の株式売却許可申立て時の注意点

特例による申立ては、都道府県知事の認定を受けてから2年以内にしないといけません（経営承継則8⑪）。したがって、都道府県知事の認定を受けたら、そこで放置せず、速やかに2回の公告・各別の催告を行い、売却許可申立てをすべきです。

次に、所在不明株主の株式売却許可申立てをする際に、都道府県知事の認定を受けたことを裏付ける疎明資料を提出する必要があります。具体的には、都道府県知事作成の認定書です。また、経営承継円滑化法15条2項に基づく公告と各別の催告がなされたことの疎明も必要です。具体的な疎明資料は、公告をした官報等、催告書及びその返戻封筒です。

甲社も都道府県知事の認定を受けた場合には、公告とYへの各別の催告を2回実施して、所在不明株主の株式売却許可申立てをすることが考えられます。特例に係る事項以外は、上述 1 と同じです。

第5章　有価証券　　　205

Check36　遺産分割後に発見された株券

CASE

Xの父は数年前に亡くなったが、遺品の整理は手付かずの状況だった。亡父の相続人はXを含む子3人だが、この度、亡父の遺産分割協議も終了したので、遺品整理をすることになった。

Xは、亡父のタンスを整理していたところ、その中から古い株券が十数枚見付かった。株券のうち一部は有名な上場会社のもので、残りは、父の友人が経営している非上場会社のものだった。

Xらは、これらの株券についてどのように取り扱うべきか。

評　価

難易度	C	・上場会社発行の株式は全て振替株式になっているので、発見された株券は無効である。現在は、株券に表章された株式は特別口座で管理されているので、遺産分割後に特別口座から自身の口座に記録を移すことで株式を取得することができる。 ・非上場会社発行の株式は、株券が有効な場合もあるので、発行会社が株券発行会社か否かを確認の上、真実の株主を突き止める必要がある。
コスト	C	・上場会社の場合には、発行会社・金融機関への問合せにより株式の所在は判明するので、コストは低い。 ・非上場会社の場合には発見された株券の有効性を確認しなければならない。そのため、弁護士等の専門家の援助が必要になる可能性が高く、その分、コストも高くなる。

検討事項

1　上場会社発行の株式に係る株券の有効性
2　非上場会社発行の株式に係る株券の有効性
3　新たに発見された遺産と既になされている遺産分割協議との関係

206　　第5章　有価証券

解　説

1　上場会社発行の株式に係る株券の有効性

1　株式等振替制度について

（1）　制度の概要

　上場会社の株式は、平成21年1月5日に施行された「社債、株式等の振替に関する法律」により、全て電子化（ペーパーレス化）されています（以下、電子化された株式を「振替株式」といいます。）。これにより、現在は上場会社の株式に係る株券は全て廃止されており、株券の存在を前提として行われてきた株式の管理は、株式会社証券保管振替機構（振替3①）（以下「ほふり」といいます。）及び証券会社等の金融機関に開設された口座において電子的に行われています。

　株主が振替株式を譲渡したり、振替株式に係る株主権を会社に対して行使するためには、株主が証券会社等の金融機関に自己名義の口座を開設する必要があります。株券が電子化される前に、金融機関に口座を開設の上、株券をほふりに預託した株主は、既に株式電子化の手続は済んでいます。他方で、株券電子化が実施される前に株券をほふりに預託しなかった株主は、発行会社により開設された「特別口座」において、当該株券に対応する振替株式は記録されており、株主としての権利が保全されています。

　もっとも、特別口座に記録された振替株式は、売却等の取引を行うことはできません。株主は、金融機関に自己名義の口座を開設の上、特別口座から当該口座に振替株式の記録を移す必要があります。

（2）　当てはめ

　本ケースでは、Xが上場株式の株券を発見しています。既述のとおり、上場株式の株券は全て電子化されていますので、現在では無効となっています。もっとも、当該株券に表章されている株式は特別口座に記録されていますので、特別口座を管理する金融機関を通じて当該株式を取得することができます。

2　特別口座の開設先の調査方法

（1）　特別口座の調査方法

　上場会社が発行する古い株券が見付かった場合には、その株券を発行していた会社に問い合わせれば、どこの金融機関に特別口座が開設されているかを教えてもらうことができます。また、株券の電子化が開始された際に、発行会社は特別口座を開設した金融機関を公告していますし、自社のウェブサイトで特別口座を案内している企業もありますので、まずはインターネットで特別口座の開設先を検索するところから始

めるのがよいでしょう。

特別口座が判明したら、特別口座を開設している金融機関に対し、保有残高や保有銘柄が分かる残高証明書を発行してもらいます。残高証明書を発行してもらう際の必要書類は金融機関ごとに異なりますが、一般的に被相続人の死亡が分かる除籍謄本、相続人であることを証明する戸籍謄本などが必要になります。

残高証明書により、被相続人の保有残高や保有銘柄が分かったら、相続人が複数いる場合には遺産分割協議を行う必要があります。相続人が複数いる場合、相続された株式は他の相続人との間で準共有（民264本文）となるので、遺産分割協議をして株式の最終的な帰属先を決めなければ、金融機関が名義の書換えに応じてくれないためです。遺産分割協議により株式を取得した者は、金融機関に自己名義の口座を開設の上、名義変更を行うことで株主となることができます。

なお、被相続人がもらえるはずの配当を受け取っていなかった場合、消滅時効にかかっていない配当については、会社に請求することが可能です。剰余金の配当については、原則として、平成29年法律44号による改正民法が施行された（令和2年4月1日）後に発生したものは5年（民166）、改正民法が施行される前に発生したものは10年が時効になります。もっとも、会社は定款で、3年や5年の一定期間内に配当金を受け取らないと支払義務を免れる旨の規定を設けている場合があります。このような定めは除斥期間であると考えられており、その期間が不当に短いものでない限り、有効であると解されています（森本滋＝弥永真生編『会社法コンメンタール11　計算等（2）』118頁〔弥永真生〕（商事法務、2010））。

（2）　当てはめ

本ケースにおいても、既述のとおり、Ｘが発見した上場株式は、いずれかの金融機関の特別口座に記録されていますので、発行会社に問合せの上、特別口座が開設されている金融機関を特定し、保有残高や保有銘柄が分かる残高証明書の発行を受けます。残高証明書により株式の特定が完了したら、Ｘの亡父の相続人は複数いますので、遺産分割協議を行います。そして、当該分割協議で株式を取得した相続人が特別口座から自己名義の口座に振替株式の記録を移動させると、全ての作業が完了となります。

②　非上場会社発行の株式に係る株券の有効性

1　非上場会社の株券の取扱い

株券が非上場会社発行のものである場合は、振替株式の制度はありません。そのため、非上場会社発行の古い株券が発見された場合には、次のような対応が考えられます。

平成18年の会社法の施行に伴い株券の発行については原則と例外が逆転し、株券を発行する旨の定めが定款にない場合には、全ての株式会社について株券が発行されないことになりました（会社214）。もっとも、実務上の混乱を避けるため、「会社法の施行に伴う関係法律の整備等に関する法律」（以下「整備法」といいます。）の施行時に既に存在する株式会社や、整備法の経過規定に基づき整備法の施行日以後に設立された株式会社については、定款に株券を発行しない旨の定めが設けられていない場合には、その株式会社の定款には株券を発行する旨の定めがあるものとみなされることとなりました（整備76④）。この場合、当該会社の商業登記記録に株券を発行する旨の記録がなされます。したがって、設立日が古い非上場会社の場合には、発見された株券が有効である可能性があります。

もっとも、株式会社は株券を発行する旨の定款の定めを廃止することも可能です（会社218）。株券が廃止されている場合には株券は無効となるので、当事者の意思表示と株主名簿の書換えにより株式の譲渡がなされます。

本ケースでXが発見した非上場会社発行の株券については、発行会社の商業登記記録上、株券発行会社とされているかどうか不明です。そのため、Xは、まずは、発行会社の商業登記記録を確認し、株券が現在も有効か否かを確定させる必要があります。仮に株券が有効である場合には、亡父の相続人は複数いますので、かかる株券は、上場株式と同様に準共有となり、最終的な帰属を決めるには遺産分割協議が必要となります。そして、株券の所持者は適法な所持者と推定されますので（会社131①）、遺産分割協議で当該株式を取得した相続人が、発行会社に対し、自己を株主として取り扱うよう求めることになります。

2　株券が既に無効となっている場合

一方、株券不発行会社に変更されているなど、株券が既に無効となっている場合には、発見された株券に応当する株式の現在の株主が誰であるかを確認するところから調査を開始しなければなりません。株券不発行の場合には、既述のとおり、当事者の意思表示と株主名簿の書換えにより株式の譲渡が可能ですので、当該会社が管理する株主名簿の調査からスタートすることになります。

ただ、非上場会社では、会社法の規定（会社121）に反して、株主名簿を作成していない可能性もあります。こうした場合には、例えば、非上場会社では、法人税の確定申告書の別表2として「同族会社等の判定に関する明細書」が添付されることが一般的ですので、かかる明細書に記載された株主名をヒントに真の株主を特定することが考えられます。

3　当てはめ

本ケースでも、株券の発行会社が株券不発行会社になっているようでしたら、Xは、株券に表章されている株式の真の株主を特定しなければなりません。仮に亡父が当該株式の真の株主であると認定された場合には、当該株式は、Xを含む子3人で準共有されていますので、上場会社発行の株式同様、遺産分割協議により最終的な帰属を決める必要があります。

③　新たに発見された遺産と既になされている遺産分割協議との関係

1　遺産の一部分割の効力

本ケースでは、株券を発見する前に、既に相続人間で遺産分割協議が終了しており、株券は遺産分割後に新たに見付かった遺産だと位置付けられます。

このような場合、既になされた遺産分割は、結果として遺産の一部分割ということになります。遺産の一部分割は、法律上、有効です（民907①）。したがって、遺産の一部を遺漏してなされた遺産分割協議であっても、原則として有効であり、新たに判明した遺産については新たな遺産分割協議を行えば足りると解されます。

2　遺産分割のやり直しの可否

もっとも、相続人全員が合意すれば、既になされている遺産分割協議を合意解除し、改めて分割協議をすることができると解されています（片岡武＝菅野眞一編『家庭裁判所における遺産分割・遺留分の実務〔第4版〕』73頁（日本加除出版、2021））。

また、相続人全員が合意できないときであっても、新たに判明した遺産が最初の分割時に判明していたのであれば、そのような遺産分割を行わなかったと考えられる等の特段の事情がある場合には、錯誤による取消しができる（民95①二）可能性があります。もし錯誤による取消しが認められるような場合には、全遺産を対象とした遺産分割をやり直す必要があります（永石一郎ほか編『ケース別遺産分割協議書作成マニュアル〔改訂版〕』416〜417頁〔松井菜採〕（新日本法規出版、2020））。

3　遺産分割をやり直すことのリスク

以上のとおり、実体法上は遺産分割のやり直しをすることは可能ですが、それを実行する場合には、課税リスクに注意が必要です。すなわち、遺産分割協議をやり直して相続財産を再配分したとしても、当初の遺産分割協議に無効又は取消しの原因がある場合等を除き、税務上、相続に基づき相続財産を取得したということはできないと一般的に解されています。

その結果、もし遺産分割のやり直しの際に、対価なく財産を取得したとすれば、それは贈与と認定され、当初の遺産分割協議に基づき支払った相続税に加えて、贈与税

を課税されるおそれがあります。そのため、遺産分割協議のやり直しをする際には、相続人全員による合意解除は避けるべきですし、また、無効又は取消しを理由としてやり直すときであっても、客観的に見て当該理由があることを、第三者に説得力をもって示すことができる必要があります。

以上から、実務的には、遺産分割のやり直しには極めて慎重にならざるを得ません。そのため、遺産分割協議書には、後日新たに遺産が発見された場合の処理に関する条項を入れておくべきだといえます。

4　当てはめ

本ケースでは、Xが発見した株券に表章された株式の評価額や、それが亡父の遺産全体に占める割合が分かりませんが、少なくとも現時点で判明している事実からは、株券の発見を理由として、既になされている遺産分割協議を無効又は取消しを理由としてやり直す事情は見当たりません。また、上述のように、課税リスクがありますので、相続人全員の合意により遺産分割をやり直すことはできません。

したがって、本ケースでは、Xらは、今回発見された株券についての遺産分割を新たに実施することが考えられます。

第5章　有価証券　　　211

Check37　遺産共有された株式と事業承継

CASE

　先日、取締役会非設置会社であるＡ社の唯一の取締役であり、かつ、全ての株式を有していた父が亡くなった。Ｘは長い間Ａ社で勤務しており、父が体調を崩してからは実質的に経営をしているが、取締役には就任せず、従業員のままであった。父の相続人は、子であるＸ、Ｙ及びＺの３名で、遺産分割協議は成立していない。

　Ｘは自分がＡ社の取締役に就任することを計画している。ＹとＺは、Ｘを取締役に選任することに反対していないが、その代わりに、自分たちの株式の持分を時価で買い取るようＸに求めている。Ａ社株式の時価総額は３億円で、ＸにはＹらの持分を買い取るほどの資金的な余裕はない。

　Ｘは、自身がＡ社の取締役に就任するために、どうすればよいか。

評　価

難易度	B	・株主総会で遺産共有された株式の議決権を行使するためには、会社に対する権利行使者の指定・通知の有無にかかわらず、共有持分の過半数の賛成が必要となる。 ・最終的には、後継者が遺産分割により対象会社の株式を取得できれば、取締役に就任することができる。
コスト	A	・他の共同相続人の同意を得ることができない限り、株式を時価相当額で買い取るしか方法はなく、対象会社の時価が高ければ高いほど、後継者が負う経済的負担は重くなる。

検討事項

1　株主総会の招集手続
2　遺産共有された株式の権利行使方法
3　仮取締役の選任
4　遺産分割における寄与分の検討

212 第5章 有価証券

解　説

1 株主総会の招集手続

本ケースでは、実質的な経営者であるXは従業員なので、唯一の取締役であった父が亡くなったことで、A社の取締役が欠けています。そこで、A社は株主総会を開催して、取締役の選任を決議しなければなりません。

1 招集手続

（1） 会社法による規律

取締役会設置会社の場合には、取締役会にて株主総会の招集決議をし、かかる決議に基づいて、代表取締役が業務執行の一環として、株主総会を招集します。

一方、取締役会非設置会社では、定款、定款の定めに基づく取締役の互選又は株主総会の決議によって取締役の中から代表取締役を定めることができるとされており（会社349③）、代表取締役が定められていない場合には取締役が株式会社を代表します（会社349①②）。そして、取締役が1人の場合には、単独で業務の決定をし、かつ業務の執行をすることができますので（田中亘『会社法〔第4版〕』256頁（東京大学出版会、2023））、当該取締役の判断により、株主総会を招集することができます。一方、取締役が複数名いる場合には、業務の決定は、定款に別段の定めがない限り、取締役の過半数により行われます（会社348②）。業務の決定を取締役に委任することができる場合もありますが、株主総会の招集の決定（会社298）は委任することができないので（会社348③）、必ず取締役の過半数による決定が必要となります。

（2） 当てはめ

本ケースの場合、取締役会非設置会社であるA社は、唯一の取締役であったXの父が亡くなり、取締役が欠けていますので、会社法の手続に従って株主総会の招集をすることができません。もっとも、いわゆる全員出席総会の場合には、招集手続を欠いても、株主総会で適法に決議をすることができるので、次に、全員出席総会を開催することができないかについて検討します。

2 全員出席総会の法理

（1） 会社法・判例による規律

株主全員の同意がある場合には、株主総会の招集手続は省略することができます（会社300）。また、判例によると、招集手続を欠いた場合であっても、株主全員が株主総会の開催に同意して出席したときには、株主総会は適法に成立するものとされており、また、代理人による出席も条件付きで認められています（最判昭60・12・20民集39・8・1869）。招集手続を欠くことによる不利益を被る株主がいないからです。

第5章　有価証券　213

（2）　当てはめ

本ケースの場合、A社の株主は、亡父の相続人であるX、Y及びZの3名です。株式は当然分割されず、かつ、遺産分割未了の状況ですので、A社の全ての株式が、X、Y及びZの3名により遺産共有されています。したがって、遺産共有されたA社の株式の議決権を行使することができれば、全員出席総会となり、Xを取締役に選任することができそうです。そこで、次は、遺産共有された株式の権利行使方法について検討します。

2　遺産共有された株式の権利行使方法

1　権利行使者の指定・通知

（1）　会社法・判例による規律

遺産共有された株式は共同相続人による準共有となるので、共有者は、権利行使者1名を定めて、株式会社に対し、権利行使者の氏名を通知しなければなりません（会社106本文）。そして、権利行使者は、持分の価格に従って共有者の過半数による多数決の指定により定めることができます（最判平9・1・28判時1599・139）。権利行使者の指定・通知がなされると、当該権利行使者は自己の判断で株主権を行使することができ、共有者間の合意に反する場合であっても、当該権利行使は有効となります（最判昭53・4・14民集32・3・601）。

（2）　当てはめ

本ケースの場合は、X、Y及びZが過半数の決定により権利行使者の指定をし、これをA社に通知すれば、Xらは株主権を行使することができます。Xらの持分は各3分の1ですので、3名のうち2名が賛成することで権利行使者の指定は可能です。

Xが指定された場合には、Xが取締役の選任決議に賛成することで取締役の選任ができそうです。ただ、自分たちの持分の買取りを希望するYとZが持分で過半数を有しており、買取りを拒否するXを権利行使者と指定することに反対することが予想されます。したがって、Xを権利行使者として指定・通知する方法では問題を解決できそうにありません。

2　権利行使者の指定・通知を欠く場合

（1）　判例による規律

権利行使者の指定・通知をしなくても、株式会社が認めた場合には、株主である共有者は権利行使をすることができます（会社106ただし書）。この規定は、会社の事務処理の便宜のために設けられたものだからです。

ただし、共有者による株主権の行使が、民法の共有の規定に従わずになされた場合

には、株式会社がこれを認めても、かかる権利行使は有効とはなりません（最判平27・2・19民集69・1・25）。会社法106条本文は民法の共有に関する規定に対する「特別の定め」（民264ただし書）に当たるので、株式会社が権利行使者の指定をしないことに同意した場合には、会社法106条本文の適用が排除される一方、原則に戻って民法の共有に関する規定が適用されることになるからです。

この場合、株主総会による議決権の行使は、管理行為に当たり、共有持分の過半数により決定されます（前掲最判平27・2・19）。したがって、ある特定の議案に賛成することを共有者が持分価格の過半数で定めた場合には、共有者が当該決定に従って議決権を行使し、その行使に会社が同意すれば、権利行使者の指定・通知がなくとも、議決権の行使は有効とされます（田中・前掲131頁）。

（2）　当てはめ

A社は取締役が欠けていますので、権利行使者の指定・通知をしないことに同意することはできないと思われます。そのため、会社法106条本文の適用を除外することは難しそうです。

また、仮にA社による同意ができたとしても、株主総会における議決権の行使は共有者の持分価格の過半数で決することになりますので、Yらの意向によって取締役選任決議への賛否が決せられます。そのため、Yらの持分の買取りをしない限り、Xを候補者とする取締役選任決議への賛成を得られるかどうかは不透明です。

3　小　括

以上からすると、遺産分割協議の成立を待ってからでなければ、A社は新たな取締役の選任をすることができないことが見込まれます。そこで、次に、遺産分割協議が成立するまでの間、XをA社の仮取締役に選任することができないかどうかについて検討します。

③　仮取締役の選任

1　仮取締役の選任の要件

役員が欠けた場合には、任期満了又は辞任により退任した役員は、新たに選任された役員が就任するまでの間、なお、その権利義務を有することとされています（会社346①）。しかしながら、本ケースのように、役員が死亡して欠けた場合には、権利義務続行者がいないため、必要がある場合には、利害関係人は、仮役員の職務を行うべき者の選任を申し立てることができます（会社346②）。要件の詳細は次のとおりです。

（1）　選任の必要性

選任の必要性を基礎付ける事情は、株式会社の機関設計や仮役員の選任を必要とす

第5章　有価証券　215

る役員の種類等により異なります。例えば、取締役会設置会社の場合には、取締役の員数が欠けているため取締役会の定足数を満たさず、株主総会の招集決議ができない場合や、株主総会の定足数を満たさないために株主総会において決議ができない場合に、仮取締役の選任の必要性が認められると解されています（大竹昭彦ほか編『新・類型別会社非訟』47・48頁（判例タイムズ社、2020））。

（2）　当てはめ

本ケースの場合、Xらの父が亡くなり、取締役会非設置会社であるＡ社には誰も取締役がいませんので、取締役の選任決議をするための株主総会を招集することができません。また、Xら以外に株主はいませんので、少数株主による総会の招集も困難です。したがって、仮取締役の選任の必要性は認められるケースだといえそうです。そこで、次に、Xを仮取締役に推薦することはできるのか、検討します。

2　仮取締役候補者の推薦の可否

（1）　裁判所における推薦人選任のルール

実務的には、申立人が仮取締役の候補者を推薦しても、会社内部の勢力争いが存在することを懸念して、推薦人を仮取締役に選任しないのが原則です。この場合には、弁護士が仮取締役に選任されます（大竹ほか・前掲51頁）。

もっとも、会社内に争いがない場合など事案によっては推薦人が仮取締役に就任することもあるようです。そこで、推薦人がいる場合には、申立ての際に、候補者の履歴書や就任承諾書、さらに、推薦人を仮取締役に選任することについて会社内に争いがないことの疎明資料を裁判所に提出することが考えられます（大竹ほか・前掲42頁）。

（2）　当てはめ

本ケースの場合、仮にXを仮取締役に選任することについて会社内に争いがないようでしたら、全員出席総会の法理による株主総会決議をすることができるはずですので、会社内に争いがない場合には当たらないと考えられます。したがって、Ａ社の場合には、弁護士が仮取締役に就任することが予想されます。そのため、Xを推薦しても、Ａ社の仮取締役に選任することは難しいかもしれません。

４ 遺産分割における寄与分の検討

1　遺産分割における寄与分

幸いなことに本ケースでは、YらはＡ社の株式の取得を望んでいませんので、亡父の遺産分割において、代償金を支払うか、それに見合う他の財産をYらに相続させるか等をすれば、XがＡ社の株式を全て取得して、同社の取締役に就任することができます。亡父の遺産の全体像が不明ですが、資金に不足するXとしては、自身の経済的

負担を軽くしたいはずです。そこで、XによるA社への貢献を、亡父の遺産分割に反映することができないかについて検討します。具体的には寄与分です。

（1）　寄与分に関するルール

寄与分とは、共同相続人間の公平を図るため、被相続人の財産の維持又は特別の寄与をした者があるときに、相続財産から当該相続人による寄与分を控除したものを相続財産としてみなして相続分を算定し、その算定された相続分に寄与分を加えた額を相続分とする制度です。寄与分が認められるためには、寄与をした者が相続人であること、当該寄与が特別の寄与であること、相続財産が維持又は増加したこと、寄与行為と相続財産の維持・増加に因果関係があることが必要です。

実務では、代表的な寄与行為の態様が類型化されており、①家事従事型、②金銭等出資型、③療養看護型、④扶養型、⑤財産管理型、⑥先行相続における相続放棄があります。ただし、⑥の先行相続における相続放棄は原則として寄与とは認められません。

（2）　当てはめ

本ケースの場合、Xの貢献は、家事従事型の寄与分に該当する可能性があります。家事従事型とは、共同相続人が、被相続人の経営する農業その他の営業に従事する場合に認められることがある類型だからです。

2　寄与分が家事従事型の場合

（1）　家事従事型として寄与分が認められる場合

家事従事型は、被相続人の事業に対し労務を提供することによる寄与の類型です。その要件は、①特別の貢献、②無償性、③継続性、④専従性であるとされており、このうち、②無償性の要件を満たすことが難しいといわれています（片岡武＝菅野眞一編『家庭裁判所における遺産分割・遺留分の実務〔第4版〕』299頁（日本加除出版、2021））。

また、被相続人の経営する会社への労務の提供は、当該会社と個人が一体となっており、それらを同視できるほどの関係がない限り、被相続人の個人事業に関する労務の提供とは認められず、遺産分割において寄与分として考慮されることはほとんどありません。

（2）　当てはめ

本ケースの場合、A社は、唯一の取締役で、全ての株式を所持する者が亡父であるものの、その時価総額は3億円あり、会社の規模や従業員数など分からないところもありますが、特段の事情のない限り、A社と被相続人が一体であり、両者を同視できるような関係は認められないと考えられます。また、XがA社の労務に専従しているのでしたら、生活維持のため、A社から給与が支払われているでしょうから、無償性

第5章　有価証券　　217

にも疑問が残るところです。したがって、Xに特別の寄与が認められることはなく、亡父の遺産相続におけるXらの相続分は、法定相続分に従って各3分の1となります。

　そのため、本ケースの場合では、XがA社の株式を全て取得するには、Yらに対し、合計2億円の代償金を支払うか、それに見合う相続財産を相続させるか等をする必要があります。したがって、遺産分割においてYらが何らかの妥協をしない限り、Xにおいて金銭工面ができるかどうかが、XがA社の取締役に就任できるかどうかの分かれ目となりそうです。

コラム

○事業承継と遺留分

　自身が経営する株式会社を後継者に確実に引き継がせたいのなら、生前贈与や遺言により株式を後継者に譲り渡すことが考えられます。後継者に株式を譲り渡しておけば、少なくとも、本ケースのように、取締役が欠けた場合に新たな取締役の選任ができないといった事態は避けられます。

　もっとも、生前贈与等により株式を後継者に帰属させると、当該行為により遺留分が侵害された者は、後継者に対し、遺留分侵害額請求権を行使することができ、後継者から侵害された遺留分に相当する金銭の支払を受けることができます。

　こうした事態に備えて、中小企業における生前贈与による事業承継の場合には、経営承継円滑化法による遺留分に関する民法の特例が設けられており、かかる特例を利用することで後継者の経済的負担を軽くすることができます。

　また、遺留分については、家庭裁判所の許可を得ることで、事前に放棄することができます（民1049①）。遺留分の放棄は他の共同相続人の遺留分に影響しないので（民1049②）、遺留分義務者である後継者の経済的負担は軽くなります。

　いずれの制度についても、詳しくは、事業承継に詳しい弁護士等の専門家にお尋ねください。

218　第5章　有価証券

Check38 株式買取りと株式集約

CASE

Ｘは甲会社を営む父Ａの遺産を全て相続した。Ｘは、甲会社の唯一の取締役であったＡが甲会社の一人株主だと思っていたところ、株主が７名いることが分かった。甲会社の発行済株式は1,000株で、Ａが400株、Ａの友人Ｂ、Ｃ、Ｄ、Ｅ、Ｆ、Ｇがそれぞれ100株ずつ所有していた。株主のうち、Ｇだけがどこにいるか分からず連絡が取れない。

Ｘは自身を取締役に選任した上、最終的には甲会社の経営権を取得したいと思っている。今後どのような手続をすればよいか。

評　価

難易度	A	・新しい取締役を選任するために株主総会を招集しなければならないが、取締役が不存在であるため、特別な手続が必要とされる。 ・Ｘが会社の経営権を取得するためには、分散している株式をＸに集約する必要がある。
コスト	A	・株式を集約する際、買取費用等のコストがかかる。 ・株主総会の招集や株式集約をするため、裁判所を利用するなどコストがかかる。

検討事項

1 取締役が不存在である場合の株主総会の開催方法
2 経営権確保に向けた株式の集約方法

解　説

1 取締役が不存在である場合の株主総会の開催方法

1 株主総会を開催する必要性

本ケースでは唯一の取締役であるＡが死亡しています。取締役の地位は相続されま

せんので、Xが相続人だからといって、Xが自動的に取締役になることはありません（民896ただし書）。

取締役の選任は、株主総会で行いますので、まずは株主総会を招集し、株主総会でXが取締役に選任される手続をとる必要があります。

2 株主全員で合意できる場合

株主総会を開催するためには、取締役が株主に対し、株主総会の日時及び場所、株主総会の目的などを記載した株主総会招集通知を、原則として株主総会日の2週間前までに通知しなければならないとされています（会社298・299）。

本ケースでは、唯一の取締役が死亡しているため、取締役が招集手続を行うことができません。この場合、株主全員の合意がある場合には、上記の招集手続を省略することができます（会社300）。そのため、株主全員に連絡が取れ、全員の同意があれば、株主総会招集通知手続を省略し、株主総会を開催して新しい取締役を選任することができます。

とはいえ、本ケースでは所在不明の株主がいますので、全員の同意は困難といえるでしょう。

3 株主全員での合意ができない場合

取締役がおらず、かつ、株主全員での合意ができない場合には、株主総会の招集をすることができません。そのため、利害関係人が裁判所に対し、一時的な取締役の選任を申し立て（以下「一時取締役等職務代行者選任申立て」といいます。）（会社346②）、選任された一時取締役等職務代行者が株主総会を招集することになります。

一時取締役等職務代行者選任申立ては、本店所在地を管轄する裁判所に利害関係人（株主、従業員、債権者等）が行います（会社868①・346②）。申立手数料は、収入印紙1,000円（民訴費3別表第1⑯）となり、その他各地方裁判所で決められた予納郵券を納めることになります。その他、申立人は、申立てにより選任された仮の取締役に対する報酬や費用を担保するため、予納しなければなりません。予納金額は、裁判所が決定します。次期役員の選任が見込まれる場合には、次期取締役が選任されるまでの間の報酬等の支払を担保し得る額とされることが多いですが、先の見込みが立たない場合には多額になる可能性があります。

また、仮の取締役は、裁判所が適任と考える弁護士が選任されますので、候補者の選定を自由に行うことはできません。

本ケースでは、Xは株主であり、利害関係人になりますので、Xが一時取締役等職務代行者選任申立てを行い、選任された仮の取締役が株主総会を招集し、新たな取締役の選任を行うことになります。

なお、株主総会が開催されたとしても、Xは株式を40％しか有していませんので、仮に全員から反対された場合には、Xが取締役に選任されない可能性もあります。また、あらかじめ他の株主の意向が分からない場合には、申立て段階で選任の見込みが立たないため、予納金が高額になる可能性もあります。そのため、Xが一時取締役等職務代行者選任申立てを行う際には、他の株主と連絡を取り合い、Xの選任をお願いするなどの事前準備も必要です。

2 経営権確保に向けた株式の集約方法

1 株式買取りの必要性

Xは甲会社の株式を相続しましたが、Xの所有する株式は400株であり全体の40％にすぎません。そのため、株主総会決議が必要な事項が生じても、X一人の意思では普通決議さえ可決することができません。そこで、甲会社の経営権を確保することを希望するXとしては、X又は甲会社で株式を買い取るなどして、株式を自身に集約させることが必要になります。

2 任意交渉により買い取る場合

（1）Xが買い取る場合

Xが株式を買い取る方法としては、Xが他の株主に連絡をとり、任意で株式を購入する方法が最も簡便です。売買代金は基本的には双方の合意金額で決まりますが、算定された株価から余りにかけ離れた金額の場合には、贈与等とみなされる場合があります。そのため、株価を適切に算定した上で、適切な金額を売買代金と定める必要があります。なお、株価算定については、純資産価額方式、類似業種比準方式、収益方式、配当還元方式など様々な算定方法がありますので、会計士・税理士等の専門家に算定を依頼する方がよいでしょう。

なお、株式の譲渡について制限を設けている会社も多々あります。この場合には、株主総会の承認等の手続も併せて必要になります。

（2）会社が買い取る場合

株価を算定し、任意交渉に基づき株式売買の合意ができたとしても、X自身が売買代金を準備できない等で購入せず、会社による購入を考えることがあります。

株式を会社で購入する場合、自社株式となり議決権等はありませんので、Xに株式の集約をする方策とはなり得ます。

しかし、会社が購入する場合には、財源規制がありますので、財源規制に反しない限度でしか株式を購入することはできません。加えて、売主に対しては、みなし配当という課税が生じるため、売主については、X個人が購入するより、税率が高くなる

第5章　有価証券　　221

場合があり、売買後に紛争が生じる場合があります。

　そのため、会社で購入することを検討する場合には、財源規制や税金関係などを調査し、当事者間でよく理解した上で、売買を進める必要があります。

　3　株式併合について

　Xが任意交渉により株式の購入を進めていたとしても、今月と合意できるとは限りません。

　仮に、Xが株式の買取りを進めて、3分の2以上株式を取得できたが、それ以上の取得が難しい場合には、株式併合により対応することも可能です（会社180）。

　株式併合の手続を行い、X以外の株主の株式を1株未満の株式、いわゆる端株とすることにより、端株を買い取る方法です。

　甲会社の発行済株式は1,000株ですので、例えば200株を1株とする株式併合をすれば、Xが2株、その他の株主が0.5株ずつ有することとなり、その他の株主の株式は端株になります。

　端株が生じた場合、株式会社は、裁判所に対し、その株式の売却許可の申立てを行うことができ（会社197②）、裁判所から売却許可決定がなされれば、その株式を会社は自ら購入することができます。

　株式併合手続には、株主総会の特別決議による承認が必要ですので、Xが3分の2以上の株式を有している場合に有益な方策となります。

　4　所在不明株主の株式の売却許可の申立て

　株主に所在不明の株主がいる場合、その株主に対し5年以上会社からの通知又は催告が到達しない場合であって、かつ、その株主が5年間継続して会社からの配当を受領していない場合、会社は、その株式について裁判所に対し、売却許可の申立てをすることができます（会社197①②）。

　裁判所から売却許可がなされれば、その株式を会社は自ら購入することができます。この場合、株主が所在不明株主ですので、会社は売買代金を法務局に供託することになります。

　また、経営承継円滑化法に基づく認定を受ければ、5年の期間を1年に短縮することができます。

　もっとも、この場合ですと、通知や配当の要件が必要となり、また、経営承継円滑化法の認定や、最低1年間の期間を要することになりますので、手続としては煩雑といえるでしょう。

　詳細な手続については、Check35 を参照してください。

5　特別支配株主の株式等売渡請求制度

上記のほか、XがG以外から全て株式を取得でき、10分の9以上の株式を有している場合には、特別支配株主として、所在不明の少数株主であるGに対し売渡請求をし、その株式を購入することができます（会社179①）。この手続は、一般的に、スクイーズ・アウトと呼ばれています。

この場合、特別支配株主は、株式の取得費や買取代金の額等を決めて、会社に対し株式売渡請求をすることを通知します。会社がこれを承認し、株式取得費の20日前までに売主となる株主に対し、売渡請求をされたことを通知します（会社179の2・179の3）。このような手続を経て、特別支配株主は株式を買い取ることができます（会社179の9）。

6　まとめ

上記のような手続を講じれば、Xは甲会社の株式を集約することができ、経営権を保持することができるようになります。

ケース別　負動産をめぐる法律実務
－難易度・コストを見据えた対応のポイント－

令和7年2月25日　初版発行

共編　　大横小山　　畑山松崎　　敦宗達岳　　子祐成人

発行者　河　合　誠　一　郎

発行所　新日本法規出版株式会社

本　　社
総轄本部　（460-8455）　名古屋市中区栄1－23－20

東京本社　（162-8407）　東京都新宿区市谷砂土原町2－6

支社・営業所　札幌・仙台・関東・東京・名古屋・大阪・高松
広島・福岡

ホームページ　https://www.snhoki.co.jp/

【お問い合わせ窓口】
新日本法規出版コンタクトセンター
📞 0120-089-339（通話料無料）
●受付時間／9：00～16：30（土日・祝日を除く）

※本書の無断転載・複製は、著作権法上の例外を除き禁じられています。
※落丁・乱丁本はお取替えします。　　ISBN978-4-7882-9467-7
5100353　負動産対応　　　　　　　©大畑敦子 他 2025 Printed in Japan